KB202630

성령의 불을 불출하며 살고 싶은 분의 책

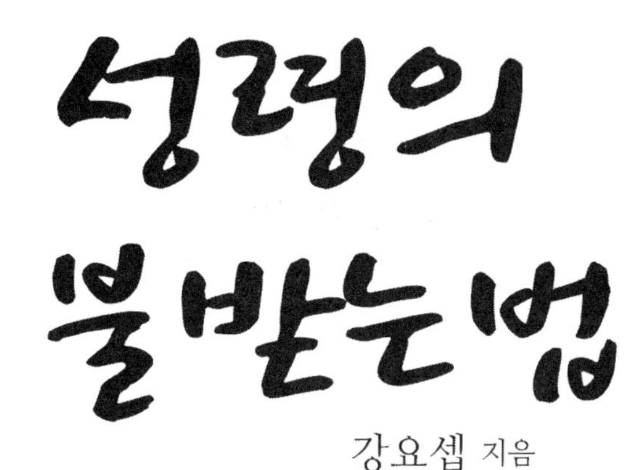

강요셉 지음

성령의 불로 충만하고 장악이 되어야 세상을 이긴다.

성령

성령의
불 받는 법

성령

들어가는 말

많은 수의 크리스천들이 성령의 강력한 불을 받으려고 합니다. 그런데 마음과 같이 불을 받지 못하고 이리저리 방황하며 살아가고 있습니다. 이번에 필자가 성령의 강력한 불을 받는 법을 상세하게 설명하여 책을 출간하였습니다. 우리 크리스천들은 성령의 불 받는 것으로 끝나는 것이 아니라 다음 단계로 진보해야 합니다. 바로 성령의 지배와 장악과 인도받는 삶입니다. 하나님은 모든 성도들이 성령의 지배와 장악이 되어 성령의 인도를 받기를 소원하십니다. 왜 예수를 믿으면서 여전하게 불통의 세월을 사는가? 자신의 전인격이 성령의 지배와 장악이 되지 못하기 때문입니다. 한마디로 세상 것이 섞여있기 때문입니다. 세상 것이 섞여서 방해함으로 강력한 능력을 이끌어내지 못하는 것입니다. 이것은 아주 심각하게 받아드려야 합니다. 그래야 성령의 역사에 관심을 가져서 성령의 지배와 장악이 되는 성도가 될 수 있기 때문입니다.

성령의 지배와 장악이 되는 삶이란 무엇을 말하는 것입니까? 전인격이 성령께 사로잡혀 사는 것을 말하는 것입니다.

성령을 주인으로 모시고 세상을 살아가는 것입니다. 매사를 성령님과 의논하고 성령의 뜻을 따라 사는 것을 성령의 지배와 장악이 되는 삶이라고 말할 수 있습니다. 성령의 인도함을 받아, 성령의 능력에 의해서 살아가는 삶을 말하는 것인 줄로 믿습니다. 성령님이 자신을 지배하고 다스리는 삶, 이전에 우리의 삶이, 육체의 본능이 지배하는 삶이었고, 죄가 지배하는 삶이었다면, 이제 예수를 믿고, 변화를 받고 난 다음에 나타나는 삶은, 성령에 의해서 지배를 받는 삶이 되어야 합니다.

성령의 지배와 장악과 인도를 받아 우리의 삶에 빛이 크게 비취면, 어두움은 작아지게 되고, 결국에는 그 어둠이 흔적 없이 물러가게 됩니다. 그러나 반대로, 우리의 삶에 어두움이 크면 어떻습니까? 빛이 작게 느껴지게 됩니다. 그리고 이 상태로 계속 있게 되면, 나중에는 그 어두움이, 빛을 완전히 삼켜 버리게 된다는 것입니다. 이 책을 통하여 그동안 사모하던 성령의 불을 받고 더 나아가 성령의 지배와 장악이 되어 성령의 인도를 받는 크리스천이 많아지기를 바랍니다.

주후 2017년 12월 10일

충만한 교회 성전에서

저자 강요셉목사

세부적인목차

들어가는 말 -3

1부 성령의 강력한 불을 받으려면

1장 성령의 불로 충만 받는 비결 -7

2장 성령세례는 체험하나 장악되나 -21

3장 성령의 불은 받느냐 나오느냐 -32

4장 성령의 강력한 불을 빨리 받으려면 -47

5장 안수기도로 성령의 불을 받는 비결 -60

2부 성령의 강력한 불을 받는 비결

6장 성령님을 주인으로 모시며 삶으로 -75

7장 성령으로 살고 성령으로 행함으로 -90

8장 영의통로가 뚫어지는 기도함으로 -104

9장 기도를 성령으로 바르게 함으로 -116

10장 성전의 개념을 바르게 정립함으로 -129

3부 성령의 강력한 불 받으면 유익한 점

11장 예수님과 동행하며 기도하게 된다. -142

12장 성령으로 말씀을 깨닫게 된다. -155

13장 성령의 9가지 은사가 나타난다. -169

14장 권세 있고 능력 있는 삶을 산다. -181

15장 영-혼-육이 건강한 삶을 산다. -194

16장 마음의 상처를 치유 받으며 산다.-207

17장 스트레스를 정화하며 살게 된다. -221

18장 영안이 열린 삶을 살아가게 된다. -234

19장 귀신들을 지배하는 삶을 산다. -247

20장 세상에서 예수님을 누리며 살아간다. -260

21장 천국으로 변화된 삶을 살아가게 된다. -274

4부 성령의 강력한 불을 누리며 살아가는 삶

22장 영적인 생각과 사고로 전환함으로 -288

23장 성령의 이끌리며 깊게 기도를 함으로 -301

24장 외형에서 내면 중심의 믿음생활로 -314

25장 행위에서 복음적인 신앙의 습관으로 -328

26장 전인격이 변화되는 신앙생활 함으로 -343

27장 성령의 강력한 불을 받고 누리는 비결 -357

1부 성령의 강력한 불을 받으려면

1장 성령의 불로 충만 받는 비결

(마 3:11)"나는 너희로 회개하게 하기 위하여 물로 세례를 베풀거니와 내 뒤에 오시는 이는 나보다 능력이 많으시니 나는 그의 신을 들기도 감당하지 못하겠노라 그는 성령과 불로 너희에게 세례를 베푸실 것이요"

성령의 불은 우리를 권능 있는 사람으로 다시 태어나게 합니다. 예수를 믿으면서도 능력이 없는 사람이 많습니다. 기도에도 능력이 없고 안수기도에도 권능이 나타나지 않고 설교에도 카리스마가 없습니다. 전도에도 능력이 없습니다. 신앙생활에 아무런 능력이 없습니다. 의식과 형식적인 예수를 믿지만 폭발적인 그러한 카리스마가 없습니다. 다이너마이트 같은 힘을 가지고 기도를 하고 아주 즐거운 신앙생활을 하고 남에게 예수를 척척 전도하는 것을 보면 부럽기가 한이 없습니다. "왜 나는 저렇게 되지 않을까?" 그것은 성령으로 세례 받지 않고 자신의 영 안에서 성령의 불이 타오르지 않기 때문인 것입니다. 예수를 믿으면 성령이 와 계시지만 간절히 성령의 세례와 성령의 불을 받기 위해서 성령의 불의 역사가 있은 장소에 가셔서 기도하면 성령의 세례를 받고 자신의 영 안에서 성령으로 불을 받게 되는 것입니다. 성령세례를 받고 성령의 불을 받으며 충만의 체험을 하게 되면 권능이 임하시게 되는 것입니다. 신앙생활에 권능과 능력이 임해요. 그래서 신앙생활은 능력 있는 신앙생활을 할 수 있는 것입니다. 무능력한 이름만 믿는 신자가 아니라, 정말 그 생활 속에 하나님의 역사가 나타나는 그런 신앙생활을 할 수 있는 것입니다.

성령의 불을 받는다는 표현은 성령으로 세례를 받는다는 표현과 다른 것입니다. 밖으로부터 임하는 성령세례는 단회적인 사건입니다. 구원과 관련이 있습니다. 자신의 영 안에서 타오르는 성령의 불은 성령 충만으로 영원한 것입니다. 성령의 불은 자신의 영 안에서 영원하게 타오르는 것입니다. 자신의 영 안에서 타오르는 성령의 불 성령 충만 성화와 관련이 있습니다. 물론 자신의 영 안에서 성령의 불이 타오르도록 의지적인 노력을 해야 합니다. 성령의 불을 받는 것을 목회자들이나 성도들이나 모두 사모하고 좋아합니다. 그런데 정작 성령의 불을 어떻게 받아야 하는지, 성령의 불을 받고 나면 어떠한 현상이 일어나는지 바르게 이해하지 못하는 경우가 있습니다. 성령의 불은 사모해야 받게 됩니다. 하나님은 사모하는 영혼에게 만족함을 주시기 때문입니다. 성령의 불의 역사가 일어나는 장소로 가서 성령의 불의 역사를 전이 시키는 사역자를 만나야 합니다. 최초 성령의 불은 하늘에서 임했습니다(행2:1-4). 그 다음 부터는 성령의 불을 받은 사람을 통하여 전이가 일어났기 때문입니다(행8:16-17;행19:5-7). 성령의 불의 역사를 전이시키는 사역자가 사역하는 장소에 갔다면 성령세례와 성령의 강력한 불의 역사가 일어난다고 믿음을 가지고 사모해야 합니다. 성령의 불은 자신을 태우고도 남는 뜨거운 불이라고 믿고 받아들여야 뜨거운 성령의 불을 받게 됩니다. 그냥 성령의 불을 받으면 받고 성령의 불은 그저 따끈한 불이라고 믿으면 그런 불의 역사만 일어납니다. 좌우지간 성령의 불을 받고 말겠다는 의지를 가지고 사모해야 합니다.

필자가 그간 성령 사역을 하면서 성령의 강력한 불을 체험하게 한 성령의 임재 사건들이 있습니다. 성령의 불을 받고 성령의 능력을 받아 하나님께 쓰임을 받기를 사모하는 분들에게 바르게 분별하여 성령의 불을 받게 하기 위하여 여기에 소개합니다.

첫째, 초기 성령의 세례를 체험할 때 대표적인 현상. 성령은 살아서 초자연적으로 역사하는 실체입니다. 능력도 아니고 은사도 아닌 3위 하나님이십니다. 성령은 성도를 장악할 때 살며시 역사하시지 않습니다. 반드시 육체적으로 느끼게 됩니다. 성령님이 자신의 전인격(영-혼-육)을 장악하기 위하여 임재하시면 그렇게 성령체험의 반응을 보이는 것이 당연한 것입니다. 최초 밖에서 임하는 성령의 세례를 체험하면 이런 현상이 나타날 수가 있습니다. 몸이 뻣뻣해집니다. 몸이 뜨겁거나 따뜻합니다. 몸이 시원해집니다. 바람이 느껴집니다. 몸에 전기가 감전된 것같이 찌릿찌릿합니다. 감동이 옵니다. 눈물이 납니다. 자꾸 뒤로 넘어지려고 합니다. 손에 힘이 주어집니다. 몸에 힘이 빠지기도 합니다.

기분 나쁘지 않는 소름이 끼칩니다. 향기가 납니다. 몸이 떨리거나 흔들립니다. 손발이 저리는 느낌을 받습니다. 몸이 떨리거나 흔들립니다. 근육이나 피부의 한 부위가 떨립니다. 호흡곤란을 느끼기도 합니다. 신체 부위가 커지는 느낌이 듭니다. 물을 먹는 것 같습니다. 잔잔하게 내려오는 것 같습니다. 기뻐집니다. 영적인 생각이 나면서 흥분됩니다. 소리가 질러집니다. 입으로 바람이 불어집니다. 자신은 낮아지고 하나님의 경외하심이 느껴집니다. 방언 찬양이 나오기도 합니다. 눈이 부셔 눈을 깜빡깜빡거립니다. 배가 묵직해지면서 힘이 들어갑니다. 술에 취한 것 같이 어지러움을 느낍니다. 잠이 오는 것 같이 졸음이 옵니다.

초기에 밖에서 임하는 성령의 세례를 체험하면 이와 같은 현상을 느끼고 체험합니다. 왜냐하면 성령께서 자신에게 역사하고 있다는 것을 알게 하기 위해서 일으키는 역사입니다. 성도가 체험과 믿음이 없어서 성령님이 자신에게 역사한다는 것을 잘 믿지 못하기 때문입니다. 성령님은 인격이시기 때문에 이렇게 알고 느끼게 역사하시는 것입니다. 그러나 차츰 자신의 영 안에서 분출되는 성령의 불과 성령으로 지배되고 장악이 되면 잔잔해지면서 몸으로 느끼는 가시적인 현상이 점차로 줄어듭니다. 점차로 현상이 줄어들면서 성령으로 충만해진다면 자신이 성령으로 장악이 되고 있는 증표입니다. 이때부터는 본인의 영 안에서 성령의 불이 타오르도록 의지적인 노력을 해야 합니다. 성령의 충만 성화는 자신의 노력이 있어야 가능한 것입니다.

많은 분들이 이야기하신 것처럼, 이러한 성령의 불의 역사를 잘못된 것이라든지, 이단이라든지, 금해야할 사안이라든지, 그런 것과는 상관이 없는 아주 정상적인 오히려 권면할만한 성령의 초기 임재현상입니다(권면한다고 누구나 이처럼 그렇게 되는 것은 아니겠지만). 성령의 임하실 때의 몸의 영적 반응이니 염려하지 마시고 더욱 성령님이 이끄시는 대로 기도에 힘쓰시기를 바랍니다. 성령의 불로 충만 받기를 사모하시기를 바랍니다.

그러나 이런 현상이 일어나는 것만 관심을 가지면 안 됩니다. 성령의 불의 역사가 자신을 장악하여 육에 역사하는 악한 기운을 기침이나 울음이나 토함을 통하여 배출해야 합니다. 자꾸 배출하면 할수록 상처가 치유되니 마음이 평안해지고, 기도가 깊어지고, 성경말씀의 비밀이 보이는 영안이 열리기도 합니다. 좌우지간 지속적(몇 년이고)으로 이런 가시적 현상이 일어나는 것은 권장할 만한 사안이 아닙니다. 초기에 일어나는 현상이기 때문입니다. 자신의 영 안에서 분출되는 성령의 불로 장악하여 치유되면 점점 빈도가 약해지다가 더 이상 나타나지 않는 것이 보통입니다. 초기에는 강력한 뜨거움을 체험하기도 하지만 성령으로 지배되고 장악이 되면 점점 평안한 상태만 지속됩니다. 성령의 불의 역사를 체험하면서 자신 안에 상처를 배출해야 합니다. 그래야 전인격이 성령으로 지배와 장악 되어 영적인 성도로 변합니다. 몸의 진동이나 떨림은 그 자체는 은사가 아니지만, 초기 성령체험의 대표적인 한 현상이라 말할 수 있겠지요. 그리고 몸의 진동이나 떨림이 있는 성령체험 중 은사를 받기도 하고 특정한 은사가 나타나기도 할 수 있으나, 은사자체는 아니지만, 은사의 전조(시작, 징후)현상이라 표현하는 것이 좋겠습니다.

그리고 이미 은사가 임한 뒤에도 성령이 임하실 때, 강렬한 성령체험이 동반될 때, 몸의 진동이나 떨림 현상이 계속 이어질 수 있습니다. 그러나 점점 강도가 약해지는 것이 보통입니다. 이유는 성령의 불이 자신을 장악했기 때문에 진동이나 떨림은 약해지는 것입니다. 몸의 진동(떨림)은 은사 이전에도 있고, 은사를 받는 과정에도 자주 경험되고, 은사를 이미 받은 은사의 훈련과 성숙함이 이루어진 이후에도 있을 수가 있습니다. 정확히 말하자면 초기 성령님 임재하실 때 혹은 은사를 주실 때 일어나는 내 몸의 반응(체험)현상이랍니다. 내 몸에 진동(떨림)이 있으면 여러 가지 은사와 능력이 함께 임한답니다. 방언 체험할 때에도 성령님이 강하게 임재하시면 온 몸이 흔들리고 떨리고 지진이 날 때 물 컵 속의 물방울이 진동하듯이 춤추듯, 붕붕 뜨듯, 좌우로 고무줄로 당기듯, 흔들립니다. 기도할 때에도 진동(떨림 현상)이 일어나지만, 예배나 찬양 기도하는 시간과 아무 상관없이 진동(떨림 현상)을 경험하는 이들도 많습니다. 이것은 기도할 때만이 아닌 지금도 성령님이 내주하시고 동행하신다는 확증이라고 이해하면 될 것입니다. 진동의 강도도 사람 따라, 믿음 따라, 성령체험 따라 다 다릅니다. 떨림의 양상도 모두 다릅니다.

온 몸이 떨리기도 하고 몸의 일부분만 떨리기도 하고, 팔이나 어깨만 떨리기도 하고, 다리만 떨리기도 하고, 머리만 떨리기도 합니다. 어떨 때는 왼쪽의 몸의 기관만 떨리기도 하고, 그리고 신체부위의 떨림이 이동하기도 한답니다. 다 정상이고 지극히 좋은 것이고 하나님이 부어주시는 성령체험이랍니다.

대개 진동만 있지 않고 몸의 뜨거워짐, 거대한 자석에 붙들려있는 느낌, 어마어마한 무게로 눌리는(아주 따뜻하게 기분 좋은 접붙인 것과 같은 느낌의 눌림)느낌, 머리의 뚜껑이 열려서 그 속으로 무언가 들어가고 나가는 광채를 느끼기도 합니다. 안수기도 받을 때, 축도를 받을 때에도 이와 같은 현상이 일어나기도 합니다. 운동을 심하게 했을 때 근육이 뻐근하고 결리는 것과 같은 통증도 수반될 때도 있답니다. 이는 성령님이 아주 강하게 임하셨을 때 내가 믿음이나 기도의 분량이 적어서 통증을 느끼기도 피곤함을 경험하기도 하는데 모두 정상적인 것이고 좋은 것입니다. 지각이 흔들리고 온 지구가 들썩거릴 것과 같은 환상체험이 오면서 꼭 콘크리트 바닥을 내 옆에서 거대한 굴착 기계로 파 들어갈 때 흔들림처럼 온 옴이 덜덜덜덜두두두두 떨리다가 형용하기 힘든 크고 웅장하며 강렬한 주님의 음성이 임하기도 한답니다. 이렇게 자신에게 주신 것은 은혜체험이요. 성령의 불의 역사 체험이요. 영적 만나주심(영적교제)이라고 할 수 있습니다. 성령이 자신에게 임재 하셨다는 것을 알게 하기 위해서 나타나는 현상입니다. 자신의 손이 바람개비처럼 빠르게 돌려지며 펄럭이듯 하실 수도 있습니다. 흡사 선풍기를 틀어놓은 것처럼 빙글빙글 돌며 온 몸이 붕붕 뜨듯 들리며 진동을 하실 것입니다.

그러나 이러한 현상이 일어났다고 다 된 것은 아니랍니다. 분명하게 초기 성령께서 자신을 장악할 때 나타나는 현상이니 자신을 성령으로 완전하게 장악되려고 의지적인 노력을 해야 합니다. 이런 현상에만 머무르면 영이 자라지 않고 보다 깊게 영이 열리지를 않습니다. 성령 사역을 전문으로 하는 사역자에게 가셔서 내면을 말씀과 성령으로 정화하고 배출하면 이런 현상이 더 이상 나타나지 않을 것입니다. 성령의 불이 자신을 완전하게 장악하면 절대로 이런 현상이 나타나지 않습니다. 분명하게 초기 성령을 체험할 때 나타나는 현상이니 빨리 깨닫고 치유되어 초보를 면해야 할 것입니다.

이런 초기 성령을 체험한 분들은 더욱더 신령한 은사를 사모하시구요. 하나님의 나라와 의를 위하여, 하나님을 기쁘시게 하기 위하여, 존귀하게 쓰임받기를 감사함으로 구하시기를 바라며, 자신에게 임하는 은혜와 성령의 교통하심이 날마다 풍성하여져서 가족뿐 아니라, 많은 이웃과 섬기는 교회와 모든 성도의 가정에 이르기까지 넘쳐흘러서 주님께 칭찬받는 믿음이 되시기를 바랍니다. 이런 현상을 체험한 분도 분명하게 치유될 부분이 많으니 말씀과 성령으로 전문적인 성령치유를 하는 목회자를 만나 치유하여 하나님이 원하시는 영적인 상태가 되시기를 바랍니다. 그래야 하나님에게 귀하게 쓰임을 받게 됩니다.

둘째, 초기 성령의 불의 체험 현상은 분별이 필요하다. 성령이 성도를 장악하면 몸으로 느끼게 됩니다. 진동을 하기도 합니다. 손이 위로 올라가면서 흔들기도 합니다. 몸이 뒤 틀리기도 합니다. 허허허 하면서 웃음이 터지기도 합니다. 마치 전기에 감전된 것과 같이 손이 찌릿찌릿하기도 합니다. 땀을 흘리면서 악을 쓰기도 합니다. 손가락이 게발과 같이 오그라들면서 떨기도 합니다. 사지가 뒤틀리기도 합니다. 덩실덩실 춤을 추기도

합니다. 팔과 다리가 오그라들기도 합니다. 이상한 소리를 내기도 합니다. 이유 없는 두려움이 엄습하기도 합니다.

저도 처음 성령사역을 할 때는 이런 현상을 느꼈다면 성령 세례를 받은 것이라고 믿었습니다. 성령사역을 십년이 넘은 지금에 와서 보니 참으로 위험천만한 성령의 역사가 교회에서 일어나고 있다는 것입니다. 이런 현상은 분명하게 분별되어야 할 현상입니다. 성령이 임재 하니 사람 속에 숨어있던 악한 영이 정체를 폭로할 때 일어나는 현상이라고 해도 틀리지 않습니다.

제가 얼마 전에 성령사역을 하면서 위와 같은 현상을 일으키는 성도를 안수 했습니다. 그랬더니 악한 영이 말로 표현할 수 없을 정도로 떠나갔습니다. 3일 동안 지속적으로 안수하니 위와 같은 영적현상이 일어나지 않았습니다. 일어나지 않을 뿐만 아니라, 본인의 마음이 너무 편안하고 기도가 술술 나온다고 간증을 했습니다. 그래서 본인에게 기도할 때 이런 현상이 일어난 것이 얼마나 되었느냐고 질문했습니다. 3년 정도 되었다는 것입니다. 3년 동안 귀신에게 속은 것입니다. 이 성도가 잘못된 것이 아닙니다. 이런 현상을 보고 양신역사라고 하면서 바로잡아줄 영적인 사역자가 없었다는 것입니다. 이 성도의 말에 의하면 3년 동안 성령의 역사가 있다는 곳은 안 가본 곳이 없을 정도로 다녀 보았다는 것입니다. 그런데 어느 한곳에서도 바로 잡아주는 곳이 없었다는 것입니다.

이 성도가 하는 말이 성령의 역사가 있다는 곳에 가서 2박 3일 또는 3박 4일 은혜를 받고 오면 한 일주일은 충만하게 지낸

답니다. 그런데 2주가 되면 슬슬 마음이 답답하고 기도가 잘되지 않아서, 또 다른 곳을 가게 되었다고 했습니다. 이 현상은 이렇게 설명할 수 있습니다. 성도는 영의 만족을 누려야 모든 것이 좋아집니다. 자기 나름대로 성령이 충만하다고는 하지만, 저와 같은 전문적인 성령사역을 하는 분들의 눈에는 이렇게 보입니다. 이 성도의 마음 안에 있는 성령의 역사가 밖으로 나타나지 않는 것입니다. 즉, 영의 통로가 막혔다는 것입니다. 성도는 마음 안에 있는 성령의 불과 성령의 생수가 심령에 부어져야 영의 만족을 누리는 것입니다. 그런데 영이 막혀서 심령에서 성령의 역사가 밖으로 나오지 못하니 은혜 받을 때는 괜찮은데 시간이 지나면 답답해지는 것입니다.

이 문제가 왜 생길까요. 첫째, 성령의 불을 밖에서 받는다는 잘못된 이론 때문입니다. 이는 뒷장에서 상세하게 설명을 합니다. 둘째, 성령의 불을 받으려고 밖에만 관심을 가지니 정작 자신의 심령에 관심을 갖지 않으니 영의 통로가 열릴 이유가 없는 것입니다. 셋째, 자신의 심령 상태에는 관심을 갖지 않고, 그저 보이는 면, 역사가 나타나는 것에만 관심을 가진 결과입니다.

지금 많은 교회와 성령사역을 하는 곳들이 모두 이렇습니다. 성령의 불을 밖에서 받으려고 능력이 있고 불이 있다는 강사에게만 관심을 가지기 때문입니다. 저도 초기 성령사역을 할 때와 성령의 능력(불)을 받으러 다닐 때 모두 이런 식이었습니다.

저는 다행하게도 내적치유를 하면서 내면에 관심이 많았기 때문에 쉽게 내면관리를 하다 보니까, 성령의 불은 자신의 영 안에 계신 성령으로부터 나와야 된다는 것을 알게 된 것입니다. 그래서 내면관리를 집중해서 하다 보니까, 앞의 성도와 같이 잘못된 성령의 역사를 분별하여 치유할 수가 있었습니다. 이런 분들이 우리교회 집회에 오면 먼저 기도 시간에 제가 안수를 일일이 하면서 성령의 역사가 성도의 마음 안에서 일어나도록 합니다.

조금만 지나면 강력한 성령의 역사가 일어나 속에서 더러운 상처와 귀신들이 떠나갑니다. 이렇게 2일만 하면 거의 모두 이해할 수 없는 성령의 역사가 정리됩니다. 점차 안정을 찾아 심령에서 불이 나오는 성도들로 바뀌게 됩니다. 기도는 성령으로 해야 합니다. 자신의 마음 안에 계신 성령의 역사가 밖으로 나오면서 치유도 되고, 귀신도 떠나가고, 자신의 안에 계신 성령으로부터 '레마'도 들리게 되는 것입니다.

귀신 축사하면 능력 있는 목사가 귀신을 불러내어 쫓아내는 줄로 알고 있습니다. 이것은 잘못 알고 있는 것입니다. 자기 안에 계신 성령의 불의 역사가 밖으로 나오면서 귀신을 몰아내는 것입니다. 귀신은 전적으로 귀신의 영향을 받는 성도의 성령의 권능에 의하여 밀려나오도록 해야 합니다. 그래서 성령의 세례가 중요한 것입니다. 성령의 세례가 임하고 영 안에서 성령의 불이 분출되어야 귀신을 축귀할 수 있기 때문입니다.

영적인 사역자는 어떻게 하면 피 사역자에게 성령의 역사가 강하게 일어나게 할 수 있는지 비결을 터득하고 행할 수 있는 사람이 진정 영적인 사역자입니다. 방법은 그리 어렵지 않습니다. 피 사역자의 심령에서 성령의 역사가 일어나 밖으로 나오게 하면 되는 것입니다. 그런데 성령의 불을 밖에서 받는다고 인식하고 밖에만 관심을 가지고 있으니 영의 통로가 뚫리는데 시간이 많이 걸립니다. 성도들이 영의 만족을 누리지 못하고 방황을 합니다. 성령의 불을 밖에서 받으려고 관심을 밖에 두니 심령을 치유할 수가 없습니다. 심령치유가 되지 않으니 예수를 20년을 믿어도 변화되지 않는 것입니다. 구습은 반드시 성령의 역사가 일어나야 치유가 됩니다. 바른 성령의 역사를 알고, 바르게 기도하고, 성령을 체험하면 성도가 변하지 않으려고 해도 변화될 수밖에 없습니다. 이를 시정하여 해결해야 될 문제는 첫째로, 성령의 불은 자신의 영 안에서 나와야 합니다. 물론 처음에는 밖에서 역사하는 불을 받아야 합니다. 그러나 시간이 경과되면 자신의 영 안에서 성령의 불이 나오도록 영성관리를 해야 합니다. 그래야 영이 자랍니다. 영은 생명의 말씀과 성령의 역사에 의하여 영이 깨어나고 자라게 됩니다. 둘째로, 기도를 바르게 해야 합니다. 성령으로 심령에 관심을 두고 기도해야 합니다. 머리를 써서 아무리 장구한 말을 많이 한다고 해도 변화되지 않습니다. 왜냐하면 인간적인 3차원의 기도이기 때문입니다. 성령으로 기도하여 심령에서 초자연적인(5차원) 성령의 역사가 일어나야 변화되기 시작 합니다. 성령으로 기도할 때 성령의 불이 나오기 때문입니다.

제가 지금까지 설명한 말을 오해해서 들을 수가 있어서 다시 한 번 말씀 드립니다. 성령님은 인격체이시지만 실제적인 어떤 능력과 에너지로써 충만하게 임하면 우리가 육체적으로도 어떤 느낌과 감각을 느끼게 됩니다. 일반적으로 불의 뜨거운 느낌, 전류가 흐르는 것과 같은 느낌, 몸이나 신체의 일부가 가벼워지는 부양감, 또는 반대로 무거워지는 것과 같은 느낌, 환한 빛이 비추어져 오는 것과 같은 느낌, 때로는 향기가 풍겨오는 것과 같은 느낌, 한없이 포근한 느낌, 시원한 느낌, 때로는 편안하여 졸리는 것과 같은 느낌 등 다양하게 느껴집니다.

그러나 이와 같은 현상은 성령체험의 초기에 나타나는 현상입니다. 어느 정도 신앙이 자라고 영이 깨어나 영 안에서 성령의 불이 분출되어 성령이 자신을 장악하면 서서히 몸으로 느끼거나 볼 수 있는 가시적인 현상이 없어집니다. 왜 그럴까요? 성령이 자신을 완전하게 장악하여 성령님과 친밀하게 되니, 육체가 성령에게 장악당하여 성령과 하나가 되었기 때문입니다.

제가 그동안 성령사역을 하면서 체험한 결과 성령의 세례 체험현상은 항상 일어나는 것이 아닙니다. 성령으로 변하여 영이 자라면 자란 만큼씩 몸으로 느끼거나 볼 수 있는 가시적인 현상이 현저하게 줄어듭니다. 그래서 자신이 몸으로 느끼거나 볼 수 있는 가시적인 현상이 나타났다고 영적으로 다 된 것이 아니라는 것입니다. 이는 이 책을 읽고 있는 분이 말씀과 성령으로 깊은 영성을 개발하여 성령님과 인격적이고 친밀한 관계가 되면 이해할 수가 있습니다. 이는 성령님과 이런 관계가 된 것입니다. 성령이여! 임하소서. 하면 이미 성령님이 자신을 장악한 것으로 믿는 것입니다. 믿으니까, 성령께서 마음껏 역사하는 것입니다.

이를 믿고 담대하게 성령님이 주신 레마를 가지고 사역을 하면 성령이 역사하여 주시는 관계이기 때문입니다. 한마디로 성령님과 주거니 받거니 하는 관계가 되었기 때문에 성령의 임재 현상이 필요가 없는 것입니다. 너무 성령의 임재현상에 관심 갖지 마시고 말씀과 성령으로 변하여 성령님과 인격적인 관계가 되려고 노력해야 합니다. 성도들을 이렇게 지도해야 성도들의 믿음이 자라서 영의 자립을 하면 영적인 군사가 되어 하나님에게 쓰임을 받을 수가 있는 것입니다. 히브리서 저자는 5장 12절에서 이렇게 말합니다. "때가 오래 되었으므로 너희가 마땅히 선생이 되었을 터인데 너희가 다시 하나님의 말씀의 초보에 대하여 누구에게서 가르침을 받아야 할 처지이니 단단한 음식은 못 먹고 젖이나 먹어야 할 자가 되었도다" 성도는 성령으로 진리를 깨달아 성령님이 주인 되어야 합니다.

능력 있다는 목사님만 바라보고 성령의 불 받으려고 하는 무지한 성도들을 만들지 말아야 합니다. 스스로 자기에게 임재 하여 계신 성령님으로부터 불을 받고 레마를 받아 살아가는 성도를 만들어야 합니다. 다시 말하면 영적인 자립을 하는 성도를 만들어야 한다는 것입니다. 그래야 어디를 가더라도 자기 안에 계신 성령님과 친밀한 관계를 가지면서 자기가 위치해 있는 곳을 하나님의 나라로 만드는 하나님의 군사가 될 수 있는 것입니다. 우리는 무슨 현상을 보고. 체험하는 것에 중점을 두지 말고, 자신이 예수님의 성품과 같이 변화되고 있는지에 관심을 두어야 합니다. 그리고 성령 사역을 하시는 분들은 영들을 분별하는 능력을 깊고 수준 높게 개발하여 성도들이 불필요한 고통을 당하지 않도록 지도할 수 있어야 합니다.

2장 성령세례는 체험하나 장악되나

(행 11:15-16)"내가 말을 시작할 때에 성령이 저희에게 임하시기를 우리에게 하신 것과 같이 하는지라. 내가 주의 말씀에 요한은 물로 세례를 주었으나 너희는 성령으로 세례를 받으리라 하신 것이 생각났노라"

성령의 세례는 유일회성으로 체험하는 것이고 성령의 불로 충만은 자신의 영 안에 계시는 성령하나님으로부터 영원하게 타올라야 합니다. 저는 이십 년이 넘도록 성령치유 사역을 했습니다. 성령치유 사역을 하다가 보니 성령의 세례를 받으면 그때부터 치유와 변화가 이루어지기 시작 했습니다. 저는 성령의 세례를 이렇게 표현하기도 합니다. 성령의 세례는 예수를 영접할 때 내주하신 성령께서 순간 폭발하여 전인격을 사로잡는 것이라고 하기도 합니다. 예수를 믿으면 성령이 내주하십니다. 즉시로 죽었던 영은 살아납니다.

그러나 육체는 성령으로 장악당하지 않은 상태입니다. 육체는 구습을 따르는 옛 사람이 그대로 있다는 말입니다. 그러므로 옛 사람에게 역사하던 세상신이 여전히 주인노릇을 하고 있다는 뜻도 됩니다. 하지만 성령으로 세례를 받으면 성령께서 전인격을 사로잡으므로 옛 사람에게 역사하던 세상신이 떠나가기 시작을 하는 것입니다.

그래서 하나님은 성도들이 성령으로 세례를 받아 영적으로 변하기를 소원하십니다. 성령으로 세례를 받아야 전인격이 하나님을 따를 수 있기 때문입니다. 목회자나 성도나 할 것 없이 성령의 불 받기를 사모합니다. 그러나 성령의 세례를 받아야 성령의 불로 세례를 체험할 수가 있습니다. 저의 개인적인 견해로는 성령의 세례가 없이 성령의 불로 충만 받을 수가 없습니다. 성령의 불로 충만 받으려면 먼저 성령의 세례를 체험해야 합니다. 성령의 세례를 받으려면 세례를 받을 수 있는 영육의 상태가 되어야 합니다.

성령의 세례를 받으려면 먼저 마음을 열어야 합니다. 성령은 사람의 영 안에서 역사하십니다. 영은 사람의 마음 안에 있습니다. 그래서 마음을 열어야 영 안에 계신 성령이 역사하는 것입니다. 마음을 열려면 소리 내어 기도해야 합니다. 성령이 역사해야 사람이 영적인 상태가 되는 것입니다. 영적인 상태가 되어야 하나님과 교통할 수가 있는 것입니다. 그러므로 우리는 회개의 세례인 물세례로 만족하지 않고 다음은 성령의 세례를 받아야 합니다.

세례요한은 "나는 너희로 회개하게 하기 위하여 물로 세례를 베풀거니와 내 뒤에 오시는 이는 나보다 능력이 많으시니 나는 그의 신을 들기도 감당하지 못하겠노라 그는 성령과 불로 너희에게 세례를 베푸실 것이요"(마 3:11)라고 말씀한대로 물세례를 받기 이전이든지 이후든지 성령의 세례를 반드시 받아야 합니다. 어떤 성도들은 성령의 세례 받으면 물세례를 안 받아도 되느냐 묻는 사람이 있는데 그것은 잘못된 것입니다. 예수님께서도 세례요한에게 직접 물세례를 받았습니다. “이때에 예수께서 갈릴리로부터 요단강에 이르러 요한에게 세례를 받으려 하시니, 요한이 말려 이르되 내가 당신에게서 세례를 받아야 할 터인데 당신이 내게로 오시나이까, 예수께서 대답하여 이르시되 이제 허락하라 우리가 이와 같이 하여 모든 의를 이루는 것이 합당하니라 하시니 이에 요한이 허락하는지라”(마 3:13-15)고 했습니다.

세례를 행하므로 하나님께 의를 이루는 것임으로 성도는 물세례를 받아야 합니다. 그렇지만 물세례로 만족하지 말고 성령의 세례를 사모해야 합니다. 사모해야 성령으로 세례를 체험할 수가 있습니다. 물세례는 예수를 믿고, 구원 받은 사람 즉 중생한 사람의 표로 받는 것이라면 성령의 세례는 구원받은 사람이 하나님의 사역을 위해 권능을 받는 것입니다. 그래서 “성령이 너희에게 임하면 권능을 받고 예루살렘과 유대와 사마리아 땅끝까지 이르러 내 증인이 되리라”(행 1:18)고 말씀하셨습니다.

우리는 전도의 사명이 있는데 전도하는데 필수적인 도구는 성령의 세례를 받는 것입니다. 성령의 권능으로 전도하는 것입니다. 성령의 권능 없이 전도할 수가 없습니다. 세상은 마귀에게 처해 있기 때문입니다. 마귀의 종 되어 있는 세상 사람을 전도하는 것은 인간의 힘만으로는 한계가 있습니다. 반드시 성령의 권능으로 전도를 해야 합니다. 성령으로 세례 받고 변화된 모습으로 이미지 전도를 해야 합니다.

성령세례의 의미에 대해서는 교단마다 또 교회마다 또 개인에 따라서 달라지기 때문에 이것이 성령세례입니다 하고 말씀드리기는 조금 어려운 단어입니다. 일반적으로 성령세례는 두 가지 의미로 쓰인다고 봅니다. 첫째가 성령의 내주하심입니다. 우리가 예수님을 믿게 되면 성령께서 우리 안에 들어오셔서 우리와 함께 동행하시게 되는데 이것을 성령이 내주하심이라고 합니다. 또한 이것은 성령 세례입니다. 바로 우리가 예수님을 믿고 하나님의 자녀가 됨으로 말미암아 성령과 연합되는 것입니다. 성령으로 거듭난다는 뜻이 바로 우리가 예수님을 믿음으로 하나님의 자녀가 되는 사건을 의미하는 것입니다. 이런 경우 성령세례란 우리의 일생에 딱 한번 있는 단회적인 사건이 되는 것입니다.

두 번째가 우리가 예수님을 믿고 나서 특별한 경험을 하는 경우입니다. 성령의 특별한 역사로 말미암아 뼛속까지 회개하는 경험도 하게 됩니다. 방언을 받게 되는 경우도 있고 성령과 친밀한 교제를 하게 되는 경우도 있습니다. 하늘의 권능을 받는 것입니다. 권능 있는 삶을 살아가는 계기가 됩니다. 이런 경험을 성령세례라고 칭하는 경우도 있습니다. 이런 경우 성령세례란 우리의 일생에 한번 체험할 수 있는 사건이 될 수 있습니다. 성령의 세례를 체험하고 나면 성령에 강하게 사로잡힐 때마다 성령의 불의 역사를 체험하게 된다는 뜻입니다.

바울 사도가 한 번은 에베소 교회를 방문했습니다. 교인들에게 바울이 "너희가 믿을 때에 성령을 받았느냐 가로되 아니라 우리는 성령이 있음도 듣지 못하였노라 그러면 너희가 무슨 세례를 받았느냐 대답하되 요한의 세례로라"(행 19:2-3)고 했습니다. 이때에 "바울이 그들을 안수하매 성령이 그들에게 임하시므로 방언하고 예언도 하니 모두 열 두 사람쯤 되니라"(행 19:6)라고 해서 성령 세례의 필요성을 알게 된 것입니다.

하나님은 성령의 세례를 체험하게 하고 단련하여 하나님 마음에 합한 자를 하나님의 일에 사용하십니다. 베드로의 경우를 예로 들어봅니다. 고기를 잡는 어부였던 베드로가 예수님의 부르심으로 그물을 버리고 주님을 따랐습니다. 주님을 따라 다니면서 문둥이를 치유하고, 죽은 자를 살리고, 오병 이어의 기적을 일으키고, 귀신을 쫓아내는 이적과 기적을 보면서 3년 동안 주님을 따랐습니다. 베드로가 이렇게 주님의 능력을 인정하고 주님을 따르면서 3년 동안 훈련을 받았지만 믿었던 주님이 십자가에 죽게 되자 세 번씩이나 주님을 모른다고 부인한 겁쟁이입니다. 왜 그렇습니까? 성령으로 세례를 받지 못해서 그런 것 아니겠습니까? 성령의 세례를 체험하지 못하고 인도받지 못하니 아직 육신적인 믿음의 수준을 넘지 못한 증거입니다.

그러던 베드로가 마가의 다락방에서 120 문도와 함께 기도하다가 성령으로 세례를 받고 완전히 사람이 변했습니다. 육신적인 사람이 초자연적인 사람으로 변화되었습니다. 성령이 베드로를 장악한 것입니다. 그러자 성령의 언어를 합니다. 어떻게 변화되었습니까? 초자연적인 성령의 사람이 됩니다. 베드로는 오순절 마가의 다락방에서 완전히 변화되어 성령 충만한 사도로 능력의 삶을 보여 주기 시작하였습니다. 귀신이 떠나가고, 병자가 고쳐지고, 죽은자가 살아났습니다. 베드로가 전하는 말씀에 감동 받아 하루에 3천명이 예수님 믿고 구원받는 역사가 나타났던 것입니다.

놀라운 일이 아닐 수 없습니다. 우리도 성령의 세례를 체험하고 성령의 인도 하에 하나님의 훈련을 순종하므로 받으면 우리에게도 베드로와 같은 역사가 나타날 수 있다고 확신합니다. 영적으로 무지하던 저도 불같은 성령의 세례를 체험하고 변하여 성품이 유순하게 변하고 인내할 줄 아는 사람이 되었습니다. 기도가 깊어지고 성령의 인도에 순종하며 영안이 열려서 말씀을 볼 때 말씀 속에 있는 영적인 비밀이 보입니다. 말씀 속에서 영적인 원리를 깨달으며 말씀을 적용할 때 하나님의 기적이 일어나는 것을 체험하고 있습니다. 저도 베드로와 같이 기도할 때 병자가 치유되고 귀신이 떠나가고 상한 심령의 사람들을 치유하는 권능 있는 자가 되어가고 있습니다. 당신도 성령의 세례를 받으시기를 바랍니다. 그리고 성령의 불로 충만을 체험하시기를 바랍니다. 먼저 성령의 세례를 체험하려면 이렇게 하시기를 바랍니다.

성령으로 세례를 받음은 하나님의 영으로 사로잡히는 것입니다. 성령의 세례는 성도의 마음을 그리스도에 대한 이해와 사랑과 신뢰로 가득 차게 하며, 성령이 삶의 주관자가 되게 하며, 하나님의 자녀로서 하나님의 부름에 적합하도록 능력을 부여합니다. 거듭나는 것과 성령으로 세례 받은 것과는 다른 별개의 사건입니다. "누구든지 그리스도의 영이 없으면 그리스도의 사람이 아니라(롬 8:9)"

그리스도인은 성령에 의해 태어난 사람으로 성령은 그 사람

안에서 중생의 사역을 이루십니다. 그리스도인이란 그 안에 성령이 내주 하는 사람을 지칭하며 성령세례 받은 자를 의미하는 것은 아닙니다. 거듭남으로 구원을 받게 됩니다. 즉 성령으로 거듭나서 하나님의 자녀가 되는 것입니다. 그러나 사람이 성령에 의해 거듭났지만, 성령으로 세례 받지 못한 경우도 있습니다. 그러므로 중생과 성령세례는 동의어가 아니라는 뜻입니다.

그러므로 성령으로 세례를 체험하시기를 바랍니다. 체험이라는 것은 내가 하나님의 역사하심을 눈으로 보게 된다는 뜻입니다. 성령의 세례를 받음으로 비로소 성령의 인도를 받을 수가 있습니다. 그리하여 성령으로 깊은 영의 기도를 할 수 있게 되는 것입니다. 성령으로 깊은 영의기도를 하므로 성령의 불이 임하고, 심령에서 성령의 불이 올라오는 영의 기도를 할 수 있는 것입니다. 성령의 세례는 성령의 불로 사로잡히는 것이기 때문입니다. 우리가 성령의 세례를 체험하려면 사모해야 합니다. 하나님은 사모하는 영혼에게 만족함을 주십니다. 성령의 세례도 사모해야 받는 것입니다. 사모하고 뜨겁게 기도하면서 성령의 세례가 올 때까지 구하면서 기다려야 합니다.

성령으로 세례를 받아야 그때부터 성도가 영적으로 변하기 시작 합니다. 왜냐하면 성령의 세례를 받으면 비로소 육이 영의 지배를 받기 시작하기 때문입니다. 육이 영의 지배를 받아야 비로소 영적인 사람으로 변하기 시작하는 것입니다. 성령으로 세례를 받지 않으면 육은 여전이 세상신이 장악하고 있으므로 예수를 삼십 년을 믿어도 여전이 육의 지배를 받는 것입니다. 하나님의 말씀을 들어도 비밀을 깨닫지를 못하는 고로 육의 사람의 특성인 합리를 가지고 받아들이니 기적을 체험하지 못하는 것입니다. 왜냐하면 영의 능력은 약하고 육의 능력은 강하기 때문입니다.

저는 성도라면 모두가 예수를 영접하고 성령으로 세례를 받아야 한다고 강조합니다. 제가 말하는 성령의 세례는 성령의 내주하심이 아니라, 성령이 전인격을 장악하는 성령 폭발을 말하는 것입니다. 내주하신 성령이 폭발하여 성도의 전인격을 장악해야 육이 치유되어 영의 지배를 받는 영의 사람으로 변하는 것입니다. 성령이 전인격을 장악해야 비로소 육체에 역사하던 세상신이 떠나가기 시작하기 때문입니다.

이는 성도에 따라 성령께서 장악하는데 시간이 다르게 걸립니다. 그래서 하나님은 "항상 기뻐하라! 쉬지 말고 기도하라! 범사에 감사하라! 이것이 그리스도 예수 안에서 너희를 향하신 하나님의 뜻이니라"(살전5:16-18). 하시는 것입니다. 전폭적으로 성령의 인도를 받으며 맡기는 성도는 빨리 변화가 되고, 그렇지 못한 성도는 변화되는데 시간이 더 걸릴 것입니다.

성도가 성령으로 빨리 장악이 되면 그 만큼 연단의 기간도 짧아지는 것입니다. 하나님은 성도가 성령으로 전인격이 장악이 되어 하나님이 원하시는 수준이 되어야 성도에게 배당된 하나님의 복을 풀어주시는 것입니다. 그러므로 성도는 부단하게 성령으로 세례를 받고 전인격이 성령의 지배를 받으려고 의지적인 노력을 해야 합니다. 자신의 생각이나 의지를 내려놓고 전폭적으로 성령의 인도하심을 따르면 좀 더 빨리 하나님이 원하시는 영적인 수준에 도달할 수가 있는 것입니다.

성령의 세례는 성도에게 와있는 영육간의 문제를 치유하는데도 지대한 영향을 미치게 됩니다. 성령으로 세례를 받지 않으면 치유가 되지 않습니다. 육체에 역사하는 세상신의 힘이 강하기 때문에 좀처럼 치유가 되지 않습니다. 그러다가 성령으로 세례를 받고 뜨겁게 기도하기 시작을 하면 육체가 성령의 지배를 받게 됨으로 치유가 되기 시작을 하는 것입니다. 그러므로 성도가 당하는 영육의 문제를 치유 받으려면 최우선으로 체험해야하는 것이 성령의 세례입니다. 성령의 세례가 없이는 아무리 능력이 강한 사역자라도 치유를 할 수가 없습니다. 치유는 성령께서 하시기 때문입니다.

하나님은 영이십니다. 영육의 문제는 영이신 하나님이 치유하시는 것입니다. 하나님이 치유하시게 하려면 영적인 상태가 되어야 하는 것입니다. 영적인 상태가 되려니 성령으로 세례를 받고 성령의 깊은 임재에 들어가야 합니다. 그러면 하나님의 치유의 손길이 역사하기 시작을 합니다.

하나님의 음성을 들으려고 해도 성령으로 세례를 받아야 합니다. 상처를 치유 받으려고 해도 성령으로 세례를 받아야 합니다. 귀신을 쫓아내려고 해도 성령으로 세례를 받아야 합니다. 질병을 치유 받으려고 해도 성령으로 세례를 받아야 합니다. 재정의 문제를 해결하려고 해도 성령으로 세례를 받아야 합니다. 성령의 세례가 없이는 아무것도 이루어지지 않습니다. 그러므로 성령의 세례는 모든 성도가 꼭 받아야 합니다.

한번 성령으로 세례를 받았다고 다 되는 것이 아닙니다. 지속적으로 성령 충만해야 합니다. 많은 성도들이 성령으로 세례를 받고, 방언으로 기도하면 항상 성령 충만한 줄로 생각을 합니다. 그러나 잘못된 생각입니다. 항상 성령으로 충만 하려고 의지적인 노력을 해야 합니다. 사람은 육을 가지고 있기 때문입니다.

여기서 우리가 더 알아야 할 것이 있습니다. 첫째, 성령의 세례를 이론으로 알고 스스로 성령으로 세례를 받았다고 자처하는 성도들입니다. 이런 분들이 영육으로 문제가 생겨서 치유를 받으러 옵니다. 와서 본인이 기도를 하고, 안수를 해주어도 성령의 역사가 일어나지 않습니다. 몇 주를 다니면 그때에야 반응이 있기 시작합니다. 왜냐하면 자기만의 자아가 있어서 영적인 말씀이 귀에 들리지 않기 때문입니다.

두 번째는 몇 년 전에 성령을 체험했다고 자랑하는 성도들입니다. 얼마 전에 여 집사가 2년 전에 성령을 체험했다고 하면서 치유와 능력을 받으러 왔습니다. 2일을 기도하고 안수를 하니까, 성령의 역사가 일어나 몸이 뒤틀리고 괴성을 지르는 것입니다. 한참을 안수하니 성령이 장악을 했습니다. 귀신들이 소리를 지르면서 떠나갔습니다. 지금 교회에는 몇 년 전에 성령을 체험했다고 안심하고 지내는 성도들이 있습니다.

이런 분들이 열심히 믿음 생활을 하면서도 여러 가지 문제로 고통을 당합니다. 왜냐하면 자기에게 역사하는 상처와 악한 영의 역사로 일어나는 것입니다. 그러므로 한번 성령 체험했다고 다 된 것이 아니라, 지속적으로 성령을 체험하며 깊은 영의기도를 하여 심령을 정화시켜야 합니다. 그래야 깊은 영성이 되어 하나님과 교통하는 기도를 할 수가 있습니다. 한번 성령을 체험했다고 자랑삼아 말하는 분들 자기 관리에 신경을 써야 할 것입니다. 우리가 육체가 있기 때문에 영성에 꾸준하게 관심을 가져야 합니다. 한번 체험했다고 멈추면 얼마 있지 않아 육으로 돌아갑니다.

성령세례를 체험하는 것으로 만족하지 말고 이제 성령으로 지배와 장악되어 성령의 인도를 받는 수준으로 발전을 해야 합니다. 성령으로 지배와 장악이 되어야 예수님을 나타내면서 살아갈 수가 있습니다. 성령체험으로 만족하지 말고 성령의 지배와 장악이 되려고 관심을 가져야 합니다.

그래서 성도는 주일날이 중요합니다. 주일날 성령 충만을 받고 뜨겁게 기도하며 영성을 유지할 수 있기 때문입니다. 저는 교회를 개척할 당시부터 주일 예배를 성령 충만한 예배로 드리고 있습니다. 오전에 40분기도, 오후 예배에 50분 기도하여 상한 심령을 성령으로 정화하고 성령 충만을 받습니다. 이 기도 시간에 제가 일일이 안수하여 성령세례를 받지 못한 성도는 성령으로 세례를 받습니다. 우리 충만한 교회는 주일날만 제대로 참석해도 성령세례와 성령 충만과 치유를 체험합니다. 성도는 주일날 성령세례와 충만과 치유를 받아야 합니다. 왜냐하면 세상에서 먹고 살아가다가 보니 주일 하루 밖에 교회에 오지 못하는 분들이 많기 때문입니다.

3장 성령의 불은 받느냐 나오느냐

(행 19:2-7)"이르되 너희가 믿을 때에 성령을 받았느냐 이르되 아니라 우리는 성령이 계심도 듣지 못하였노라. 바울이 이르되 그러면 너희가 무슨 세례를 받았느냐 대답하되 요한의 세례니라. 바울이 이르되 요한이 회개의 세례를 베풀며 백성에게 말하되 내 뒤에 오시는 이를 믿으라 하였으니 이는 곧 예수라 하거늘, 그들이 듣고 주 예수의 이름으로 세례를 받으니, 바울이 그들에게 안수하매 성령이 그들에게 임하시므로 방언도 하고 예언도 하니 모두 열두 사람쯤 되니라"

성령의 불을 받아야 한다. 그곳에 가면 성령의 불을 받는다. 이렇게 성령의 불을 받는다고 표현을 많이 합니다. 그래서 성도들이 불을 받는 것으로 알고 있는 경우가 많습니다. 과연 성령의 불을 받는 것이 맞을까요? 여기에 대하여 바르게 알고 받아야 합니다. 예수를 믿은 성도가 처음 교회에 나가서 예배를 드리고 기도하면서 성령의 강력한 불을 받습니다. 이것이 성령세례입니다. 그것도 아무 교회나 나간다고 성령의 강력한 불을 받는 것이 아닙니다. 담임목회자가 성령의 강력한 불로 세례를 받은 분이 목회하시는 교회에 가야 불을 받습니다. 지금 성령의 강력한 불은 성령의 불을 받은 사람을 통하여 역사하시기 때문입니다. 그러니까 처음은 성령의 강력한 불을 받는 것이 맞습니다. 성령의 불을 받는 거듭난 성도는 성령의 불이 나오도록 해야 합니다. 지금 성령은 성도의 마음속에 계시기 때문입니다. 그럼 왜 성령의 불을 받는다고 할까요? 근원은 이것 때문입니다. 하나님의 자녀가 기도할 때 불로 응답을 하신 것을 성경 여러 곳에서 볼 수가 있습니다. 아브라함이 기도할 때 응답으로 횃불로 임하셨습니다. "해가 져서 어두울 때에 연기 나는 화로가 보이며 타는 횃불이 쪼갠 고기 사이로 지나더라."(창15:17). 그리고 갈멜산에서 엘리야가 기도할 때 불로 임하셔서 응답을 했습니다. "여호와여 내게 응답하옵소서 내게 응답하옵소서 이 백성에게 주 여호와는 하나님이신 것과 주는 그들의 마음을 되돌이키심을 알게 하옵소서 하매 이에 여호와의 불이 내려서 번제물과 나무와 돌과 흙을 태우고 또 도랑의 물을 핥은지라."(열상18:37-38). 호렙산 떨기나무에서 모세를 부르실 때도 불로 임재 하셨습니다. "여호와의 사자가 떨기나무 가운데로부터 나오는 불꽃 안에서 그에게 나타나시니라 그가 보니 떨기나무에 불이 붙었으나 그 떨기나무가 사라지지 아니하는지라. 이에 모세가 이르되 내가 돌이켜 가서 이 큰 광경을 보리라 떨기나무가 어찌하여 타지 아니하는고 하니 그 때에 여호와께서 그가 보려고 돌이켜 오는 것을 보신지라 하나님이 떨기나무 가운데서 그를 불러 이르시되 모세야 모세야 하시매 그가 이르되 내가 여기 있나이다. 하나님이 이르시되 이리로 가까이 오지 말라 네가 선 곳은 거룩한 땅이니 네 발에서 신을 벗으라."(출3:2-5). 솔로몬이 성전 건축을 마치고 낙성식에 기도할 때 불로 임하셨습니다. "솔로몬이 기도를 마치매 불이 하늘에서부터 내려와서 그 번제물과 제물들을 사르고 여호와의 영광이 그 성전에 가득하니."(대하7:1).

그리고 오순절 날 열흘 동안 일심으로 인내하며 기도하던 사람들에게 성령이 불의 혀같이 갈라지는 것이 온 사람위에 하나씩 임했다고 했습니다. "마치 불의 혀처럼 갈라지는 것들이 그들에게 보여 각 사람 위에 하나씩 임하여 있더니."(행2:3). 이렇게 우리가 기도할 때 불이 하늘로부터 임한다는 것은 하나님의 임재를 상징합니다. "그의 반석은 두려움으로 말미암아 물러가겠고 그의 고관들은 기치로 말미암아 놀라리라 이는 여호와의 말씀이라 여호와의 불은 시온에 있고 여호와의 풀무는 예루살렘에 있느니라."(사31:9). 이스라엘 민족이 애굽에서 나와서 광야를 걸어갈 때 낮에는 구름기둥으로 밤에는 불기둥으로 이스라엘 민족을 인도하셨습니다. "여호와께서 그들 앞에서 가시며 낮에는 구름 기둥으로 그들의 길을 인도하시고 밤에는 불기둥을 그들에게 비추사 낮이나 밤이나 진행하게 하시니."(출13:21). 그래서 우리가 기도할 때 불이 임하는 것은 하나님의 임재를 상징하는 것으로 우리의 기도를 들으시고 기도에 응답을 했다는 약속의 증거가 되는 것입니다.

그러나 앞에 말씀드린 모두는 구약시대에 일어난 일들입니다. 불이 임했다. 불이 태웠다. 이 말씀을 들은 성도들이 확인도 하지 않고 불은 하늘에서 임하는 것이다. 이렇게 믿고, 자아가 되어 지금 성령이 역사하는 교회시대에도 성령의 불이 임하는 것으로 알고 있는 것입니다. 성령이 역사하는 교회 시대의 성령의 불은 각

자 성도 안에 있습니다. 성도 안에서 나오는 것입니다. 오순절 마가의 다락방에서 성령이 하늘로부터 임했습니다. 사도행전 2장 1-4절을 보겠습니다. "오순절 날이 이미 이르매 그들이 다같이 한 곳에 모였더니, 홀연히 하늘로부터 급하고 강한 바람 같은 소리가 있어 그들이 앉은 온 집에 가득하며, 마치 불의 혀처럼 갈라지는 것들이 그들에게 보여 각 사람 위에 하나씩 임하여 있더니, 그들이 다 성령의 충만함을 받고 성령이 말하게 하심을 따라 다른 언어들로 말하기를 시작하니라."

이후로는 오순절 날 마가의 다락방에서 성령의 불을 받은 사람들이 기도할 때 임했습니다. 사도행전 4장 28-31절을 보겠습니다. "하나님의 권능과 뜻대로 이루려고 예정하신 그것을 행하려고 이 성에 모였나이다. 주여 이제도 그들의 위협함을 굽어보시옵고 또 종들로 하여금 담대히 하나님의 말씀을 전하게 하여 주시오며, 손을 내밀어 병을 낫게 하시옵고 표적과 기사가 거룩한 종 예수의 이름으로 이루어지게 하옵소서 하더라. 빌기를 다하매 모인 곳이 진동하더니 무리가 다 성령이 충만하여 담대히 하나님의 말씀을 전하니라"

오순절 날 성령의 세례를 받은 성도들이 뜨겁게 기도할 때 성령이 충만해졌다는 말입니다. 사도행전 9장에 보면 사울(바울)의 성령 받은 사건이 기록되어 있습니다. 사울은 예루살렘에서 대제사장으로부터 허가를 받아서 시리아의 땅 다메섹으로 피난간 신자들을 모조리 잡아끌고 와서 감옥에 넣고 형벌하기 위해서 그는 군졸들을 데리고 시리아로 갔습니다. 다메섹으로 가는 길에서 바로 다메섹 성이 눈앞에 보입니다. 그런데 시리아의 햇볕은 마치 소나기처럼 쏟아진다고 했었습니다. 공기가 습기가 없고 맑기 때문에 소낙비처럼 햇살이 비춰 내려옵니다.

그런데 갑자기 대낮의 햇빛보다 더 밝은 빛이 하늘에서 비치므로 모든 사람들이 놀라서 땅에 엎드렸습니다. 사울도 말에서 떨어져서 땅에 엎드렸습니다. 그러자 하늘에서 소리가 났습니다. '사울아~ 사울아~ 네가 왜 나를 핍박하느냐?' 그는 엎드려서 말했습니다. '주여! 뉘시오니까?' '나는 네가 핍박하는 예수라' 깜짝 놀랐습니다. 자기는 하나님 일한다고 해서 기독교회를 훼파하고 교인들을 죽였는데 바로 그 훼파하는 기독교회의 주인인 예수가 하나님이라는 것을 깨달았습니다.

그는 일어나 보니 눈이 장님이 되었습니다. 사람들에게 끌려서 다메섹에 들어가서 사흘 낮, 사흘 밤을 금식하면서 회개하고 부르짖었습니다. 그러자 하나님의 영광이 임하시기 시작한 것입니다. 하나님께서 아나니아라는 사람에게 나타났습니다. 그리고 말씀하기를 '아나니아야, 사울이라는 사람에게 찾아가서 안수하여 보게 하고 성령으로 충만함 받게 하라'고 했었습니다. 아나니아가 말했습니다. '그 사람은 예루살렘에서도 많은 교인들을 죽이고 감옥에 가둬 놓고 교회를 훼파했습니다. 이 자리에도 예수교인을 잡으러 왔는데요', '그렇지 않다. 그 사람은 내가 택한 그릇이다. 나를 위해서 많은 어려움을 당하게 될 것이다. 직가라 하는 곳에 가서 사울을 찾아서 기도해 주어라'

그래서 아나니아가 사울에게 찾아와서 네가 길에서 올 때 만난 그 예수가 나를 보내서 왔다 하고, 사울에게 안수하고 사울에게 성령으로 충만하게 하자. 눈에서 비늘 같은 것이 떨어져서 눈이 보이게 되고 그는 성령으로 충만함 받습니다. 오순절 날 성령의 세례를 받은 아나니아가 안수할 때 사울(바울)에게 성령의 세례가 임한 것입니다. 바울은 그 때로부터 일어나서 기독교 역사상 최대의 사도가 되어서 천하에 복음이 전파되는데 가장 큰 기여를 한 분이 된 것입니다. 바로 이는 성령으로 충만함 받고 난 다음부터 그의 생애 속에 의심은 다 사라지고 믿음, 소망, 사랑이 충만해서 마지막 로마에서 목이 베어질 때까지 복음을 증거한 것입니다.

오늘날도 성령을 받은 사람에게 안수 받을 때 성령의 강력한 불을 받을 수 있습니다. 지금은 혼자 기도할 때 하늘에서 성령의 불이 임하지 않습니다. 성령 받은 사람에게 안수를 받을 때 성령의 세례 불이 임합니다. 한마디로 성령의 불을 처음은 받을 수가 있다는 말입니다. 그러나 계속 성령의 불을 받으면 안 됩니다. 영적자립을 할 수 없는 성도가 되기 때문입니다. 자기 안에 있는 성령의 불을 밖으로 나오게 해야 합니다. 자기 마음 안에 있는 불을 밖으로 나오게 하는 것이 성령의 세례입니다.

자신 안에 계신 성령이 순간 자신을 장악하는 것을 성령의 세례라고 합니다. 성령의 세례를 받은 후에는 성령의 불로 충만함이 임하면서 자신을 완전하게 장악을 합니다. 그러므로 한번 성령세례 받았다고 다된 것은 아니라는 것입니다. 성령의 충만이 계속 되어야 합니다. 고로 성령의 세례를 받아야 우리가 정말 하나님이 살아 계신 것을 체험하게 됩니다. 능력과 권세가 임하여서 우리의 모든 유혹을 물리치고 하나님의 위대한 일꾼이 될 수가 있는 것입니다.

사도행전 10장에는 고넬료 가정에 성령의 불이 임한 사건이 나옵니다. 고넬료는 이탈리아 사람이었습니다. 이탈리아의 육군 대위였었습니다. 그는 유대인이 아니었습니다. 그럼에도 불구하고 그는 구제를 많이 하고 하나님께 기도를 많이 했는데 오후 3시에 간절히 기도하니까 갑자기 천사가 그 앞에 나타났었습니다. '고넬료야~ 고넬료야~' 하매 깜짝 놀라서 소스라쳐 쳐다보니까 '네 구제와 기도가 하늘에 상달되었다. 욥바에 사람을 보내서 베드로라는 사람을 청하라. 그가 구원에 대한 말을 해줄 것이다.' 원래 고넬료는 그 식구들과 함께 기도를 많이 했었습니다.

그래서 베드로가 오기 전까지 온 친지들을 모아 놓고 간절히 기도하고 있는데 베드로가 와서 하나님의 말씀을 증거 합니다. 모세의 율법으로도 의롭다 함을 받지 못한 사람이 예수를 믿으면 그 피로 말미암아 죄 사함을 받고 의롭게 된다는 설교를 하자. 그것을 믿고 그것을 믿자마자 성령이 하늘에서 임하신 것입니다. 그래서 고넬료와 그 가족들이 다 성령의 충만함을 받고 하나님을 높이며 방언을 말하고 역사가 일어났었습니다.

그 결과 고넬료 같은 이탈리아 사람이 군대 복무를 마치고 로마로 돌아가서 얼마나 열심히 전도했던지 주후 300년 만에 로마가 거꾸러져 예수를 믿고, 그 당시 온 구라파가 주 예수께로 돌아오게 된 것입니다. 고넬료와 같은 이러한 군인이 정말 성령의 충만함을 받고 하나님의 능력으로 로마의 고향 땅에 돌아가서 열심히 하나님의 능력을 전도했기 때문에 로마가 온통 예수를 믿고 나온 역사가 일어날 수 있었던 것입니다.

이러므로 아무리 종교를 가졌다고 해도 성령의 능력을 받지 아니하면 종교는 아무런 힘도 없습니다. 우리가 의식적인 형식적인 신앙을 아무리 가졌다고 해도 그것이 우리 자신과 다른 사람을 구원할 능력도 없는 것입니다. 이러므로 주께서는 예루살렘을 떠나지 말고 아버지의 약속하신 것을 기다리라. 요한은 물로 세례를 베풀었거니와 너희는 몇 날이 못 되어 성령으로 세례를 받으리라고 말씀하신 것입니다.

그러므로 성령세례 받지 아니한 사람은 성령 받기를 간절히 사모해야 될 것입니다. 성령을 받으려면 성령을 받은 사람에게 말씀을 듣고 안수를 받아야 성령의 세례를 받을 수가 있습니다. 그러나 계속적으로 성령의 불을 받으려는 생각을 버려야 합니다. 성령으로 깊은 영의기도를 하여 자신의 영 안의 성령으로부터 성령의 불이 올라오게 해야 합니다.

사도행전 19장에는 에베소 교회의 성도들이 성령으로 세례를 받은 사건이 기록되어 있습니다. 에베소 교회는 아볼로라는 유명한 웅변을 잘하는 목사님의 설교로 세워진 교회입니다. 웅변을 통해서 사람들이 주님께로 나왔지만은 신앙의 힘이 희미합니다. 이렇게 성령의 체험 없는 신앙은 언제나 희미합니다. 그래서 에베소 교회의 교인들은 웅변만 듣고서 감동으로 나왔으나 기도에 힘이 없고 하나님을 바라는 신앙에 힘이 없었습니다.

바울이 와서 보니까 열두 명쯤 되는 사람이 살았다 하나 죽은 상태입니다. 그래서 바울이 물었습니다. '너희가 믿을 때에 성령을 받았느냐?', '우리는 성령이 있음도 알지 못하노라' 바울이 그들에게 그리스도를 전도하고 물로 세례를 베풀고 안수하고 기도해주었더니 성령을 받아 방언도 하고 예언도 하니 모두 열두 사람쯤 되었습니다.

그 결과 에베소에서 이 열두 사람이 성령을 받자 불길이 일어나기 시작한 것입니다. 하나님의 역사가 에베소 일대를 뒤흔들었습니다. 얼마 있지 아니하여 소아시아 전체가 그리스도의 복음을 듣게 되고 하나님의 영광이 하늘에 사무치게 된 것입니다. 이 사람들이 성령을 받자 그 열두 사람으로부터 시작해서 가장 큰 성령의 운동이 소아시아 일대에 일어나게 된 것입니다.

이렇게 볼 때에 성령이 역사하는 교회 시대인 지금은 성령을 받은 사람이 말씀을 전하고 기도할 때 임합니다. 이는 말씀을 전하는 사람의 심령에 임재 했던 성령이 나타난 것입니다. 성령은 먼저 성령세례를 받은 성도 안에 임재 하여 계십니다. 그리고 성령으로 세례 받은 성도들이 모인 장소에 임재 하여 계십니다. 성령으로 세례를 받은 목회자가 전하는 말씀 안에 임재 하여 계십니다. 그러므로 성령의 불은 성령으로 세례를 받은 성도의 마음속에서 나오는 것입니다.

그런데 아직도 많은 목회자나 성도가 성령의 불이 하늘에서 떨어지는 줄로 압니다. 저에게 질문을 많이 합니다. 목사님! 우리 교회에서는 성령의 불이 하늘에서 떨어진다는데, 왜 목사님은 성령

받은 성도의 심령에서 올라온다고 하십니까? 그래서 제가 잘 설명을 합니다. 지금 하나님은 예수를 영접한 성도의 마음 안에 계십니다. 예수님은 요한복음14장 20절에서 "그 날에는 내가 아버지 안에, 너희가 내 안에, 내가 너희 안에 있는 것을 너희가 알리라" 하셨습니다.

로마서8장 10-11절에서는 "또 그리스도께서 너희 안에 계시면 몸은 죄로 말미암아 죽은 것이나 영은 의로 말미암아 살아 있는 것이니라. 예수를 죽은 자 가운데서 살리신 이의 영이 너희 안에 거하시면 그리스도 예수를 죽은 자 가운데서 살리신 이가 너희 안에 거하시는 그의 영으로 말미암아 너희 죽을 몸도 살리시리라" 하셨고, 고린도전서 3장 16절에서는 "너희는 너희가 하나님의 성전인 것과 하나님의 성령이 너희 안에 계시는 것을 알지 못하느냐"했습니다. 빌립보서 2장 13절에서는 "너희 안에서 행하시는 이는 하나님이시니 자기의 기쁘신 뜻을 위하여 너희에게 소원을 두고 행하게 하시나니"라고 하십니다.

이렇게 볼 때에 분명히 성령의 불은 내 안에서 나오는 것이 맞습니다. 하나님이 성도의 마음 안에 계시기 때문입니다. 성령의 불이 자신 안에서 나오는 것을 인정하지 않으면 이런 현상이 나타납니다. 밖에서 역사하는 불만 받으려고 하기 때문에 영의통로가 뚫리지를 않습니다. 왜냐하면 밖에다가만 관심을 집중하기 때문입니다. 내 안에 관심을 가져야 자신이 보이는데 밖에다가 관심을 두니 자신이 보이지 않는 것입니다.

그래서 밖에다가 관심을 두니 영의통로가 열리지를 않습니다.

영의통로가 막혀있으니 항상 갈급합니다. 성도는 심령에서 은혜가 올라와야 영의 만족을 얻을 수가 있습니다. 밖에서 들리고 보이는 것을 가지고 은혜를 받으려고 하니 항상 심령이 갈급한 것입니다. 교회나 은혜의 장소에 가서 말씀을 듣고 예배를 드릴 때는 은혜를 받는 것 같습니다. 그러나 마치고 돌아서면 허전합니다. 기도를 할 때도 마찬가지입니다. 기도를 하면 마음이 편안해지는 것 같습니다. 조금 지나면 심령이 갑갑해 집니다. 밖에서 역사하는 성령의 불을 받아서 몸은 뜨거운데 마음은 평안하지 못합니다. 마음이 평안하지 못하니 성품이 변하지 않습니다. 남이 하는 조그마한 소리에도 참아내지 못하여 혈기를 냅니다. 성령의 불이 마음에서 올라오지 않으니 육체에 역사하는 세상신이 역사하기 때문입니다. 좀처럼 심령이 변하지 않으니 그리스도인으로서 본을 보이지 못합니다. 세상 믿지 않는 사람들보다 더 악하고 혈기를 잘 냅니다. 이런 성도가 기도하는 것을 보면 거의 목에서 나오는 소리로 기도를 합니다. 기도할 때 나름대로 생각하기는 성령으로 충만하다고 생각하는데 절대로 그렇지 못합니다.

이런 성도가 밖에서 역사하는 성령의 불을 잘 받습니다. 밖에서 역사하는 불로 인하여 육체가 훈련되어 있기 때문입니다. 성령이 역사하면 뜨거움도 강합니다. 그러니 성령의 불을 받았다고 믿어버리는 것입니다. 마음속에서 불이 나오게 하지 않으니 육체에 역사하던 세상신이 떠나가지를 않습니다. 기도를 해도 세상신이 적응을 하여 같이 기도하면서 꼼짝도 하지 않습니다. 이런 분들이 모두가 이구동성으로 하는 말이 얼마 전에 어디에서 성령의 강한 불을 받았다고 합니다.

예를 든다면 이런 경우입니다. 제가 어느 기도원에 간적이 있습니다. 기도 시간이 되었습니다. 강단에서 집회를 인도하시는 목사님이 성령의 불을 받아라! 불! 불! 불! 하니까? 어느 여성이 욱욱하는 것입니다. 제가 물었습니다. 왜~ 그렇게 몸을 움츠리면서 욱욱합니까? 그랬더니 이렇게 대답을 합니다. 강사 목사님의 성령의 불이 강하기 때문에 자기에게 그런 현상이 나타난다는 것입니다. 이는 잘못 이해한 것입니다. 우리 안에 역사하는 성령의 불은 밖에서 역사하여 나에게 와서 느끼게 할 수도 있습니다. 그렇다고 욱욱하는 것은 아닙니다. 제가 지금까지 성령치유 사역을 하면서 욱욱하는 분들을 안수하여 영의통로를 뚫으면 속에서 말로 표현하기 힘들 정도로 더러운 것들이 나옵니다. 이 더러운 것들이 나가고 나면 절대로 욱욱하지 않고, 조용하고 평안하게 영으로 기도를 합니다. 얼굴이 평안하게 보일 정도로 평안해집니다. 욱욱하게 하는 것은 상처 뒤에 역사하는 악한 영들입니다. 이들이 떠나가고 나면 잠잠해 지면서 평안을 느끼고 영으로 깊은 기도를 합니다.

이렇게 성령의 불을 받는다고 하는 분들이 상처를 많이 가지고 있습니다. 자신의 속에서 떠나보내지 않고 받아들이기 때문입니다. 은혜의 장소에 가서 말씀 듣고 기도할 때는 충만한 것 같습니다. 3일만 지나면 갈급해 집니다. 혈기가 나고 괜히 짜증을 많이 냅니다. 심령의 영이 막혀있어서 일어나는 현상입니다. 이런 분들은 절대로 영의 만족을 누리지를 못합니다. 성령의 불이 마음 안에서 나오지 않으니 마음의 상처와 상처 뒤에 역사하는 세상신이 영을 압박하기 때문입니다. 치유를 받으려면 호흡을 깊게 들이쉬고 내쉬면서 배에서 나오는 소리로 주여! 를 한 5분만 하면 영의통로가 뚫리기 시작하는 것을 본인이 느끼게 됩니다. 성령의 임재를 지속적으로 받았기 때문에 영의통로를 뚫기가 쉽습니다. 그런데 보통 이런 분들이 자아가 강하여 주여! 하면서 기도를 하지 않습니다. 몸을 움츠리고 으으으 하면서 자신만 인정해주는 성령의 불을 받았다고 믿기 때문입니다.

자신이 성령의 불을 받는 방법을 터득하여 그대로 행동합니다. 이런 분은 좀처럼 변화되지 않습니다. 자아가 강하기 때문입니다. 제가 지금까지 이십 년이 넘도록 성령 사역을 하면서 나름대로 체험한 결론에 의하면 영의통로를 뚫어야 되는 분들은 이렇습니다. 기도할 때나 안수를 받을 때 몸이 뜨거워지면서 경직이 되는 성도입니다. 기도를 하루라도 쉬면 마음이 갑갑하여 죽을 것 같다고 말하는 분입니다. 기도할 때 몸의 진동이 심하게 나타나는 성도입니다. 방언 기도할 때 몸이 뜨거워지면서 땀을 많이 흘리는 성도입니다. 안수를 받을 때 으으으 하면서 몸이 굳어지고 뜨거워지는 성도입니다. 일어서서 기도하다가 잘 넘어지는 성도입니다. 기도하다가 깜박깜박하면서 의식을 놓는 성도입니다. 기도할 때 뿐이고 돌아서면 갈급한 성도입니다. 다른 성도가 자신에게 조금이라도 거슬리는 말을 하면 분이 나와서 참지 못하는 성도입니다. 예배는 열심히 참석하고 기도는 많이 하는데 항상 심령이 갈급한 성도입니다. 나름대로 신앙생활은 잘한다고 생각하는데 몸이 이곳저곳 아픈 분입니다. 마음의 상처로 고생하는 분들입니다.

그리고 교회에서나 세상에서 사람들과 대화할 때 머리가 아프다던가. 속이 거북스러운 분들은 영의통로를 뚫어 속에서 불이 나오게 해야 합니다. 이런 분들은 자신의 마음속에서 불이 나오지 않아 영이 약하기 때문에 일어나는 현상입니다. 대화할 때 상대방의 나쁜 기운들이 자신에게 침투하기 때문에 영이 알아차리고 조심하라고 육이 느끼게 하는 것입니다. 이런 분들은 대화할 때 마음으로 호흡을 하여 성령의 역사를 일으켜야 합니다. 그래야 상대방의 나쁜 기운들이 타고 들어오지 못합니다. 대화를 한 후 호흡을 깊게 들이쉬고 내쉬면서 심령을 정화해야 합니다. 그렇지 않으면 나쁜 기운들이 자신 안에서 집을 지을 수도 있습니다. 경각심을 가져야 합니다.

이런 분들은 성령이 충만한 장소에 가서 은혜 받고 기도하면서 영의통로를 뚫어야 합니다. 호흡을 들이쉬고 내쉬면서 배에서 나오는 소리로 주여! 를 지속적으로 하면 기침이 나오면서 영의통로가 열립니다. 체험 있는 사역자의 도움을 받는 것이 빠릅니다. 사역자가 안수할 때 이렇게 하시기를 바랍니다. 피사역자의 머리에 한 손을 올리고, 다른 손은 등 뒤에 올립니다. 피사역자에게 지시를 합니다. 호흡을 들이쉬고 내쉬라고 말입니다. 최대한 방광이 있는 곳이 부풀어 오르도록 호흡을 깊게 들이쉬게 합니다. 호흡을 들이쉬고, 내쉬고 하면서 한 3분 동안 기다리면 웬만한 성도는 모두 영의통로가 뚫립니다. 영의통로가 뚫리면 더러운 것들이 나오므로 사전에 꼭 휴지를 준비해야 합니다. 말로 표현 할 수 없도록 많은 오물들이 나옵니다. 피사역자의 마음 안에 있는 영으로부터 권능이 올라오니 더러운 것들이 밀려서 나오는 것입니다.

이렇게 몇 번만 하면 영의통로가 열려서 깊은 영의기도가 됩니다. 마음이 평안해집니다. 구습이 변합니다. 말로 표현 할 수 없는 평안이 올라옵니다. 우리는 성령의 불이 심령에서 올라오게 해야 합니다. 그래야 영적으로 변합니다. 영의 만족을 누리게 됩니다. 성령의 불이 심령에서 올라와야 예수님의 성품으로 변합니다. 영의통로가 뚫리니 영의 만족을 찾아 방황하지 않습니다.

분명하게 성령의 불은 받는 것이 아닙니다. 자신의 영 안에서 성령의 불이 나오는 것입니다. 자신의 영 안에서 성령의 불이 나오도록 영성을 깊게 해야 합니다. 우리 예수를 믿고 성령으로 거듭난 성도는 바르게 알고 바르게 행해야 합니다. 명확한 근거도 없는 샤머니즘적인 용어에 속지 말고 바르게 체험하기 바랍니다.

무엇이든지 받아들이지 말고 말씀으로 분별해 보는 습관을 들이시기를 바랍니다. 마귀는 어찌하든지 성도들을 속이려고 합니다. 그것도 하나님의 말씀과 성령의 역사를 교묘하게 위장하여 침투합니다. 분별력을 길러야 합니다. 성도는 하나님의 말씀과 바른 성령 체험을 하면 변하게 되어 있습니다. 무엇이든지 열매를 보시기를 바랍니다. 아무리 뜨거운 불을 받았다고 할지라도 구습이 변하지 않으면 분별의 대상입니다. 무엇인가 잘못된 것이 있다는 것입니다. 수준을 높이시기를 바랍니다.

4장 성령의 강력한 불을 빨리 받으려면

(행 4:28-31)"하나님의 권능과 뜻대로 이루려고 예정하신 그것을 행하려고 이 성에 모였나이다. 주여 이제도 그들의 위협함을 굽어보시옵고 또 종들로 하여금 담대히 하나님의 말씀을 전하게 하여 주시오며, 손을 내밀어 병을 낫게 하시옵고 표적과 기사가 거룩한 종 예수의 이름으로 이루어지게 하옵소서 하더라. 빌기를 다하매 모인 곳이 진동하더니 무리가 다 성령이 충만하여 담대히 하나님의 말씀을 전하니라."

많은 목회자와 성도들이 성령의 강력한 불로 장악 당하기를 원합니다. 성령의 불을 사모하면서 정작 성령의 불로 장악 당하는 영적인 원리를 모릅니다. 그냥 무조건 기도만 많이 하면 되는 줄로 착각하는 분들도 있습니다. 어떤 분은 성령의 불에 관한 책만 읽으면 성령의 불로 장악되는 줄 믿고 있는 한심한 분도 있습니다. 성령의 불로 장악이 되는 것에는 영적인 원리가 있습니다. 영적인 원리를 적용해야 좀 더 쉽게 성령의 불로 장악 될 수가 있습니다. 세월을 아껴야 합니다. 때가 악하기 때문입니다.

이 책에서 제시하는 영적원리를 적용하여 좀 더 빨리 성령의 강력한 불로 장악되기를 바랍니다. 영적으로 무지하던 저도 성령의 불로 장악되니 성품이 유순하게 변하고 인내할 줄 아는 사람이 되었습니다. 기도가 깊어지고 성령의 인도에 순종하며 영안이 열려서 말씀을 볼 때 말씀 속에 있는 영적인 비밀이 보입니다. 말씀 속에서 영적인 원리를 깨달으며 말씀을 적용할 때 하나님의 기적이 일어나는 것을 체험하고 있습니다. 저도 베드로와 같이 기도할 때 병자가 치유되고 귀신이 떠나가고 상한 심령의 사람들이 치유하는 권능 있는 자가 되어가고 있습니다. 성령의 불로 좀 더 빨리 장악이 되고 싶으면 이렇게 하시기를 바랍니다.

첫째, 성령의 강력한 불을 사모하라. 성령의 불로 장악이 되려면 먼저 성령으로 세례를 받아야 합니다. 세례에는 물세례와 성령세례가 있습니다. 물세례란 처음 그리스도인이 신앙을 고백하고 회개와 죄 사함의 세례를 받으며 사람들 앞에서 자신이 그리스도인이 되었다는 것을 선포하고 교회의 일원이 되는 의식입니다. 대부분 신자들이 물세례를 받는 것으로 그치고 있습니다. 그러나 더 능력 있는 그리스도인의 삶, 사명을 감당하는 삶, 하나님께 쓰임을 받는 삶을 살기 위해서는 성령세례를 받아야 합니다. 성령 세례란 예수 그리스도께서 주시는 것입니다. 성령의 세례란 성령에 의해서가 아니라 주 예수에 의해 행해지는 그리스도의 사역입니다(행 11:15-18).

성령으로 세례 받을 때는 확실한 체험적인 경험이 있습니다. 성령으로 세례를 받을 때 성령이 예수 그리스도의 이름으로 임하므로 성령으로 세례 받는 것은 체험으로 느낄 수 있습니다. 성령의 세례를 받으면 하나님의 능력이 임합니다. 성령으로 세례 받을 때 성령의 권능이 함께 임합니다. 권능은 그리스도인으로 하여금 하나님의 일을 행하는데 적합한 사람으로 준비되게 합니다. 성령 세례는 하나님께서 우리를 예수 그리스도의 몸의 일부분으로 택하셔서 맡기신 지체로서의 임무를 효과적으로 수행하게 합니다(행 9:17-20). 성령으로 세례를 받음은 하나님의 영으로 사로잡히는 것입니다. 성령의 세례는 성도의 마음을 그리스도에 대한 이해와 사랑과 신뢰로 가득 차게 하며, 성령이 삶의 주관자가 되게 하며, 하나님의 자녀로서 하나님의 부름에 적합하도록 능력을 부여합니다. 거듭나는 것과 성령으로 세례 받는 것과는 다른 별개의 사건입니다. "누구든지 그리스도의 영이 없으면 그리스도의 사람이 아니라."(롬 8:9).

그리스도인은 성령에 의해 태어난 사람으로 성령은 그 사람 안에서 중생의 사역을 이루십니다. 그리스도인이란 그 안에 성령이 내주하는 사람을 지칭하며 성령세례 받고 불로 장악당한 자를 의미하는 것은 아닙니다. 거듭남으로 구원을 받게 됩니다. 즉 성령으로 거듭나서 하나님의 자녀가 되는 것입니다. 그러나 사람이 성령에 의해 거듭났지만, 성령으로 세례 받지 못한 경우도 있습니다. 그러므로 중생과 성령세례는 동의어가 아니라는 뜻입니다. 그러므로 성령으로 세례를 체험하시기를 바랍니다. 체험이라는 것은 내가 하나님의 역사하심을 눈으로 보게 된다는 뜻입니다. 성령의 세례를 받음으로 비로소 성령의 불과 성령의 인도를 받을 수가 있습니다. 그리하여 성령으로 깊은 영의 기도를 할 수 있게 되는 것입니다. 성령으로 깊은 영의기도를 하므로 성령의 불이 임하고, 심령에서 성령의 불이 올라오는 영의 기도를 할 수 있는 것입니다. 영의 기도를 통하여 성령의 불로 사로잡히는 것이기 때문입니다. 우리가 성령의 불로 장악이 되려면 사모해야 합니다. 하나님은 사모하는 영혼에게 만족함을 주십니다. 성령의 불도 사모해야 장악이 되는 것입니다. 사모하고 뜨겁게 기도하면서 성령의 불이 자신을 장악할 때까지 깊은 영의기도를 하면서 기다려야 합니다.

둘째, 말씀의 비밀을 많이 깨달아야 한다. 성령의 불은 자신이 성령으로 말씀의 비밀을 깨닫는 만큼씩 장악을 합니다. 성령의 불은 말씀의 깨달음과 비례하는 것입니다. 성령의 불로 장악당하니 말씀의 비밀을 깨달을 수가 있는 것입니다. 말씀의 비밀을 깨달은 만큼 영적으로 변했기 때문에 성령의 불로 장악이 되는 것입니다. 기도를 많이 한다고 성령의 불로 장악이 되는 것이 아닙니다. 능력 있는 목사님에게 안수를 많이 받는다고 성령의 불로 장악되는 것이 아닙니다.

성령의 임재 하에 말씀을 많이 묵상해야 합니다. 영적으로 깊은 서적을 읽는 것도 성령의 불로 장악이 되는데 상당한 유익이 있습니다. 성령의 불의 역사를 체험하고 말씀과 성령으로 변화된 멘토를 만나서 훈련을 받는 것도 유익합니다. 하나님은 사람을 통하여 하나님의 역사를 이루시기 때문입니다. 그러므로 바른 성령의 불의 역사를 일으키며 사역하는 사역자를 만나는 것은 자신이 성령의 불로 장악이 되는데 큰 도움이 될 것입니다. 자신을 성령의 불로 장악되게 하여 하나님에게 쓰임 받도록 인도해줄 멘토를 만나게 해달라고 기도하세요.

셋째, 성령의 강력한 불의 역사가 있는 장소로 가라. 성령으로 세례와 강력한 불로 장악이 되려면 성령의 역사가 있는 장소에 가는 것이 빠릅니다. 혼자 기도한다고 성령의 불을 받지 못합니다. 우리 충만한 교회의 경우 주일날만 참석해도 성령의 불을 받습니다. 화-수-목 집회에 한주만 참석하면 모두 성령의 불을 받습니다. 그러므로 성령의 불을 받고 성령으로 장악되고 지배를 받고, 성령의 역사를 체험하려면 성령의 역사가 있는 장소에 가는 것이 빠릅니다. 하나님은 “세월을 아끼라 때가 악하니라”(엡 5:16). 말씀하십니다. 자신이 과거 한번 성령의 세례를 체험했었다면 혼자 기도해도 성령의 불로 장악이 될 수가 있습니다. 자신이 한 번도 성령의 세례를 체험하지 못했다면 성령의 기름부음심이 있고 성령의 불의 역사가 나타나는 장소에 가서 성령의 불로 충만 받는 것이 맞습니다. 성령의 체험과 장악은 장작불의 원리와 같습니다. 성령의 불로 충만하고 성령의 역사를 체험한 사람들이 많이 모이는 장소는 성령의 역사가 강합니다. 이유는 하늘로부터 임하는 성령의 불은 오순절 날로 끝났습니다. 지금은 성령의 불을 받은 사람이 말씀전하고 안수할 때 임합니다. 성령께서 사람 안에 임재하여 계시기 때문입니다. 성령의 불을 바르고 빨리 받으려면 성령의 불의 역사를 바르게 일으키는 사역자가 있는 장소에 가서 받는 것이 맞고 빨리 받을 수가 있습니다.

성령은 어디에 계시는가, 먼저 내 안에 계십니다. 그리고 우리 안에 계십니다. 또 말씀 안에 계십니다. 그러므로 성령체험을 하지 않았다면 성령의 역사가 있는 장소에 가셔야 성령을 쉽게 체험하고 장악 당할 수가 있습니다. 그리고 또 한 방법은 강력한 성령의 불로 세례 받고 성령의 지배와 장악을 받으면서 성령의 인도를 받은 목회자에게 가서 말씀을 듣고 안수를 받는 방법이 있습니다. 위로부터 임하시는 성령의 역사는 오순절 마가의 다락방에서 임하셨습니다. 그 이후는 그때 성령세례 받은 사람이 말씀전하고 안수 할 때 임했습니다(행19:1-7). 성령의 불로 충만한 사람에게 전이 받는 것입니다.

넷째, 인간적인 욕심을 버려야 한다. 성도가 영적으로 변하려면 인간적인 욕심은 적이 됩니다. 그래서 성경은 야고보서 1장 14절로 15절에서 이렇게 말합니다. "오직 각 사람이 시험을 받는 것은 자기 욕심에 끌려 미혹됨이니 욕심이 잉태한즉 죄를 낳고 죄가 장성한즉 사망을 낳느니라." 성령의 세례를 체험하고 불로 충만 받으려면 모든 인간적인 욕심을 버리시기를 바랍니다. 성령의 세례를 받아 성령의 불이 임하고 심령에서 올라오는 기도를 하는 것은 하나님의 자녀답게 권세를 가지고 하나님의 나라확장에 큰일을 감당하기 위해서 그렇게 하는 것입니다.

그리고 성도를 성도되게 하는 것은 전적으로 성령께서 하시는 일입니다. "너희는 주께 받은바 기름 부음이 너희 안에 거하나니 아무도 너희를 가르칠 필요가 없고 오직 그의 기름 부음이 모든 것을 너희에게 가르치며 또 참되고 거짓이 없으니 너희를 가르치신 그대로 주 안에 거하라."(요일 2:27). 조금이라도 인간적인 욕심이 결부된다면 성령으로 충만하던 성도도 육체로 돌아가게 됩니다. 육체로 돌아가면 그 심령에는 마귀가 역사를 하는 것입니다. 그래서 마귀는 항상 인간적인 욕심을 추구하게 하려고 성도들을 미혹하는 것입니다. 그 미혹에 아담과 하와가 넘어졌습니다. 왜 넘어졌습니까? 성령의 인도 없이 육체적으로 행동했기 때문입니다. 그러나 예수님은 마귀의 시험을 이기셨습니다. 어떻게 이겼습니까? 육적인 욕심이 하나도 없이 오직 말씀으로 하나님의 영광을 구했기 때문입니다. 그리고 성령의 인도를 받았기 때문에 승리한 것입니다.

우리도 성령의 불세례를 체험하고, 심령에서 성령의 불이 올라와 성령의 불로 장악 당하는 기도를 하여 사람들에게 자랑을 하려하는 인간적인 욕심이 조금이라도 결부되면 가차 없이 마귀의 밥이 된다는 것을 명심해야 합니다. 오로지 하나님의 영광을 위하여 성령의 불을 구하시기 바랍니다. 어린아이와 같이 사심 없이 성령 하나님의 인도를 받으면 성령의 불로 장악 당하게 됩니다. 그리하여 기도를 할 때 성령의 불이 임하고, 깊은 영의 기도를 할 때 성령의 불이 심령에서 올라오게 될 것입니다. 절대 인간적인 욕심은 버리시기 바랍니다.

다섯째, 성령의 인도에 순종하라. 성령의 불로 장악을 당하려면 성령의 인도를 받아야 합니다. 성령의 인도를 받는 것은 두 가지로 설명할 수가 있습니다. 먼저 성령의 인도는 성령께서 성도들의 마음에 갈급한 마음을 주십니다. 성도가 이 갈급함을 해결하려고 성령이 역사하는 장소로 가게 됩니다. 자신의 갈급함을 해결하려고 성령의 역사하는 장소에 가게 되지만 정작 성령께서 인도한 것입니다. 저는 항상 이렇게 말합니다. 성령께서 성도를 엎고 다닌다는 말입니다. 성경에도 분명하게 기록되어 있습니다. "너희는 주께 받은바 기름 부음이 너희 안에 거하나니 아무도 너희를 가르칠 필요가 없고 오직 그의 기름 부음이 모든 것을 너희에게 가르치며 또 참되고 거짓이 없으니 너희를 가르치신 그대로 주 안에 거하라"(요일2:27). 성령께서 성도들을 이끌고 다니면서 성령의 사람을 만들어 간다는 것입니다.

이스라엘 백성이 애굽에서 나와서 광야를 자신들이 걸어서 가나안으로 간 것 같지만 실상은 그렇지 않습니다. "내가 애굽 사람에게 어떻게 행하였음과 내가 어떻게 독수리 날개로 너희를 업어 내게로 인도하였음을 너희가 보았느니라"(출19:4). 하나님이 이스라엘 백성을 엎고 인도하였다는 것입니다. 이렇게 성령의 인도를 받아야 합니다. 부가해서 설명하면 성령의 감동을 받고 성령이 역사하는 장소에 가게 되었다면 그곳에서 성령께서 자신을 위하여 하실 일이 있기 때문에 그곳에 가게 했다는 것입니다. 성령이 인도하여 가게 되었다는 말입니다. 그러므로 자신의 마음대로 행동하면 안 됩니다. 항상 성령님에게 기도하며 물어보고 행동에 옮겨야 합니다. 그래서 성령이 가라하면 가고, 오라하면 오는 성도가 성령의 인도를 받는 성도입니다. 그런데 대부분 그렇게 하지를 않습니다. 자기 마음대로 가고 자기 마음대로 옵니다. 그렇기 때문에 성령하나님이 원하는 영적인 수준에 도달하지 못하는 것입니다. 성령이 자신을 성령으로 충만한 영적인 성도를 만든다는 것을 명심해야 합니다. 성령의 인도에 순종하는 만큼씩 영적으로 변해간다는 것입니다.

두 번째는 성령의 역사에 순종하는 것입니다. 성령이 임재하여 울라고 하면 울고, 떨라고 하면 떠는 것입니다. 소리를 지르라면 소리를 지르는 것입니다. 하나님의 말씀을 선포하라면 담대하게 선포하는 것입니다. 지팡이를 내밀라고 하면 내미는 것입니다. 발을 내 딛으라고 하면 내 딛는 것입니다. 한 마디로 성령이 하라는 대로 움직이는 것입니다. 성령은 인격이시라 이렇게 성령의 인도에 순종할 때 성령의 불로 장악당하는 체험을 하게 하십니다.

여섯째, 성령의 불로 장악을 방해하는 요소를 제거하라. 우리는 영적이면서 육적인 존재입니다. 그래서 저는 항상 이렇게 말을 합니다. 우리 안에도 영적인 세계가 있고, 우리는 영적인 세계에 잠겨서 세상을 살아가고 있다고 강조합니다. 영적 세계에는 세 가지 형태의 영이 존재합니다. 하나님의 성령과 타락한 악마의 영, 성령으로 거듭난 사람의 영입니다. 우리는 예수를 믿고 성령으로 거듭난 영의 사람입니다. 그러므로 마귀는 항상 우리의 틈을 찾아서 우리에게 침입을 하려고 하는 것입니다. 그래서 성령이 역사하는데 저해가 되는 육신적인 요소를 제거해야한다는 것입니다. 마귀가 육신적인 요소의 틈을 이용하여 성령의 불로 장악당하는 것을 방해하기 때문입니다. 그럼 성령의 불로 장악당하는 것을 저해하는 요소들은 어떤 것들이 있습니까?

1) 마음의 상처입니다. 저는 항상 이렇게 말합니다. 마음의 상처는 오만가지 문제의 원인이 된다는 것입니다. 육체적인 질병의 원인도 될 수가 있습니다. 정신적인 문제의 원인도 될 수가 있습니다. 영적인 문제의 원인도 될 수가 있습니다. 그러므로 마음의 상처는 치유 받아야 합니다. 과거의 아픈 기억들이 굉장히 많이 있을 것입니다. 나이가 많으면 많을수록 상처는 많습니다. 이런 쓴 뿌리와 아픈 기억들이 치유되지 않으면 영적으로 깊이 들어가는 데 지대한 방해가 됩니다. 특히 성령의 불로 장악 당하는데 결정적인 장애요소가 될 수 있습니다. 현재의 삶과 인간관계에도 문제가 생기게 됩니다. 성령의 불로 장악되는 것의 필수요소인 깊은 영의기도를 하는데 지대한 문제를 야기합니다. 잡념에 사로잡히게 한다는 것입니다. 잡념을 제거하지 못하면 절대로 깊은 영의 기도에 들어갈 수가 없습니다. 과거의 아픈 기억을 잊어버리지 못하면 현재 삶이 파괴됩니다.

저의 개인적인 소견으로는 성도가 제일 먼저 해야 할 일은 마음의 상처를 말씀과 성령으로 내적 치유하는 것입니다. 내면의 상처가 치유되지 않으면 절대로 성령으로 장악이 될 수가 없고 영적으로 변할 수도 없습니다. 왜냐하면 상처 뒤에 항상 마귀가 역사하기 때문입니다. 그러니 영적으로 깊이 들어갈 수가 없고 성령의 불로 장악될 수가 없는 것입니다. 상처가 치유되지 않은 성도가 성령의 은사가 나타나는 것은 자신을 영적으로 망가지게 하는 은사가 될 수가 있습니다. 그러므로 주의해야 합니다. 빨리 자신을 말씀과 성령으로 정확히 보고 내면의 상처를 치유 받아야 합니다.

2) 개인의 자아가 문제가 됩니다. 성령의 불은 하늘에서 임재하는 불을 받는다고 배워서 불을 받으려고만 하는 것도 자아가 됩니다. 성령의 불은 받기도 하지만 심령에서 올라와야 합니다. 자아는 자신이 태어나서 지금까지 보고 듣고 배운 것입니다. 또 신앙 생활하면서 터득한 내용들입니다. 이것이 올무가 되어 깊은 성령의 임재 안에 들어가지 못하게 됩니다. 특히 율법적인 말씀들이 많은 장애가 됩니다. 그래서 주님은 어린아이가 되어야 천국을 소유하고 본다고 하시는 것입니다. 예수님은 이렇게 말씀하십니다. "새 사람을 입었으니 이는 자기를 창조하신 이의 형상을 따라 지식에까지 새롭게 하심을 입은 자니라.(골 3:10)" 예수 믿고 하늘의 사람, 새사람이 되었으니 지식까지 새롭게 되시기를 바랍니다.

어떤 목회자가 저에게 이렇게 질문을 했습니다. 목사님! 어디에서 성령의 불을 받았습니까? 소문을 들으니까, 충청도 어디가 성령의 불이 강하게 임한다던데 그곳에서 받았습니까? 그래서 제가 이렇게 대답을 했습니다. 저는 성령의 불을 받은 것이 아니라, 성령의 역사가 강력한 사역지에 가서목사님에게 안수기도를 받고 성령세례를 받은 후에 내적치유를 일 년을 받고 밤잠을 자지 않고 기도하다가 성령의 불로 장악 당했습니다. 성령의 불을 받으려고 하면 안 됩니다. 내면을 치유하고 깊은 영의기도를 하여 영의통로를 뚫고 배에서 올라오는 소리로 기도하면 성령의 불로 충만 받을 수 있습니다. 성령의 불로 충만 받는 것을 쉽게 생각하면 안 됩니다. 어떤 목회자 같이 성령의 불세례 책을 읽으면 성령의 불을 받는 것으로 알고 행하면 안 됩니다. 이분은 절대로 성령의 불로 장악당할 수가 없습니다. 왜요. 성령의 불로 장악당하는 원리를 모르기 때문입니다. 성령의 불로 장악당하는 것도 주먹구구식으로 되지 않습니다. 일정한 말씀의 규칙과 원리를 적용해야 쉽게 장악될 수가 있는 것입니다. 잘못된 자아를 말씀과 성령으로 찾아서 부수시기를 바랍니다. 그래야 성령의 불로 장악이 될 수 있는 조건이 됩니다. 자아는 성령의 불로 장악되는데 절대적인 방해요소가 될 수 있습니다.

3)혈통의 영육의 문제가 장애가 됩니다. 혈통을 타고 내려오는 고질적인 영적인 문제들이 많이 있을 것입니다. 신비술에 관여한 것이 목회자의 가족이나 조상일 수 있습니다(출애굽기 20:5). 이 문제를 제대로 치유하지 않으면 목회자나 사역을 받는 자에게 성령이 역사하는 것에 주요 장애가 될 수 있습니다. 성령의 불로 장악이 될 수가 없습니다.

이것 때문에 사단이 평생 따라다니며 나를 괴롭히고, 사단이 이것을 미끼로 나를 쓰러뜨리기 때문에 더 이상 이것을 놓아 둘 수는 없습니다. 주 예수 그리스도의 이름으로 결판을 내고, 흑암의 권세를 완전히 꺾고 승리해야 성령의 깊은 임재에 들어갈 수 있고 성령의 불로 장악이 되어 안정된 심령이 될 수 있습니다.

제가 지금까지 성령치유사역을 하다가 보니까, 장로나 권사나 안수집사가 되고, 목회자가 되어서도 이 혈통에 대물림되는 영적인 문제를 등한시 하거나 잘 모르고 그냥 지내다가 자신도 이해하지 못하는 여러 가지 낭패를 당하시는 성도나 목회자가 많이 있습니다. 말씀과 성령으로 영안을 여시어 자신의 문제를 찾아서 해결하시기를 바랍니다.

일곱째, 성령의 강력한 불을 받을 때까지 인내하라. 끝장 보는 자세를 가지라는 것입니다. 성령의 불로 장악되고 말겠다는 의지를 강하게 하라는 말입니다. 불을 받을 때까지 기도해야 합니다. 저는 항상 이렇게 말합니다. 성도는 기도의 영이 와야 한다는 것입니다. 그래서 장시간 기도를 할 수 있어야 성령의 세례도 받을 수 있고 성령의 불로 충만을 받을 수가 있는 것입니다. 영으로 깊이 하는 기도는 처음에 막연하고, 허무하고, 공백상태 같고, 시간낭비, 게으름 같은 느낌을 가집니다. 그러나 그렇게 생각하지 말아야 됩니다. 자꾸 기도하면 할수록 자신의 마음이 열리게 됩니다. 마음이 열리니 성령의 불이 임하는 것입니다.

성령의 이끌림을 받는 기도를 하면 할수록 자신의 영성과 성품의 변화를 체험적으로 느끼게 됩니다. 의지를 가지고 기도하여 보시기를 바랍니다. 오순절 마가의 다락방에서 끝까지 기도하여 성령의 세례를 받은 성도들과 같이 성령의 세례가 임할 때까지 기도해야 합니다. 내가 기필코 성령의 세례를 받고 성령의 불로 장악이 되고 말겠다는 각오로 끈질기게 기도하면 마침내 성령의 불로 장악이 됩니다. 자신이 이렇게 해서 성령의 세례를 받으면 이제 성령의 역사로 성령의 불로 충만을 체험할 수 있습니다. 연이어 성령의 불로 장악이 될 수가 있는 것입니다.

5장 안수기도로 성령의 불을 받는 비결

(행8:14~24)"예루살렘에 있는 사도들이 사마리아도 하나님의 말씀을 받았다 함을 듣고 베드로와 요한을 보내매 (15) 그들이 내려가서 그들을 위하여 성령 받기를 기도하니 (16) 이는 아직 한 사람에게도 성령 내리신 일이 없고 오직 주 예수의 이름으로 세례만 받을 뿐이더라 (17) 이에 두 사도가 그들에게 안수하매 성령을 받는지라 (18) 시몬이 사도들의 안수로 성령 받는 것을 보고 돈을 드려 (19) 이르되 이 권능을 내게도 주어 누구든지 내가 안수하는 사람은 성령을 받게 하여 주소서 하니 (20) 베드로가 이르되 네가 하나님의 선물을 돈 주고 살 줄로 생각하였으니 네 은과 네가 함께 망할지어다. (21) 하나님 앞에서 네 마음이 바르지 못하니 이 도에는 네가 관계도 없고 분깃 될 것도 없느니라. (22) 그러므로 너의 이 악함을 회개하고 주께 기도하라 혹 마음에 품은 것을 사하여 주시리라. (23) 내가 보니 너는 악독이 가득하며 불의에 매인 바 되었도다. (24) 시몬이 대답하여 이르되 나를 위하여 주께 기도하여 말한 것이 하나도 내게 임하지 않게 하소서 하니라"

성령의 불의 역사가 함께 하는 목회자에게 안수기도를 받으면 좀 더 빨리 성령의 불을 받을 수가 있습니다. 안수기도는 참으로 중요한 영적인 사역입니다. 기독교 복음에서 빠질 수가 없는 영적활동입니다. 안수라 하는 것은 영어로 Laying on of hands라는 말로 손을 얹고 기도하는 것을 안수(按手)라고 말합니다. 우리가 물세례를 받으라고 말하고 권하면 거부감이 없이 잘 받아들이고 세례를 받으려고 하지만, 어떤 이는 물세례를 안 받겠다고 거부하는 사람도 있습니다. 안수기도 역시 믿는 사람에게 반드시 필요하고 사모하는 마음을 가지고 믿음으로 받아야 하는 것입니다. 물세례도 예수를 믿기로 작정한 후 6개월을 교회에 출석하면 학습 문답을 하여 학습 교인이 되고, 그 후에 6개월을 무흠하게 교회에 잘 출석하고 성경 말씀을 잘 배우면 세례 문답을 하고 세례를 받는 것이 정상적인 한국 장로교회의 전통입니다.

안수도 역시 서리 집사가 되고, 더 열심히 집사 일을 잘하여 교인들이 선거를 하여 2/3 이상이 안수 집사가 되는 것이 좋겠다고 지지하는 투표가 나오면 집사에게 날을 정하여 예배 시간에 목사와 장로들이 안수를 하여 안수 집사로 세웁니다. 안수 집사가 된 후에 교회를 잘 섬기면 다시 성도들이 투표를 하여 2/3 이상의 지지를 받은 사람들이 피택 장로가 되고, 6개월을 무임으로 교회를 잘 섬기면 장로 고시를 노회에 가서 치른 후에 합격이 되면 장로 장립식을 하면서 장로가 되는 안수를 받습니다. 목사가 될 때에도 안수를 받습니다.

믿음의 진보를 따라서 받는 안수를 사모하며 치유를 위한 병든 자 안수기도는 주의하여 하는 것이 좋습니다. 성직을 세우는 안수를 받기를 노력하며, 신앙의 발전을 이루며 살아가는 것이 안수의 예식입니다. 우리가 신앙의 초보를 버리고 신앙의 발전을 항상 사모하고 노력하며 살아가는 신앙인이 되는 것이 마땅한 도리입니다. 안수를 받음으로 ① 죽은 행실을 회개하는 것이 첫째의 신앙의 초보를 버림이요. ② 하나님께 대한 신앙의 고백이 있음이 신앙의 초보를 벗어남이요. ③ 물세례를 받음이 신앙의 초보를 버림이요. ④ 안수를 받아서 영적 일체가 되는 것이 신앙의 초보를 버림이요. ⑤ 성령의 세례를 받고 성령의 인도로 부활을 바라보고 살아가는 신앙인이 신앙의 초보를 버림이요. ⑥ 영원한 심판을 확신하는 믿음이 있는 자가 신앙의 초보를 버린 자입니다.

우리가 다른 초보를 버리는 일에 대하여서는 잘 알고 있지만 안수에 대하여서는 오해를 하거나 이해를 하지 못하는 사람이 많습니다. 안수라 함은 글자 그대로 손을 얹는 것이 안수입니다. 손을 얹고서는 대개 하나님께 기도를 하니 안수기도로 항상 생각하게 됩니다. 그러나 안수 기도만 안수가 아니고, 안수하고 축복을 하는 것도, 이삭에 야곱에게 축복하였고, 야곱이 요셉의 아들들에게 손을 얹고 축복한 것도 역시 안수입니다. 우리는 안수를 하면 기도만 생각하지 말고 축복도 생각하는 초보를 버린 신앙인이 되어야 합니다.

안수는 하나의 의식으로 구약성경 뿐 아니라 신약성서에도 나타나고 있습니다. 그리고 이것은 오늘날 교회에서나 기도원에서 여러 가지 형태와 목적을 가지고 시행되고 있습니다. 본래 하나님께서 안수하라고 하셨을 때 그것은 어떤 목적과 의미를 가지고 있었는가? 구약 성도들은 안수를 어떤 목적으로 사용하였는가? 그리고 예수와 사도들은 안수를 통해서 무엇을 하셨는가? 오늘날 안수는 어떻게 사용되어질 수 있고 그 폐해는 어떤 것인가? 본 장에서 우리는 성경에서 이미 사용된 안수가 어떠할 때 사용되었는가를 살피고 오늘날의 적용을 시도해 보고자 합니다.

첫째, 영적전이 '임파테이션'이란 무엇인가? '임파테이션'이란 내가 가진 성령이나 성령의 은사를 안수기도와 터치 같은 것을 통해 다른 사람에게도 넘겨주는 것을 가리킵니다. 그래서 성령의 세례와 성령의 불이 전이됩니다. 능력이 약한 자는 이것을 통해 능력이 강해지고, 예언의 은사가 약한 자는 예언의 은사가 강해지며, 치유은사가 약했던 자는 치유능력을 강하게 받게 된다고 믿는 생각입니다. 그런데 정말 성령의 은사에 대한 전이라는 것이 가능한 사역일까요? 내게 있는 강한 은사를 다른 사람에게도 넘겨줄 수가 있는 것인가요? 성령의 은사 쪽에서 일하는 분들은 그것이 얼마든지 가능하다고 말합니다. 필자도 가능하다고 믿고 생각하고 사역을 하고 있습니다. 단 영적인 조건이 충족되었을 때 가능합니다. 영적인 충족은 하나님께서 안수기도하는 사람을 통하여 일하신다는 믿음입니다. 그래서 그것이 가짜라면 어찌 이 많은 사람들이 '임파테이션'을 받으러 다니며 오겠느냐면서 자신 있게 말할 수 있습니다. 정말로 자신이 받은 성령이나 성령의 은사를 남에게도 넘겨줄 수가 있는 것일까요?

결론부터 말하면 '임파테이션'을 받는 사람의 믿음대로 된다고 생각합니다. 안 된다고 생각하고 안수기도를 받으면 성령이나 성령의 은사 전이가 안 되는 것입니다. 된다고 믿고 사모하고 안수기도를 받으면 되는 것입니다. 문제는 안수기도를 받는 사람이 사람에게 안수기도를 받는 다고 생각하는 데에 문제가 있습니다. 사람에게 안수 받고 성령이나 성령의 은사를 받는 다고 생각하고 받으면 절대로 전이가 되지 않을 것입니다. 목회자 중에는 후배 목회자가 성령으로 충만하고 성령님이 함께 하시는 영권이 나타나는 목사가 있으면 시기를 합니다. 그리고 후배목사에게 안수기도를 받지 않는다고 말합니다. 이런 분은 죽을 때까지 다른 사람에게 안수 받아서 성령이나 성령의 은사 전이 받을 수가 없습니다. 모두 그런 것이 아니고 일부 목회자는 그렇지 않는 분도 있습니다. 후배목사에게 찾아 가서 머리를 숙여 안수기도를 받는 존경스러운 목사님도 계십니다.

왜냐하면 후배 목사라도 안수기도는 예수님의 이름으로 하는 것입니다. 예수님이 후배목사를 통하여 나타나시고 안수하시는 것입니다. 분명하게 후배목사는 예수를 믿을 때 죽었습니다. 성경은 이렇게 말합니다. "그가 모든 사람을 대신하여 죽으심은 살아 있는 자들로 하여금 다시는 그들 자신을 위하여 살지 않고 오직 그들을 대신하여 죽었다가 다시 살아나신 이를 위하여 살게 하려 함이라(고후 5:15)" 분명하게 예수를 믿을 때 죽었고 예수님으로 다시 산 것입니다. 이제 예수님을 위해서 살아야 합니다. 예수님을 위해서 산다는 것은 인간적으로 예수님을 위해 사는 것이 아니라, 영이신 예수님께서 자신을 통하여 일하시게 한다는 뜻입니다. 예수님이 주인이 되어야 합니다. "친히 나무에 달려 그 몸으로 우리 죄를 담당하셨으니 이는 우리로 죄에 대하여 죽고 의에 대하여 살게 하려 하심이라. 그가 채찍에 맞음으로 너희는 나음을 얻었나니(벧전 2:24)" 이제 옛 사람이 죽었으니 자기의 의지로 살지 말고 성령의 인도를 받아야 합니다. "무릇 하나님의 영으로 인도함을 받는 사람은 곧 하나님의 아들이라(롬 8:14)" 성령으로 자신이 없어지고 전인격이 성령의 지배를 받아야 합니다. 성령의 이끌림을 받아야 합니다. 성령의 이끌림을 받는 상태에서 후배목사를 통하여 자신 안에 주인으로 계시는 하나님께서 직접 안수하시는 것입니다. 그렇기 때문에 안수기도를 받는 분이 어떻게 믿느냐에 따라서 성령의 불이나 성령의 은사전이가 이루어지기도 하고 이루어지지 않기도 하는 것입니다. 실제로 필자의 충만한 교회는 주일날만 참석해도 성령세례와 성령의 불로 충만과 영육의 치유를 받습니다. 그래서 믿음이 중요한 것입니다.

둘째, 성령의 전이, 은사의 전이는 과연 성경적인가? 우선 성령의 전이 혹은 은사의 전이가 복음적 인지부터 살펴보겠습니다. 성령을 받지 못하는 자에게 성령 받은 자가 안수하면 성령을 받게 되는 것일까? 그리고 은사를 받은 이가 은사를 다른 사람에게 넘겨줄 수가 있는가? 성경에 보면, 안수를 통해 성령 혹은 성령의 은사를 전이해주는 본문이 두 번 나옵니다. 하나는 사마리아교회의 사역에서 나오고(행8:17~18), 또 하나는 에베소교회 사역에서 나옵니다(행19:6). 그중의 하나의 예로 사마리아교회의 경우를 보겠습니다. 사마리아교회는 오순절에 성령을 받았던 예루살렘교회의 안수집사였던 빌립이 나가서 개척한 교회입니다. 빌립집사는 처음부터 그 성 사람들에게 예수님이 그리스도임을 증거했고 성령의 능력으로 표적도 행하고 귀신도 축사하고 중풍병자나 못 걷는 사람도 낫게 했습니다. 그렇게 함으로써 사마리아 사람들을 주님께로 잘 인도했고 그들에게 물세례까지 주었습니다.

그때였습니다. 사마리아인들도 하나님의 말씀을 받아들였다는 소식을 들은 예루살렘교회에서는 두 명의 사도들을 사마리아로 파송합니다. 그리하여 베드로와 요한이 오는데, 가서보니 아직 한 사람에게도 성령이 내리신 일이 없었다는 것을 발견하게 됩니다. 그리하여 두 사도가 안수했을 때에, 그들도 성령을 받게 되었다고 기록되어 있습니다. 성경에 기록되어 있으니 믿어야 합니다. 기록된 말씀은 믿어야 합니다. 그 당시 그곳에 없었으니 증거가 되는 것은 성경말씀입니다. 성경말씀에 이렇게 기록되어 있습니다. "그들이 내려가서 그들을 위하여 성령 받기를 기도하니 (16) 이는 아직 한 사람에게도 성령 내리신 일이 없고 오직 주 예수의 이름으로 세례만 받을 뿐이더라 (17) 이에 두 사도가 그들에게 안수하매 성령을 받는지라"(행8:15-17).

그렇다면 고린도전서 12장 3절에 보면 "그러므로 내가 너희에게 알리노니 하나님의 영으로 말하는 자는 누구든지 예수를 저주할 자라 하지 아니하고 또 성령으로 아니하고는 누구든지 예수를 주시라 할 수 없느니라." 말씀하고 있습니다. 그럼 정말 사마리아 성도는 성령도 받지 않고 예수님을 믿고 물세례만 받은 성도들이었다는 말입니까? 고전12:3에 의하면, 성령으로 하지 않고서는 예수를 주시라고 고백하지 아니할 수 없다고 하였는데, 이들은 정말 성령이 빠진 믿음과 물세례만 받은 사람들이었을까? 하지만 성경은 이 일이 있고난 후의 사건이 기록됨으로써, 그때 사마리아성도들이 사도들로부터 성령의 불을 받았는지 아니면 성령의 세례를 받았는지를 가르쳐줍니다. 결론은 처음은 내주하시는 성령이시고 사도들이 안수할 때 밖으로 나타내 보이는 가시적인 성령의 역사와 성령의 은사가 나타났다는 것입니다.

그때 사마리아 동네에 시몬이라는 마술사가 있었는데, 그가 베드로를 찾아가서 자기도 누구든지 안수할 때에 성령을 받게 해줄 수 있는 권세를 넘겨달라고 돈을 주며 부탁을 합니다. 그때, 베드로는 어떻게 했습니까? "네가 하나님의 선물을 돈 주고 살줄로 생각하였으니 네 은과 네가 함께 망할지어다(행8:20)" 이 말은 무슨 뜻입니까? 사마리아성도들이 두 사도의 안수를 통해 받게 된 것은 인격적인 성령 하나님이 아니라, 바로 살아서 역사하시는 성령의 선물 곧 밖으로 가시적으로 나타나는 성령의 역사와 은사였다는 것입니다. 그러니 믿을 때 성령을 받은 사마리아성도들이었지만 아직까지 성령의 나타남이 없었고, 하나님의 선물인 은사들이 나타나지 않았던 것을 두 사도가 가서 안수함으로써 그들도 성령의 충만함을 받고 성령의 불의 역사가 나타나고 성령의 은사들이 나타나게 되었음을 알 수 있습니다. 성령께서 사마리아 성도들을 지배하고 장악하여 밖으로 나타나는 성령의 역사가 일어났다는 것입니다. 눈으로 밖으로 보이는 가시적인 성령의 역사가 사마리아 성도들을 통하여 밖으로 나타났다는 것입니다. 이를 시몬이 보고 자신도 돈을 주며 성령 받게 해달라고 했던 것입니다.

또한 이러한 확증은 헬라어원문을 통해서도 살펴볼 수 있습니다. 왜냐하면 이 본문에 등장하는 '성령'이라는 단어에 정관사가 붙어있지 않기 때문입니다. 정관사가 붙어있는 성령은 인격적인 성령하나님을 가리키지만, 정관사가 붙어있지 않는 성령은 사실, 성령 자체라기보다는 성령의 어떤 것 즉 성령의 나타남과 성령의 은사이기 때문입니다. 특히 사도행전의 저자인 누가가 썼던 먼저의 복음 곧 누가복음 11장에 의하면, 예수께서는 “구하는 자에게 성령을 주시지 않겠느냐?(눅11;13)”고 말했던 사실을 찾아낼 수 있습니다. 이 구절에 나오는 ‘성령’도 사실은 정관사가 붙어있지 않기 때문입니다. 가시적으로 나타나는 성령입니다.

다시 말해, 이 본문은 믿는 자가 구했을 때에 하나님께서는 성령하나님을 주시는 것이 아니라, 성령의 어떤 것 즉 성령의 밖으로 나타남과 성령의 선물인 은사를 주지 않겠느냐는 뜻입니다. 고로 행8장에서 사마리아성도들이 받았다는 성령도 겉으로 표현된 문구만 보게 되면, 성령하나님 같아 보이지만, 헬라어원문에는 성령의 나타남과 성령의 은사인 것을 확인할 수가 있습니다. 그래서 “그들이 내려가서 그들을 위하여 성령 받기를 기도하니 (16) 이는 아직 한 사람에게도 성령 내리신 일이 없고 오직 주 예수의 이름으로 세례만 받을 뿐이더라 (17) 이에 두 사도가 그들에게 안수하매 성령을 받는지라”(행8:15-17). 이는 사도들이 안수할 때 내주해 있던 성령이 사마리아 성도들을 지배하고 장악하여 밖으로 가시적으로 나타났다는 뜻으로 이해하면 정확할 것입니다. 이렇다 저렇다 자꾸 따지면 성경말씀을 믿을 수가 없습니다. 성경에 기록되어 있으면 믿는 것입니다. 믿을 때 받은 성령님이 안수하여 성도들을 지배하고 장악될 때 가시적인 현상이 나타난 것입니다. 그러니까 마술사 시몬이 그것을 보고 너무나 좋아서 돈을 주면서 성령 받게 해달라고 한 것입니다.

예수님을 믿게 하신 성령님의 나타남 대하여 다음의 사례를 읽어보시면 더욱 이해하기가 쉬울 것입니다. 어느 젊은 여 집사가 저에게 전화를 했습니다. 목사님! 저는 지금 정상이 아닙니다. 직장을 다니고 있는데 몸이 비정상입니다. 가슴이 답답하고, 잠을 자도 늘 피곤하여 닭이 병든 것과 같이 꾸벅꾸벅 졸기 일 수입니다. 기도가 막혀서 기도를 할 수가 없습니다. 그리고 조그마한 소리도 받아들이지 못하고 짜증이 심합니다. 불안하고, 두렵고, 우울할 때도 있습니다. 몸이 천근만근 무겁습니다. 세상 살아가는 것이 지옥이 따로 없습니다. 그래서 서울대 병원에 입원하여 450만원을 들여서 건강검진을 받았습니다. 그런데 결과는 모든 기능이 정상으로 나왔습니다. 그런데 몸은 비정상입니다. 목사님! 이유와 원인이 무엇입니까? 하나님의 은혜로 해결 받고 싶습니다.

필자가 이렇게 말했습니다. 집사님이 바르게 아셔야 할 것이 있습니다. 집사님의 영육의 문제는 잠재의식에 쌓여있는 상처와 스트레스로 인한 질병입니다. 잠재의식의 상처와 스트레스는 세상 어떠한 방법으로도 해결이 불가능합니다. 집사님 안에 주인으로 계시는 성령님 만에 해결자이십니다. 집사님을 예수 믿게 하신 성령님이 밖으로 나타나게 해야 집사님의 고통이 해결이 됩니다. 집사님은 예수를 믿어서 하나님의 자녀가 되었습니다. 하나님의 자녀는 하늘에 시민권이 있습니다. 이제 하나님께서 주시는 것으로 살아야 합니다. 영육의 문제도 하나님이 알려주시는 방법으로 치유를 해야 합니다. 하나님께서는 자녀들의 문제를 하나님의 사람을 통하여 치유하십니다. 세상에서 치유하지 못하는 문제도 하나님께 기도하면 하나님께서 하나님의 사람을 만나게 하여 치유하십니다. 하나님은 치유하지 못하시는 것이 없습니다. 하나님께서 치유하실 것이니 걱정하지 마세요. 문제는 충만한 교회에 찾아오시는 것이 문제입니다. 필자의 조언에 여 집사가 순응을 했습니다. 직장을 다녀야 하기 때문에 주중에 있는 화-수-목 정기집회에 참석하지 못하고, 토요일 날 개별 집중치유를 예약하여 집중치유를 받았습니다. 첫날 기도를 하는데 성령의 불로 충만한 상태가 아니었습니다. 예수님을 믿게 하신 성령님이 밖으로 나타나지 않은 상태라는 것입니다. 일단 성령의 임재가 여 집사를 장악하게 하여 성령의 불이 밖으로 나타나도록 했습니다. 얼마 지나자 성령의 불의 역사가 일어났습니다. 집사님 안에 임재하신 성령님이 밖으로 나타나신 것입니다. 소리를 내면서 한동안 울었습니다. 울음이 잠잠해지더니 기침을 사정없이 했습니다.

그러면서 분노가 올라왔습니다. 들어보니 남편을 향한 분노였습니다. 제가 남편이 힘들게 합니까? 그랬더니 울먹이는 소리로 그렇다는 것입니다. 사사건건 충돌이 일어난다는 것입니다. 계속 기도를 하게 했습니다. 그리고 돌아가서 남편을 설득해서 남편하고 같이 와서 치유를 받는 것이 좋겠다고 조언했더니 남편이 따라와 치유 받았습니다. 의외로 남편이 쉽게 성령으로 장악이 되었습니다. 안수를 하니까, 깊은 곳까지 치유가 일어났습니다. 여 집사의 깊은 곳에서 치유가 일어났습니다. 남편도 생전처음 성령으로 성령의 불의 나타남을 체험했다고 좋아했습니다.

돌아가서 이렇게 메일로 소식이 왔습니다. "한 달 전 남편과 같이 대전에서 올라와 치유 받은 ○○○ 집사입니다. 답답했던 가슴이 뚫리고 기도가 너무나 잘됩니다. 건강도 아주 좋아졌습니다. 더군다나 1년 6개월 동안 팔리지 않았던, 대전 아파트가 며칠 전 계약이 되었습니다. 먼저 하나님께, 그리고 목사님께 감사드립니다. 목사님께서 알려 주신 데로 남편과 같이 열심히 대적 기도를 했습니다. 대적기도의 결과 응답되었고, 앞으로 마귀 귀신을 불러들이는 일은 하지 않아야겠다고 깨닫게 되었습니다."

이를 설명하면 이렇습니다. 여 집사가 예수를 믿고 집사까지 되었습니다. 예수를 믿을 때 임재하신 성령님이 밖으로 나타나지 않은 것입니다. 임재하시기만 해서 성령님이 아무런 영향력을 행사하지 못한 것입니다. 그래서 상처가 쌓이고 기도가 되지 않아 영육의 고통이 찾아온 것입니다. 마치 사마리아의 성도들과 같은 상태입니다. 그러다가 필자를 찾아와 안수기도를 받고 기도하니, 최초 여 집사를 예수 믿게 하신 성령님이 밖으로 나타나신 것입니다. 밖으로 나타나심과 동시에 영육의 문제까지 해결하신 것입니다. 지금 이와 같이 예수를 믿게 하신 성령께서 밖으로 나타나지 못하여 성령께서 아무런 힘도 발휘를 못하는 성도들이 많습니다. 모두 성령님이 주인으로 역사하시는 분에게 안수기도를 받아 내주하신 성령님이 밖으로 나타나게 해야 합니다. 그래야 이 여 집사와 같이 영육의 문제를 해결 받고 성령으로 충만한 신앙생활을 하면서 지금 하늘나라 천국을 누릴 수가 있습니다. 정확하게 이해하셨으리라 믿습니다. 그래서 사마리아 성도들이 사도들의 안수기도를 받고 임재하신 성령님이 밖으로 나타나서 강력한 역사를 일으킨 것입니다. 그러자 이를 본 시몬이 베드로에게 돈을 주면서 자기고 성령을 받게 해달라고 한 것입니다.

셋째, 영적전이 임파테이션은 누가 행할 수 있는가? 정작 중요한 이슈는 성령이나 성령의 은사를 받은 두 사도가 안수함으로 자신이 가지고 있는 성령이나 성령의 은사를 나눠줄 수 있느냐 하는 문제입니다. 결론부터 말씀드리자면, 성령 불로 충만 받은 사도들은 사마리아성도들로 하여금 성령과 성령의 은사를 받게 할 수가 없다는 것입니다. 앞에서도 설명했지만 이들은 예수를 믿을 때 죽었기 때문입니다. 이들은 모두 예수님으로 다시 태어난 것입니다. 예수님이 사도들을 통하여 사마리아 사람들에게 성령의 나타남과 성령의 은사를 전이 했다는 것입니다.

왜냐하면 성령의 은사는 한 성령께서 각 사람의 분량에 따라 나눠주신다고 기록되어 있기 때문입니다(고전12:11). 사람이 나누어주는 것이 아니고 성령께서 나누어주시는 것입니다. 다시 말해 누구에게 성령의 은사를 줄 것인가를 결정하시는 분은 성령이시지 은사자가 아니라, 성령하나님 자신이기 때문입니다. 그리고 성령의 은사를 받을 당사자에게 어떤 성령의 은사를 줄 것인지는 바로 성령 하나님께서 결정하는 것이지 결코 은사자가 자기가 가지고 있는 은사를 인위적으로 나눠주는 것은 아니라는 사실입니다. 전적으로 안수자가 아니라, 성령하나님의 역사입니다.

그러므로 임파테이션을 통해 안수자가 가진 은사를 상대방에 넘겨줄 수 있다고 생각하는 그 자체가 잘못된 것임을 즉각적으로 알 수 있습니다. 전적으로 임파테이션은 성령하나님께서 직접 하시는 것입니다. 안수자 자신이 가진 은사를 안수를 통하여 임파테이션을 통하여 넘겨준다는 발상은 지극히 잘못된 것입니다. 그렇기 때문에 안수의 주체를 명확하게 해야 합니다. 이에 대하여는 앞으로 출간되는 "안수기도에 관한 책"을 읽어서 이해하시기를 바라니다.

넷째, 오늘날의 임파테이션의 실체는 무엇인가? 성령의 은사자가 자신의 은사를 넘겨주어 다른 사람에게서 은사가 나타나고 있는 것은 어떻게 설명할 수 있다는 말입니까? 그것은 간단합니다. 아무리 뛰어난 성령의 은사자라 할지라도 자신의 은사를 자신이 남에게 넘겨줄 권한이 없습니다. 그것은 성령하나님께서 직접 하시는 일이지 은사자가 하는 일이 아니기 때문입니다. 그렇기 때문에 자신 안에 주인이신 하나님과 관계를 열어야 합니다. 하나님과 관계는 뒷전으로 하고 은사자를 찾아다니면서 은사 전이 받으려고 아무리 노력해도 성령의 은사는 나타나지 않을 것입니다. 자신안에 주인으로 계신 하나님과 관계를 열려고 노력해야 합니다. "그런즉 너희는 먼저 그의 나라와 그의 의를 구하라 그리하면 이 모든 것을 너희에게 더하시리라"(마 6:33).

예를 하나 들어보겠습니다. 필자가 신유의 은사를 가지고 있는데 다른 분에게 안수를 통해 임파테이션을 해주어 이제는 그가 치유사역을 하게 되었다면, 이것은 진짜 임파테이션이 아닌가 하는 것입니다. 그것을 필자가 가진 신유의 은사를 안수 받은 사람 안에 성령하나님께서 나타나게 해주신 것입니다. 이것은

'성령의 역사가 아니다' 라고 말하는 것은 오해된 생각입니다. 지금 성령의 역사는 하늘에서 뚝딱하고 떨어지는 것이 아니고 성령의 불로 충만을 받은 사람을 통하여 전이되는 것입니다.

필자가 여러번 말했지만 성령의 불로 충만 받은 사람은 예수를 믿을 때 죽고 예수로 태어나 성령의 지배와 장악이 되어 성령의 인도를 받는 사람입니다. 성령의 전이 된 사람입니다. 분명하게 하나님은 고린도 전서 6장 19절에서 "너희 몸은 너희가 하나님께로부터 받은바 너희 가운데 계신 성령의 전인 줄을 알지 못하느냐 너희는 너희 자신의 것이 아니라" 말씀하셨기 때문입니다. 그렇기 때문에 성령 불이나 성령의 은사는 받을 수 있는 상태만 되어 있으면 안수를 통하여 전이될 수가 있습니다.

성령이나 성령의 은사를 전이 받을 수 있는 상태란 예수를 믿고 죽고 예수로 태어나 성령의 인도를 받아 자신 안에 주인으로 계시는 하나님과 관계가 열린 상태를 말합니다. 예수를 믿으며 죽고 예수로 살고 있는 사람에게 성령님이 성령이나 성령의 은사를 주시지 않을 이유가 없습니다. 하나님은 이렇게 말씀하셨습니다. "자기 아들을 아끼지 아니하시고 우리 모든 사람을 위하여 내주신 이가 어찌 그 아들과 함께 모든 것을 우리에게 주시지 아니하겠느냐"(롬 8:32). 성령의 불이나 성령의 은사나 받을 수 있는 심령상태만 되면 안수를 통하여 전이 받을 수 있습니다. 단 자신 안에 성령하나님으로부터 전이 받는 것입니다. 절대로 능력자를 통하여 전이 받는 것이 아니고 자신 안에 주인으로 계시는 성령하나님으로부터 전이 받는 것입니다.

2부 성령의 강력한 불을 받는 비결

6장 성령님을 주인으로 모시며 삶으로

(고전2:13)"우리가 이것을 말하거니와 사람의 지혜가 가르친 말로 아니하고 오직 성령께서 가르치신 것으로 하니 영적인 일은 영적인 것으로 분별하느니라."

성령의 강력한 불을 받고 성령으로 지배와 장악이 되어 성령의 인도를 받는 삶을 살아가려면 성령님을 주인으로 모시는 삶을 살아야 합니다. 인간의 삶에는 여러 가지 형태가 있습니다. 그 첫째가 인본주의적인 삶입니다. 인본주의적 삶은 천상천하에 인간이 제일이며 모든 것은 인간의 이성과 과학에 의하여 설명되고 해결되어야 하는 것으로 하나님이나 신 등은 미개한 시대적 산물이라고 일축하는 사상입니다. 이 인본주의 사상은 물질위주의 사상입니다. 그리고 무신론입니다.

두 번째가 율법주의적인 삶입니다. 율법주의는 하나님이나 신을 부인하지는 않습니다. 그러나 아무리 신앙을 가졌다고 해도 자기의 선한 행위나 공로로 자격을 얻어야만 된다고 주장하며 힘써 노력하여 자기의 의로움을 나타내려고 하는 애쓰고 힘쓰는 사람을 말합니다. 이 사람은 하나님의 공로를 인정하지 않습니다. 자기가 인간의 힘으로 의롭게 되어서 하나님 앞에 서야 한다고 주장하는 사람들이 율법주의자인 것입니다.

세 번째가 은혜주의적인 삶입니다. 은혜주의 적인 삶이란 하나님이 살아계시며 하나님의 영원하신 뜻과 계획을 좇아 우리들을 위하여 하나님께서 친히 일하셔서 모든 것을 예비해 놓으셨으므로 우리들이 할 일이란 그저 하나님의 은혜를 믿고 성령께 의지하여 사는 삶을 말하는 것입니다. 다시 말하면 우리는 하나님의 은혜로 인하여 믿음으로 말미암아 인간적으로 애쓰고 힘쓰지 않고 사는 것을 의미하는 것입니다.

첫째, 하나님께서 친히 천지만물을 창조하셨다. 우주와 만물의 창조와 은혜에 관한 것을 우리가 생각해봐야 되겠습니다. 하나님께서는 하늘과 땅과 세계와 그 가운데 모든 것을 지으실 때 어떠한 사람의 도움도 청하지 않았습니다. 하나님이 혼자서 일하셔서 저 찬란한 태양의 빛을 만드시고 푸른 하늘을 지으시고 육지를 만드시고 각종 열매 맺는 나무와 풀을 만드시고 하늘을 나는 각종 새들, 그리고 물고기들, 짐승들, 그리고 사람을 하나님의 형상과 모양대로 지었는데 하나님 홀로 지었지 아무 도움도 받지 않았습니다. 실상 저도 하나님이 천지만물을 지으실 때 좀 도움을 베풀지 못한 것을 유감으로 생각합니다. 나도 하나님 일하는데 좀 따라서 팔 걷고 도와줄 수 있었다면 하나님께 자랑할 것도 있고 내가 공로를 세웠습니다. 할 것이 있는데, 원통하고 유감스럽게도 태어나고 보니 만물이 다 지어져 있습니다.

"하나님 좀 도와주려고 했는데 왜 그랬습니까?" "이 사람아 너무 늦게 태어났네, 자네가 태어나기 전에 천지와 만물을 다 지어놓았네", "그럼 나는 어떻게 할까요?", "할 것이 없지, 내가 지었는데 은혜로 받아들이고 누리게나" 할렐루야! 선물로 우주와 만물을 받아서 우리가 누릴 수밖에 없습니다. 우리의 힘으로 하나님이 지으신 천지와 만물에 조금도 보탤 수도 없고 뺄 수도 없습니다. 하나님께서 다 이루어놓은걸 우리가 믿음으로 말미암아 은혜로 선물로 받아 누립니다. 햇빛도 우리가 만들지 않았는데 선물로 받고 공기도 선물로 마시고 물도 선물로 마시고 인생을 선물로 사는 것입니다. 그 은혜를 인하여 믿음으로 말미암아 선물로 우리의 인생을 삽니다.

그러므로 내가 할 일은 무엇일까요? 인본주의자처럼 만물이 우연히 생겼다고 주장할까요? 생물은 아미노산이 우연히 단백질이 되고 단백질이 우연히 유전인자를 가진 단세포 생명체가 되고 이것이 우연히 진화를 거듭해서 원숭이가 되고 원숭이에서 사람이 나왔다는 이런 터무니없는 소리를 과학이라는 이름으로 하는 것입니다. 진화론자가 말하는 것은 너무나 비과학적입니다. 어떻게 아미노산이 우연히 단백질로 변화됩니까? 있을 수가 없는 일입니다. 어떻게 단백질이 유전인자를 가진 단세포 생명체로 우연히 변합니까? 오늘날 소위 과학이라는 것이 우주 생성에 대한 이야기는 모두 다 우주는 우연히 생겨나고 생명도 우연히 생겨나고 우연히 진화해서 사람이 되었다고 말합니다. 어리석기 짝이 없는 이론에 우리가 과학이라는 이름으로 귀를 기울여서는 안 됩니다.

이러한 유물주의자들, 무신론자들, 인본주의자들은 사람이 어디서 와서 왜 살며 어디로 가는지를 모릅니다. 한줌의 흙으로 돌아가면 그로 써 인생은 총결론이 나는 것이니 이 땅에 살아있을 동안에 먹고 마시고 잘 살자고 말하는 것입니다. 우리는 그와 같은 생각을 가지고 있지는 않습니다. 그래서 나는 율법주의자처럼 내가 우주 창조에 아무런 공로를 세우지 못 했으니 우주를 누릴 자격이 없다고 생각하고 죄책감 속에 기쁨과 환희 없이 살아갈 것입니까? 내가 하나도 공로를 못 세웠는데 내가 어떻게 이것을 선물로 받을 수 있는가? 그러므로 나는 자격이 없다고 생각하고 늘 죄책감으로 살겠습니까?

저는 시화에서 목회할 때 한때 율법주의자가 되었습니다. 무엇이든지 제가 열심히 해야 된다는 사고를 가지고 있었습니다. 어느 날입니다. 제가 이렇게 능력도 있고 열심히 해도 교회가 성장하지 않았습니다. 하루는 전도하고 돌아와 하나님에게 저 목사 못하겠다고 하소연을 하며 기도했더니 하나님이 위로를 하여 주셨습니다. 하나님! 저를 아마도 잘 못 부르신 것입니다. 그리고 그때 환상 중에 만나게 한 십자가에 달린 주님도 거짓이구요, 저 지금도 젊습니다. 세상으로 내 보네 주셔서 세상일을 하면서 장로 되어 하나님 섬기게 하여 주세요. 이거 가장 체면이 무엇입니까? 전도를 아무리 해도 온다고 말만 하고 한명도 오지 않으니 이제 내말은 다 거짓으로 판명이 나고 있습니다. 저를 도와주세요. 어떻게 합니까? 계속 그렇게 하소연을 하다가 깊은 경지에 들어갔습니다. 그때 저는 한창 내적치유를 받으면서 깊은 기도에 이를 줄을 알았습니다. 한참 하소연을 하는데 갑자기 제 속에서 찬양이 올라오는 것입니다.

1절. 죄 짐 맡은 우리 구주 어찌 좋은 친군지 걱정 근심 무거운 짐 우리 주께 맡기세 주께 고함 없는 고로 복을 얻지 못하네 사람들이 어찌하여 아뢸 줄을 모를까

2절. 시험 걱정 모든 괴롬 없는 사람 누군가 부질없이 낙심 말고 기도드려 아뢰세 이런 진실하신 친구 찾아볼 수 있을까 우리 약함 아시오니 어찌 아니 아뢸까

3절. 근심 걱정 무거운 짐 아니 진 자 누군가 피난처는 우리 예수 주께 기도드리세 세상 친구멸시하고 너를 조롱하여도 예수 품에 안기어서 참된 위로 받겠네…. 아멘

아멘 까지 불러주었습니다. 그 찬양을 들으니까 가슴이 시원하고 정말 날아갈 것 같았습니다. 그래서 이것이 찬송인가 복음송인가 하여 찾아서 자랑을 하려고 우선 찬송가부터 들고 찾았습니다. 1장부터 한 구절 한 구절 읽으면서 찾아갔습니다. 그러다 마침내 찾아냈습니다. 찬송가 487장 죄 짐 맡은 우리 구주였습니다. 찬송을 읽어보고 부르고 읽어보고 부르니까, 결론이 내가 전부다 하려니까 힘이 드는 것이었습니다. 그때부터 하나님께서 하라는 대로 하면 하나님께서 이루신다는 것을 깨달은 것입니다. 순종이 제사보다 낫다는 진리를 깨달은 것입니다.

율법주의자들은 무엇이든지 자기가 일해야 그 대가로 살 수 있지 은혜로는 인생을 살지 않겠다고 합니다. 그러나 은혜주의자 들은 하나님께서 힘써 지어주신 것을 믿음으로 감사히 받아들여 기쁨으로 누리며 살아가는 것입니다. 인본주의자와 율법주

의자들은 인간의 힘으로 인생을 살려고 하므로 많은 갈등과 고난과 피땀을 흘리게 되는 것입니다. 그러나 은혜주의자 들은 하나님께서 인간을 위하여 수고하면서 일해 놓으시고 준비해 놓으신 것을 알고 믿음으로 선물로 받아들여서 땀 흘리지 않고 누리는 복되고 감사한 삶을 말하는 것입니다. 그러기 때문에 우리는 은혜로 말미암아 인생을 살아간다는 사실을 잊어서는 안 됩니다. 왜 그러냐 하면 하나님께서 우리가 대가를 지불하고 인생을 살도록 만들지 않으셨습니다. 천지와 만물을 하나님이 친히 다 만들어 놓으시고 우리는 값없이 그 안에서 살도록 만들어 놓으신 것입니다. 그렇기 때문에 우리는 인생을 은혜로 받아들여서 감사로 사는 것이지 무슨 우리가 자격이 있어서 잘나서 훌륭해서 인생을 사는 것은 아닙니다.

둘째, 죄인의 구원도 친히 계획하시고 진행하셨다. 십자가의 구원과 은혜도 마찬가지입니다. 우리를 구원하신 하나님의 역사에 관해서 무엇을 도와주었습니까? 예수님이 십자가에 올라갈 때 우리가 함께 십자가에 올라가 주었습니까? 함께 못 박혔습니까? 예수님의 구원에 관해서 무엇을 도와줄 수 있었습니까? 아닙니다! 내가 태어나기 2천 년 전 앞서 주 예수께서 십자가에 못 박혀 나의 죄 값을 청산하시고 구원을 완성해 놓았습니다. 그러므로 내가 태어나고 보니 이미 구원은 완성되어 있습니다. “하나님 아버지여! 내가 구원받기 위해서 무엇을 해야 되겠습니까? 내 구원받기 위해서 하나님이 역사하는데 무슨 도움을 베풀까요?”,

"이 사람아! 너무 늦게 태어났네. 자네 태어나기 2천 년 전에 내 아들이 자네 대신해서 십자가에 못 박혀 몸을 찢고 피를 흘려서 구원을 다 완성해 놓았네. 자네가 도울 것 없어.", "그래도 내가 좀 도와 야죠!", "2천 년 전에 구원은 다 완성되었고 이제 네가 보탤 것도 뺄 것도 없다.", "그럼 무엇을 할까요?", "그저 믿음으로 받아들이기만 해라. 이는 하나님이 주시는 선물이다. 값없이 선물로 받아들이는 자마다 구원을 얻고 영원한 천국에 가는 것이야." 할렐루야!

구원도 은혜입니다. 십자가를 바라보니 벌써 2천 년 전에 다 이루어진 것이라 내가 보탤 것도 없고 뺄 것도 없습니다. 그리고 하나님께서는 다 이루어 놓으신 구원을 죄를 지었음에도 불구하고 못났음에도 불구하고 버림을 받아야 마땅함에도 불구하고 죄 지은 그대로의 인생들에게 믿기만 하라! 그러면 용서를 받고 구원을 받는다고 말씀하시는 것입니다. 세상에 이와 같은 공짜가 어디 있습니까? 이와 같이 값없이 받는 은혜가 어디 있습니까? 이것이 바로 우리의 구원인 것입니다. 이것이 바로 은혜인 것입니다.

그럼에도 불구하고 뭐라고 말합니까? 인본주의자들은 무신론자가 되어서 죽으면 만사가 없어지는 것이니 아무 것도 남는 것이 없다고 체념하고 살라고 합니다. 그렇지 않습니다. 인간은 죽으면 아무 것도 없어지는 것이 아닙니다. 우리 양심이 밝히 증거합니다. 사람은 이 세상에 사는 대로 저 세상에 가서 심판을 받는다는 것을 말해주고 있는 것입니다. 율법주의자가 되어서 하나님께서 이룩해 주시는 구원의 선물을 부인하고 자기 힘으로 구원을 이루기 위하여 피땀을 흘리며 노력할 것입니까? 아무리 노력해도 죄를 짓지 않고 의인으로 살 수 없습니다. 사람이 구원의 사다리를 만들겠다고 율법주의자들은 있는 힘을 다하여 행위로 아무리 만들어도 하늘 천당까지 닿는 사다리를 만들 수 없습니다. 하늘 중간에 가서 다 떨어지고 맙니다. 못 올라가니 아무리 노력해도 사다리가 닿지 못 하니 그대로 멸망하고 마는 것입니다.

은혜란 무엇입니까? 하나님이 이미 사다리를 만들어서 우리에게 내려주어서 이 사다리에 걸터앉으면 그대로 올라간다. 할렐루야! 그러므로 내가 사다리를 만들려고 애를 쓸 필요가 없습니다. 하나님이 그리스도 예수 안에서 이미 다 만들어 놓으신 것입니다. 은혜란 하나님이 예수 그리스도 안에서 한없는 고난을 당하셔서 다 이룩해 놓으시고 값없이 선물로 주시는 구원을 그저 믿음으로 받아들이고 감사히 구원을 받은 삶을 말하는 것입니다. 이러므로 우리는 그 은혜로 인하여 믿음으로 말미암아 구원을 얻었나니 이것이 우리의 행위에서 난 것이 아니라 자랑할 것이 없는 것입니다. 오직 감사로 믿음으로 인생을 받아들일 것입니다. 믿으시면 아멘 하십시다! 그러므로 자연만물도 은혜로 받아들이고 우리의 구원도 은혜로 받아들입니다. 인생이란 피땀을 흘리고 살도록 만들어 놓은 것이 아닙니다.

아담과 하와가 하나님을 배반하고 자기 스스로가 하나님이 되어서 자기 인간의 힘으로 살아가겠다고 함으로 말미암아 그

때부터 피땀을 흘리기 시작하는 것입니다. 왜냐하면 자기 힘으로 인생을 살려니까 수고하고 무거운 짐을 짊어지고 피땀을 흘리게 되는 것입니다. 그러나 은혜로 사는 것은 그것이 아닙니다. 은혜란 아버지가 일하시고 그 열매는 우리가 거두는 것입니다. 물질 만물도 아버지가 일해서 만들어 놓으시고 우리가 그것을 누리고 구원도 아버지가 십자가를 통해서 고난을 통해서 이루어 놓으시고 우리는 그 열매를 믿음으로 받아들이는 것이 은혜인 것입니다.

셋째, 순종하며 은혜를 누리며 사는 것이다. 은혜의 삶의 의미와 은혜의 삶을 우리가 분명히 알아야 참 그리스도인이요 신앙을 살아갈 수 있는 것입니다. 은혜의 삶을 우리가 알고 살아가기 위해서는 알아야 될 것이 있습니다. 그것은 먼저 만세 전에 하나님께서 모든 것을 미리 다 아시고 지으셨다는 것을 알아야 됩니다. 하나님은 해와 달과 별들이 생기기 전에 수억만 년 전에 벌써 하나님은 처음과 나중을 다 알고 계십니다. 모든 것을 하나님이 지으셨습니다.

시편 139편 1절로 12절에 "여호와여! 주께서 나를 감찰하시고 아셨나이다. 주께서 나의 앉고 일어섬을 아시며, 멀리서도 나의 생각을 통촉하시오며, 나의 길과 눕는 것을 감찰하시며, 나의 모든 행위를 익히 아시오니 여호와여! 내 혀와 말을 알지 못하시는 것이 하나도 없으시니 이다 주께서 나의 전후를 두르시며 내게 안수하셨나이다. 이 지식이 내게 너무 기이하니 높아서 내가 능히 미치지 못하나니 이다 내가 주의 신을 떠나 어디로 가며 주의 앞에서 어디로 피하리이까, 내가 하늘에 올라갈지라도 거기 계시며 음부에 내 자리를 펼지라도 거기 계시니 이다 내가 새벽 날개를 치며 바다 끝에 가서 거할지라도 곧 거기서도 주의 손이 나를 인도하시며 주의 오른 손이 나를 붙드시리 이다. 내가 혹시 말하기를 흑암이 정녕 나를 덮고 나를 두른 빛은 밤이 되리라 할지라도 주에게서는 흑암이 숨기지 못하며 밤이 낮과 같이 비치나니 주에게는 흑암과 빛이 일반이니 이다"

그러므로 하나님께서는 우리의 일어서고 앉음을 억겁 만 년 전에 아시니 우리의 머리털까지 다 세신 바 되어 우리의 생각을 다 감찰하시고 아시며 우리는 하나님께서 알파요 오메가요 처음과 나중이요 시작과 끝입니다. 그렇기 때문에 우리가 태어날 때 하나님은 벌써 죽음의 그날까지를 다 알고 계시는 것입니다. 이러므로 우리가 은혜의 생활을 하기 위해서는 모든 것을 다 아시는 하나님께 내어 맡겨야 합니다.

하나님이 모든 것을 아시는 것을 모르는 사람은 자꾸 내일을 알고 싶어서 무당에게 굿하고 점쟁이에게 점치고 사주팔자를 알아보려고 하는데 웃기는 소리입니다. 그런 것 가지고 인생의 내일을 모릅니다. 우리를 익히 아는 자는 우리의 사랑하는 하나님 아버지이신 것입니다. 모든 것을 아시는 아버지가 계시는데 왜 내가 방황합니까? 내가 아버지를 알고 아버지께 맡겨버리면 아버지가 다 이끌어 주실 겁니다.

그 다음에 우리가 알아야 할 것은 만세 전에 하나님은 모든 것을 모든 것을 미리 정해놓으셨다는 것입니다. 우리의 사랑하는 아버지가 우리의 일생을 그대로 내던질 리가 만무합니다. 우리의 일생의 갈 길을 이미 다 예정하시고 예비하셨습니다. 우리의 목자 되시는 하나님께서 양 무리의 갈 곳을 예정해 놓으신 것입니다. 하나님께서는 여러분의 일생을 벌써 예정해 놓으셨습니다.

하나님이 정해놓은 길은 진실로 아름다운 길입니다. 하나님의 정한 길을 우리가 거역하고 우리 마음대로 나가면 아담과 하와처럼 저주를 받고 가시와 엉겅퀴의 길을 헤치고 나가게 되고 자기 인생을 자기 힘으로 살아야 합니다. 피땀을 흘려야 됩니다. 하나님이 예비해놓으신 고속도로를 따라가면 우리는 편안하게 갈 수 있는 것입니다.

성경 시편 139편 16절에 "내 형질이 이루기 전에 주의 눈이 보셨으며 나를 위하여 정한 날이 하나도 되기 전에 주의 책에 다 기록이 되었나이다" 우리들을 위해서 정한 날이 하루도 되기 전에 태어나서 응아 하고 울기도 전에 벌써 인생이 하나님의 책에 다 기록되었다고 말하는 것입니다. 그러므로 시편 기자는 말하기를 "하나님이여 주의 생각이 내게 어찌 그리 보배로우신지요, 그 수가 어찌 그리 많은지요, 내가 세려고 할지라도 그 수가 모래보다 많소이다. 내가 깰 때에도 오히려 주와 함께 있나이다"

그러므로 내게 관한 한 하나님이 이미 만세 전에 준비해 놓으신 것입니다. 그러므로 우리들은 인생을 저렇게 살까 이렇게 살까 고민할 필요가 없습니다. 자신의 인생은 자신의 것이 아니라 하나님의 것이요, 하나님께서는 자신의 일생을 이미 다 만세 전에 정해놓으신 것입니다. 오늘날 사람들이 만세 전에 모든 것을 미리 정해놓으신 하나님을 기피하고 자기가 인생을 정해서 살려고 이 길을 찾고 저 길을 찾으므로 가시밭 험한 길을 헤매게 되는 것입니다.

또다시 알아야 할 것은 하나님은 만세 전에 미리 모든 것을 예비해 놓으셨다는 것을 알아야 됩니다. 인생을 살아갈 때 하나님이 정하신 길을 걸어갈 때 그때 필요한 무엇을 먹을까 무엇을 입을까 무엇을 마실까 어떻게 살까 는 모든 것은 벌써 만세 전에 하나님이 준비해 놓았다는 것입니다. 할렐루야! 성경 고린도전서 2장 9절에 기록된바 "하나님이 자기를 사랑하는 자들을 위하여 예비하신 모든 것은 눈으로 보지 못하고 귀로도 듣지 못하고 사람의 마음으로도 생각 지 못하였다 함과 같음이니라" 했습니다.

하나님께서는 이미 만세 전에 하나님의 뜻을 좇아 사는 우리들을 위해서 필요한 것은 하나도 남김없이 모두 다 예비해 놓았습니다. 이러므로 두려워하거나 걱정할 필요가 없습니다. 하나님은 내게 대해서 모든 것을 다 알고 계십니다. 나의 일생을 이미 예정해 놓아서 내가 살아갈 때 필요한 모든 것을 하나님께서 미리 다 예비해 놓았습니다. 그러므로 이 인생을 믿음으로 말미암아 하나님께 의지하고 살아가면 하나님의 은혜로써 인생을 살게 되는 것입니다.

그러므로 이제 어떻게 할까요? 하나님께서 성령을 보내주셔서 우리 한 사람 한 사람을 통해서 성령이 하나님의 지식과 하나님의 결정과 하나님이 예비하신 뜻을 가지고 인생을 경영해 주시는 것입니다. 자신의 인생을 자신이 경영하는 것이 아닙니다. 하나님의 성령이 오셔서 우리를 경영해 주시는 것입니다. 우리가 해야 할 일은 성령님을 주인으로 모시고 살면 되는 것입니다. 자신이 죽고 성령님을 주인으로 모시고 살면 성령님이 자신의 삶을 이끌고 가시는 것입니다.

성경에는 "내가 너희를 고아와 같이 버려놓지 않고 너에게 오리라"고 하셨으며 "하나님의 성령은 우리에게 보혜사가 된다." 고 말했습니다. 보혜사란 하나님께로부터 보내심을 받아 항상 우리 곁에 있어서 우리를 도우는 자가 보혜사인 것입니다. 성령께서는 우리의 인생을 하나님의 지혜를 통해서 하나님의 예정하심을 통해서 하나님의 예비하신 것을 가지고 우리 삶을 증명하기 위해서 와 계시는 것입니다. 성령의 경영에 우리 자신을 맡겨놓으면 하나님의 성령은 우리에게 종국적으로 영혼이 잘됨 같이 범사에 잘되며 강건하고 생명을 얻되 풍성하게 얻는 길로 우리를 이끌어 주시는 것입니다.

그러므로 성령께서 하나님의 나라와 우리 자신을 경영하는데 우리가 협조하기 위해서는 확실하게 진리를 깨달아 알아야 합니다. 하나님이 모든 것을 미리 아시고 하나님이 모든 것을 이미 정해놓으시고 하나님이 모든 것을 미리 예비해놓았다는 이 진리를 마음속에 뼛속에 바로 새겨 알아야 합니다. 하나님께서 모든 것을 미리 알고 계십니다. 하나님께서 모든 것을 미리 정해놓으셨습니다. 하나님께서 모든 것을 미리 예비해 놓으셨습니다.

이 사실을 확실히 알지 못 하면 은혜 속에 들어가지 못합니다. 방황하게 됩니다. 그래서 하나님을 앞서 뛰어서 하나님이 다 알고 있는 것을 자기가 다 하려고 애쓰고 하나님이 다 정해 놓은 것을 젖혀버리고 자기가 길을 만들려고 하고 하나님이 다 준비해 놓은 것을 취소해 버리고 자기가 준비하려고 해서 인생을 피투성이가 되어서 가시밭 엉겅퀴 길을 걸어가는 것입니다. 그러므로 이 진리를 확실히 깨닫고 난 다음에는 겸손히 자기를 깨뜨리고 하나님 중심으로 살아야 합니다. 내 중심으로 살지 말고 내 뜻대로 살지 말고 내가 깨어져서 살든지 죽든지 흥하든지 망하든지 성하든지 쇠하든지 주님 중심으로 살아갑니다. 하나님을 섬기기 위해서 살아갑니다. 이와 같은 하나님 중심의 신앙생활로 돌아서야 합니다.

그리고 우리의 삶의 과정에서 성령께서 하나님의 정하신 뜻을 시시때때로 보여주시도록 기도해야 합니다. "성령이여! 나의 갈 길을 하나님이 준비해 놓았는데 그 정하신 뜻을 보여주시옵소서" 하나님의 성령은 깨달음을 통해서 지혜와 지식과 총명을 통해서 환경을 통해서 귀하를 위해서 하나님이 정해 놓은 뜻을 시시각각으로 보여주시는 것입니다. 그러고 난 다음에 하나님의 뜻을 살아갈 때 부딪히는 모든 일과 고난은 해결할 길이 이미 만세 전에 모두 예비 되어 있는 줄 믿고 감사하며 기도하며 살아가야 될 것입니다. 내가 살아갈 때 고난에 부딪히지 않는 일은 없습니다. 시험과 환난도 당하고 병도 들고 고통도 다가오고 괴로움도 다가옵니다. 그럴 때마다 우리가 아는 것은 이 모든 일은 하나님은 만세 전에 아시고 이미 해결을 준비해 놓았다는 것입니다. 그러므로 기도해서 "하나님이 이미 해결할 길을 예비해 놓았으니 하나님이 예비한 해결을 내게 보여주시옵소서" 겁내지 않고 두려워하지 않고 기다릴 때 하나님의 성령께서 하나님의 해결책을 가지고 와서 문제의 해답을 허락하여 주시는 것입니다.

그러므로 성령께서 책임을 지고 우리를 인도하시고 우리의 문제 해답을 가지고 와서 우리 인생을 경영해 주시는 것이니 은혜의 삶에는 오직 감사가 넘칠 뿐 마음에 염려와 근심과 고통과 땀흘림이 있을 수가 없습니다. 왜냐하면 하나님께서 돌보시고 책임진 인생을 사는데 왜 우리가 두려워하고 무서워하며 고통을 당하겠습니까? 이 우주는 하나님의 것입니다. 하나님께서 지으시고 하나님께서 경영하십니다. 하나님이 지으신 세계를 하나님이 버리실 리가 만무합니다. 우리들도 하나님이 지으셨으므로 예수 믿고 구원 받고 나온 사람은 하나님이 성령을 보내셔서 우리들의 일생을 경영하시는 것입니다. 우리는 하나님의 지으신 바로 하나님이 수고하여 예비한 것을 감사히 믿음으로 은혜로 받아 누리며 하나님을 예비하고 하나님을 찬양하고 하나님을 감사하며 오직 믿음과 순종으로 살아나갈 때 평안하게 인생을 살아갈 수가 있는 것입니다.

7장 성령으로 살고 성령으로 행함으로

(갈 5:16-26)"(16) 내가 이르노니 너희는 성령을 따라 행하라 그리하면 육체의 욕심을 이루지 아니하리라.(25) 만일 우리가 성령으로 살면 또한 성령으로 행할지니"

성도가 성령의 강력한 불을 받아 권능 있는 사람이 되려면 의지 결단을 해야 합니다. 성령의 강력한 불을 받아야 한다는 의지를 가지고 성령의 강력한 불을 받을 때까지 몰입하고 집중해야 합니다. 그렇지 않고 요행으로 생각하고 성령의 강력한 불을 받으려고 한다면 쉽사리 소원이 이루어지지 않을 것입니다. 능력을 받아 쓰임 받는 것도 마찬가지이고, 영육의 질병을 치유 받는 것도 마찬가지입니다. 자신의 소원이 이루어지도록 하나님께 몰입하고 집중해야 이루어지는 것입니다. 온전하게 하나님께 집중하고 이루어질 때까지 오로지 그 일에 몰입 집중해야 합니다. 그렇기 때문에 안 된다고 불평하지 말고 자신의 자세를 살펴서 시정해야 할 것입니다.

성령으로 지배와 장악이 되어 성령의 인도를 받는 삶을 살아가려면 성령으로 살고 성령으로 행해야 합니다. 성령님을 주인으로 모시고 살아야 성령으로 지배와 장악이 되어 성령의 인도를 받는 삶을 살아갈 수가 있는 것입니다. 하나님은 우리에게 성령으로 살고 성령으로 행하는 성도를 축복하십니다. 예수님을 믿기 전에는 영이 죽어 있고 하나님의 법을 알지 못하고 있었으므로 육의 노예가 되어 살았기 때문에 내적 갈등이 없었습니다. 그러나 예수를 믿고 영이 살아나고 하나님의 법을 깨닫게 되면 육과의 투쟁이 시작됩니다. 그러므로 영과 육의 갈림길에서 고통을 당하는 것입니다. 영육간의 갈등이 없는 사람은 구원을 얻지 못한 사람입니다. 그러나 영과 육의 갈등이 있다는 것은 구원을 받았다는 증거가 되기도 하는 것입니다. 우리의 신앙의 성장에는 끊임없이 육의 사람을 십자가에서 죽여 버리고 신령한 사람이 장성하는 것이 신앙의 성장 요소인 것입니다.

첫째, 육의 사람의 특성. 육과 마귀는 손을 잡고 우리 인생들을 도적질하고 죽이고 멸망시킵니다. 육은 일어나서 마귀와 손을 잡고 영적인 사람을 철저히 짓밟아 버리고 노예화하고 그리고 죽이려고 하는 것입니다. 이렇기 때문에 우리는 이 육으로 둘러 싸여 있는 이상 우리의 원수가 구만리 장천 멀리 있는 것이 아니라 24시간 우리를 둘러싸고 있습니다. 육은 마귀와 손을 잡고 끊임없이 우리에게 도전해 오는 것입니다.

그러나 예수 그리스도가 십자가에 못 박힐 때 육신을 갖고 십자가에 못 박아 육을 죽이고 장사해 버리고 신령한 사람으로 부활한 것처럼 우리가 예수를 구주로 믿을 때 우리의 육은 십자가에 죽은 것입니다. 그러므로 우리는 끊임없이 예수 그리스도로 말미암아 이 육을 십자가에 계속 못 박아야 됩니다. 이것은 하루 이틀 만에 완성되는 것이 아닙니다. 계속해서 육은 십자가에 못 박고 예수 그리스도로 말미암아 부활의 생명인 신령한 속사람이 일어나야 되는 것입니다.

이렇기 때문에 이 육과의 싸움은 우리의 육으로서는 절대로 안 됩니다. 예수 믿고 하나님의 성령을 우리에게 보내 주셨기 때문에 성령이 눈에 안 보이지만 성령의 능력을 의지하지 않고는 이 육의 일을 멸하고 신령한 신앙생활을 절대로 못합니다. 우리가 추운 날이나 더운 날이나 교회에 와서 앉아 계신 것은 육의 모든 반발을 이기고 교회에 와 있다는 이 자체가 우리 속에 성령이 계시기 때문에 그렇게 된 것입니다.

우리 생각으로는 우리 자신 스스로가 이곳에 왔다고 생각하지만 그렇지 않습니다. 성령께서 우리 속에 계셔서 우리를 붙잡아서 우리로 하여금 신령한 사람이 육을 정복하고 일어날 수 있도록 도와주었기 때문에 그런 것입니다. 이러므로 성령으로 말미암지 않고는 예수를 주라고도 할 수 없고 성령으로 말미암지 않고는 하나님 아버지를 부를 수도 없고 성령으로 말미암지 않고는 육을 이기고 신앙생활을 계속 할 수 없습니다.

이렇기 때문에 우리 예수 믿고 난 다음에 하나님이 우리 속에 보내 주신 이 성령님을 우리는 늘 인정하고 환영하고 모시어 드리고 성령께 의지해야 합니다. 성령 없는 사람은 비가 없는 구름, 불이 없는 화로와 같습니다. 열매 없는 나무와 같습니다.

그러므로 성령 없이는 종교적인 의식이나 형식은 가지고 있을지 몰라도 생명은 없습니다. 그렇기 때문에 성령 없는 수많은 사람들이 교회에 왔다 갔다 하면서 교회 밖에 나가서는 예수 안 믿는 사람과 똑같이 육의 생활을 합니다. 세상에서 썩어진 생활을 하고 어둡고 캄캄한 생활을 합니다. 그 사람은 종교는 있어도 영적으로 죽은 사람이요 육의 사람이 살아서 있습니다. 종교가 그런 사람을 구원하지 못합니다. 그러한 사람은 종교를 가졌을지라도 필경은 멸망하고 마는 것입니다. 신령한 사람이 일어나서 성령의 힘을 입어 육의 사람을 정복하고 육의 사람을 죽이고 생활하면 이러한 사람은 어느 곳에 가도 빛이 되고 소금이 됩니다. 이러한 사람의 종국은 영원한 영광이요, 영생인 것입니다.

둘째, 성령의 사람 속에 나타난 특성. 우리가 이 성령의 도우심을 받아서 성령의 사람이 되면 성령의 사람 속에 나타난 특성은 무엇인가 알아봐야 할 것입니다. 육의 사람의 특성을 알았은즉 성령의 사람의 특성은 무엇인가? 성령의 사람은 사랑의 사람입니다. 사랑이란 남을 귀중히 여기고 섬기는 것을 말합니다. 나를 섬겨달라고 내 중심으로 사는 이기주의는 성령의 사람이 아닌 것입니다. 성령의 사람은 사랑의 사람입니다. 그래서 남편은 아내를 아내는 남편을 부모는 자식을 자식은 부모를 또 이웃을 섬기는 삶, 귀중히 여기는 삶 이것이 사랑의 삶인 것입니다.

성령의 사람은 또한 희락의 사람입니다. 그 마음속에 소원이 있어요. 성령이 계시므로 그 뱃속에서 늘 즐거움이 있습니다. 기도를 통해서 슬픔과 고통은 십자가에 맡겨 버리고 늘 마음에 즐거움이 있습니다. 제가 강단에 앉아서 보면 찬송을 부를 때 많은 사람들의 얼굴이 환해서 기쁨을 가지고 찬송을 부르는가 하면 어떠한 사람은 입이 길게 나와서 기쁨이 하나도 없는 사람이 있습니다. 그는 성령의 사람이 아닐 수도 있습니다. 성령의 사람은 희락이 있습니다.

성령의 사람은 화평의 사람입니다. 마음속에 평안이 있어서 세상에 많은 요란함이 있더라도 하나님께 늘 맡기고 의지하기 때문에 그 영혼의 깊숙한 속에 평화가 있는 것입니다. 성령의 사람은 오래 참습니다. 성급하게 언어, 행동하지 않습니다. 육의 사람은 성급하게 언어 행동을 하고 파괴적이지만 성령의 사람은 오래 참습니다.

그 다음 성령의 사람은 오래 자비심을 갖습니다. 불쌍히 여깁니다. 이웃에 헐벗고 굶주리고 고통당하는 것을 함께 마음으로 짐을 지고, 육신으로 함께 짐을 지고, 고통을 당하며 최선을 다해서 협조하고, 도와주려는 자비심을 가지고 있습니다. 남이야 죽든 말든 내가 살면 되지 뭐 남에게 관심을 가질 것 뭐냐? 이것은 육의 사람의 행동인 것입니다.

성령의 사람은 양선한 사람입니다. 착한 마음을 가지고 있지요. 육의 사람은 간사하거나 악합니다. 아주 악한 행동을 합니다. 그러나 성령의 사람은 아주 양선 합니다. 착한 마음을 가지고 있습니다.

그 다음에 성령의 사람은 충성스럽습니다. 배신을 하지 않고 마음을 다해 받들어 섬깁니다. 육의 사람은 배신합니다. 자기에게 많은 사랑을 베풀고 은혜를 베푼 사람도 자기 이해에 부딪치면 눈물도 없이 배신하고 돌아서는 것이 육의 사람입니다. 그러나 성령의 사람은 그렇지 않습니다. 성령의 사람은 사랑을 받고 은혜를 입었으면 자기에게 여간 불리하고 어려운 일이 다가온다

할지라도 그는 충성스러워서 배신하지 않고 마음을 다해서 받들어 섬기는 이것이 바로 충성스러운 마음입니다. 성령의 사람의 마음인 것입니다.

성령의 사람은 온유합니다. 따뜻하고 유순하며 잘 길들여진 성품을 가지고 있습니다. 사납고 무서운 육의 사람과 다릅니다. 따뜻하고 유순하며 잘 길들여진 성품을 가진 사람이기 때문에 성령의 사람과 같이 있으면 마음이 편안해요. 성령의 사람과 같이 있으면 마음이 즐거워요. 그러나 육의 사람과 같이 있으면 마음이 불안해요. 편안하지 못합니다. 고통스럽습니다.

성령의 사람은 절제합니다. 도나 분수를 잘 지켜 행하는 것입니다. 우리가 다 예수 믿고 우리의 육을 정복하고 우리의 속 사람신령한 사람이 일어나서 절제하며 살아야 합니다.

성령의 사람은 남의 허물을 감추어 주는 사람입니다. 거사라인의 지방에 귀신 들린자가 옷을 벗고 자기 몸을 해하며 무덤가에서 살았습니다. 누가 옷을 벗기었습니까. 귀신이 옷을 벗긴 것입니다. 이와 같이 마귀는 수치를 드러내어 사람을 망신시키는 것입니다. 교회에서도 마찬가지입니다. 악한 영의 영향을 받는 성도는 남의 허물을 드러내어 망신시킵니다. 그러므로 우리는 성도가 말하는 것만 보아도 그 사람이 성령의 사람인가. 마귀의 영향을 받고 사는 사람인가 알 수가 있는 것입니다.

거라사 인의 지방에 귀신 들린 자가 예수님을 만나니 옷을 입고 수치를 가렸습니다. 그래서 정신이 온전하여 져서 가정으로 돌아갔습니다. 에덴동산에서 마귀가 하와를 미혹하여 선악과를 먹게 했습니다. 하와가 선악과를 먹고 자기 남편인 아담에게 주니 아담이 받아먹었습니다. 선악과를 받아먹고 나니 자신들이 벌거벗은 것이 보였습니다. 그래서 무화과나무로 앞치마를 해서 입었지만 얼마가지 못했습니다. 무화과나무 입으로 수치를 가리기는 역부족 이였습니다. 그래서 하나님이 짐승을 잡아 가죽으로 옷 입혀서 수치를 가리게 해주었습니다.

이와 같이 하나님은 우리의 수치를 가려 주시는 것입니다. 성령의 사람은 성도들의 수치를 가려주는 것입니다. 우리들은 수치를 가려 주는 성령의 사람들이 되어야 합니다. 성령의 무엇을 하든지 하나님의 영광을 위하여 하는 성도입니다. 위대한 성가곡을 많이 작곡한 조셉 하이든에게는 하루는 어떠한 사람이 질문했습니다. "선생님은 그 놀라운 음악을 작곡하는 영감을 어디에서 얻습니까?" 그러자 하이든은 "나는 기도할때마다 '하나님, 하나님이 내 삶의 주인이십니다.

하나님이 내게 지혜를 주셔서 내가 아름다운 음악을 작곡하게 되면 이것은 하나님의 영광을 위해서 작곡한 것이므로 하나님의 영광을 위해서 이 음악을 주님께 드릴 것입니다.'라는 기도를 드립니다." 그가 작곡한 천지창조는 성경 창세기와 존 밀턴이 쓴 실낙원에 근거하여 만든 위대한 곡입니다. 이 곡이 비엔나에서 공연되던 그날 그는 몸이 너무나 아파서 2층 발코니 뒤에서 쭈그리고 앉아 있었습니다. 그날 지휘자는 하이든의 천지창조를 정말 감동적이고 멋있게 했습니다.

연주가 끝났을 때 청중은 모두 일어나서 박수갈채를 하고 앉을 줄을 몰랐습니다. 그러나 그 지휘자는 박수치는 청중을 중지시키면서 "날보고 하지 마시고 저 발코니 뒤에 쭈그리고 앉아있는 저 하이든 저분이 이곡을 작곡했습니다." 사람들은 다시 고개를 돌려서 하이든을 바라보며 일제히 일어나 박수를 쳤습니다. 그러나 하이든은 엄숙한 얼굴로 청중들의 박수를 중단시켰습니다. "이 박수는 제가 받을 수 없습니다." 그리고 그는 하늘을 가리키며 이런 유명한 말을 했습니다. "나는 아무것도 아닙니다. 하나님께서 하셨습니다. 이 모든 것은 하늘로부터 온 것입니다.

하나님께서 나의 연약함을 아셨기 때문에 하나님께서 나에게 지혜를 주셨습니다. 그분께만 영광을 돌리십시오." 하나님께만 우리가 영광을 돌리면서 살아야 됩니다. 그렇기 때문에 "하늘에 계신 우리 아버지여 이름이 거룩히 여김을 받으시옵소서. 자고, 깨고, 먹고, 마시고, 일하고, 성공하고 모든 것은 하나님께로부터 온 것이므로 모두 하나님께 영광을 돌려야지 그 영광을 우리가 자초하면 도적질하는 사람이 되고 마는 것입니다.

그렇기 때문에 우리의 기도의 시작을 잘해야 되는 것입니다. 하나님은 하늘에 계시기 때문에 높이 쳐다보고 경배하고 받들어야 될 하나님인데 그러나 그분이 우리 친 아버지십니다. 그분으로 말미암아 내가 태어났고 그분을 위해서 살고 그분을 섬기기 위해서 나는 존재한다. 나의 모든 삶은 그분을 존귀하게 하고 그 이름을 영화롭게 하기 위해서 살아가고 있다는 근본적인 마음의 자세가 올바르게 이루어져야만 되는 것입니다. 모두 하나님의 영광을 드러내기 위하여 하나님의 지혜를 구하면 하나님이 우리에게 지혜를 주셔서 이 어려운 불경기도 넉넉하게 이기고도 남게 하십니다.

성령의 사람은 긍정의 성도입니다. 당신은 자신을 스스로 누구라고 생각하십니까? 두말할 필요 없이 긍정적이고 건강한 자아상은 개인의 성공과 행복을 결정하는 핵심요소 중 하나입니다. 자기가 스스로 생각하는 자기 개념이 그토록 중요한 이유는 우리가 스스로 생각하는 대로 말하고 행동하고 반응한다는 데 있습니다. 심리학적 증거에 따르면, 우리의 행동은 자아상과 깊이 연결되어 있습니다. 우리는 마음에 품은 이미지 이상으로 성공할 수 없습니다. "나는 제대로 할 줄 아는 게 하나도 없어." "내가 그것을 어떻게 해" "나는 능력 있는 사람이 될 수 없어." "나는 되는 것이 하나도 없어" 이런 부정적인 자아상을 가진 사람의 대화 속에는 늘 이런 생각이 따라다닙니다. 반면 하나님과 같은 시각으로 자신을 바라보는 사람은 만족한 삶을 살아갑니다.

자신이 하나님의 형상을 따라 창조되었고, 하나님이 자신에게 영화와 존귀로 관을 씌우셨음을 분명히 알기 때문입니다. 하나님이 주신 권세를 알기 때문입니다. 자아상을 바꾸시기를 바랍니다. 누구든지 말씀과 성령의 역사로 거듭나면 자신의 자아상을 바꿀 수 있습니다. 그 방법은 이렇습니다. 먼저, 하나님의 의견에 동의하십시오. 하나님이 우리를 강하고 담대한 사람으로, 큰 영광과 용기가 있는 성도로 보고, 기대하다는 사실을 명심하시기 바랍니다. 하나님은 우리를 이방나라 왕보다도 큰 자로 여기십니다. 믿으셔야 합니다.

이런 하나님의 시각으로 자신을 바라보시기 바랍니다. 변명의 따위는 이제 그만하고 믿음으로 나아가 하나님이 명령하신 일을 행하시기를 바랍니다. 우리도 할 수 있습니다. 우리가 강해서가 아니라 우리의 주인이신 하나님이 대단히 강하시기 때문입니다. 우리는 스스로 나약하고 부족하다고 포기하여 하나님의 큰 능력을 체험하지 못할 수 있습니다. 그런데도 하나님은 우리를 사용하고 계십니다. 하나님이 완벽한 사람만 사용하려 하신다면 누가 감히 하나님 앞에 설 수 있겠습니까? 자신의 약점을 보지 말고, 천지 만물을 초자연적으로 섭리하고 계시는 하나님만 바라보시기를 바랍니다.

자신의 신분과 가치를 제대로 아시기를 바랍니다. 우리의 신분은 하나님의 자녀이고 하나님이 가지신 초자연적인 권세를 가지고 있습니다. 하나님은 우리의 두 걸음을 보십니다. 하늘에 계신 아버지는 우리를 이렇게 보십니다. 우리가 쓰러지고 넘어지는 순간이나 실수하는 순간은 보지 않으십니다. 우리가 쓰러지고 넘어지고 실수를 떨고 일어나 다시 재기하여 성공하는 것을 미리 보십니다. 하나님은 우리의 두 걸음을 보시고 우리가 잘한 일을 보십니다. 하나님은 우리의 최고의 순간을 기대하시는 것입니다. 우리는 자주 실수를 합니다. 그리고 해서는 안 될 행동도 합니다.

이때는 하나님과 우리가 상처를 준 사람에게 용서를 구하고 회개해야 하지만, 언제까지 자책하며 죄책감 속에 빠져 있어서는 곤란합니다. 우리는 항상 앞으로 나아가며, 자신감 있게 고개를 들고 살아야 합니다. 현제의 우리는 하나님이 원하시는 만큼 완성된 것이 아닙니다. 우리는 지금 '완성되어 가고 있는 작품'이기 때문입니다. 그래서 하나님은 우리에게 완벽을 요구하지 않습니다. 하나님은 우리가 부족한지 잘 아십니다. 우리가 하나님의 방식으로 자신을 보려면 자신의 내면에 있는 가치를 제대로 알아야 합니다. 자신의 내재 가치를 판단할 때는 자신이 얼마나 많은 성과를 거두었는지, 남이 나를 어떻게 대하는지, 내가 얼마나 인기 있고 성공했는지를 기준으로 삼지 말아야 합니다.

셋째, 신령한 사람, 성령의 사람이 되기 위해. 우리가 신령한 사람, 성령의 사람이 되기 위해서는 어떻게 해야 될까요? 우리가 알아야 될 것은 우리가 예수를 믿었다는 것은 하나의 종교를 받아들인 것이 아니라 완전히 옛 사람은 죽고 새 사람으로 살아났다는 것을 알아야 합니다. 누구든지 그리스도 안에 있으면 새로운 피조물이라 이전 것은 지나갔으니 보라 새것이 되었도다. 아예 육의 사람은 십자가에 못 박아서 제쳐 버렸습니다.

그러므로 지나간 때의 주인이 육의 사람입니다. 육의 사람은 지나간 때의 주인입니다. 옛날에 예수를 믿기 전에는 육의 사람이 완전히 주인 노릇해서 우리를 붙잡아서 마음의 욕심과 육신의 정욕대로 끌려가고 마귀의 종이 되게 만들었는데 십자가를 통하여 이 육의 사람을 우리는 죽여 버리고, 성령으로 말미암아 우리는 속 사람이 살아났습니다. 신령한 살아 일어나게 된 것입니다. 그러므로 이제 예수 믿는 우리들에게는 이 신령한 사람이 우리의 삶의 주인인 것입니다. 육의 사람이 주인이 아닙니다. 신령한 사람이 주인입니다. 이 주인이 성령의 힘을 얻어서 육의 사람 마귀와의 종의 된 육의 사람이 올 때 이를 쳐서 물리쳐야 되는 것입니다.

그러므로 갈라디아서 5장 1절에 "그리스도께서 우리로 자유케 하려고 자유를 주셨으니 그러므로 굳세게 서서 다시는 종의 멍에를 메지 말라"고 말하는 것입니다. 종의 멍에를 다시 메지 마라. 다시 육의 노예가 되고 마귀의 종이 되지 마라. 그렇게 말하고 있는 것입니다. 주께서 십자가를 통해서 육의 사람을 멸하고 마귀를 정복했기 때문에 예수를 믿고 신령한 사람이 주인으로 살아 일어나고 신령한 사람은 하나님의 성령의 힘을 입어서 사는 것입니다.

그리고 이 신령한 사람은 그 가슴속에 하나님의 길과 하나님의 법을 바로 새겨서 굳세게 잡고 있어야 되는 것입니다. 하나님의 길이라는 것은 바로 예수님의 길이 아닙니까. 예수님께서 십자가에서 용서받는 길 성령 충만 받는 길, 병 고침 받는 길, 그리고 축복 받는 길, 영생 얻는 길로써 우리에게 들어오는 것입니다. 예수님이 바로 우리의 길인 것입니다.

그러나 이 길을 바로 가자면 이 길을 지켜 주는 하나님의 계명과 성령의 법이 필요한 것입니다. 우리나라가 잘 살려면 군대가 있어서 대적을 막아 줘야 하는 것처럼, 우리가 예수 믿고 하나님의 축복의 길에 들어섰으면 이 길에서 떠나지 않도록 지켜줄 군대가 필요한 것입니다. 그 군대가 바로 하나님의 계명이요, 성령의 법인 것입니다. 오늘날 많은 사람들이 예수를 믿고 구원받는 길에만 들어서서 자기를 지킬 수 없으므로 육체가 들어오고 마귀가 들어와서 그만 은혜의 길에 있는 우리들을 좇아내 버리고 길 잃어버린 자가 되고 도로 멸망 받게 하는 때가 많습니다.

그러나 우리 속에 예수 믿고 우리가 길을 가졌으면 이 길을 지켜줄 수 있는 군대인 하나님의 계명과 성령의 법이 우리 마음을 지켜야 되는 것입니다. 우리가 계명을 지키므로 구원을 받는 것은 아닙니다만 계명이 우리를 지켜 주는 것입니다. 그러므로 하나님의 십계명과 성령의 법이 우리의 마음을 점령해서 원수로부터 우리를 지켜 주는 것입니다. 계명의 법과 성령의 법 이것이 바로 죄와 사망의 법에서 우리를 해방시켜 주는 것입니다.

그렇기 때문에 오늘날 우리는 예수만 믿을 뿐 아니라 우리 마음속에 십계명도 외워야합니다. 성령님을 인정하고 환영하고 모시어 드려야 합니다. 성령께 의지해서 계명과 성령이 우리를 둘러 진치고 우리를 지켜 주어서 우리가 그리스도의 길에서 떠나가지 않도록 그렇게 만들어야만 하는 것입니다.

그리고 우리가 혹시 죄를 범하면 곧장 회개해야 합니다. 요한일서 2장 9절에 "만일 우리가 우리 죄를 고백하면 저는 미쁘시고 의로우사 우리 죄를 사하시며 모든 불의에서 우리를 깨끗케 하실 것이라"고 말씀하고 있는 것입니다. 한 시라고 신속히 회개해서 육체와 마귀가 틈타지 못하도록 해야 되는 것입니다.

그리고 우리는 성령 충만한 삶을 살아야 되는 것입니다. 성령으로 살면 성령으로 행하라고 했는데 성령으로 사는 생활이란 말씀이 충만한 삶이요 기도가 충만한 삶인 것입니다. 우리가 성실하게 하나님 말씀을 늘 공부하고 읽고 말씀을 듣고 기도하기를 힘쓰면 말씀 충만, 기도 충만하면 그것이 바로 성령 충만으로 이어지는 것입니다.

그래서 하나님의 성령이 우리와 같이 계시고 우리가 늘 성령님을 예배드리고 인정하고 환영하고 성령께 의지하면 계명과 성령이 우리를 예수 그리스도의 은혜의 길속에서 걸어가게 만들어 주는 것입니다. 그 나라와 그 의를 구하게 해 주시고 영혼이 잘 됨같이 범사에 잘되며 강건한 삶을 살 수 있도록 우리를 마귀와 육체와 세상에서 지켜 주는 것입니다. 우리는 천국에 올라갈 때까지 부활의 몸을 입을 때까지 육체 안에서 신음하며 끝없이 투쟁을 계속 해야만 합니다.

조금이라도 자만하거나 방심하면 옛 주인 육의 사람이 마귀와 손을 잡고 우리를 종으로 삼으려고 우는 사자와 같이 덤벼드는 것입니다. 우리는 항상 이 육체를 쳐서 십자가를 통하여 복종시키고 성령을 의지하므로 신령한 삶을 계속 해야만 되는 것입니다. 그렇게 할 때 우리는 참으로 빛과 소금이 되고 우리 주 예수님을 기쁘시게 할 수 있는 마음의 준비가 될 수 있습니다. 우리는 이 땅에서 육으로 태어났지만 그대로 있으면 멸망하고 맙니다. 예수를 믿어 영으로 다시 태어나야 되는 것입니다. 그래서 하나님의 자녀가 됩니다. 이것은 육신으로나 사람의 뜻으로 태어나는 것 아닙니다. 하나님으로 태어난 속사람, 영의 사람, 신령한 사람으로 우리는 다시 태어납니다. 그리고 이 신령한 사람은 예수를 중심으로 삽니다.

8장 영의통로가 뚫어지는 기도함으로

(롬8:26-28)"이와 같이 성령도 우리의 연약함을 도우시나니 우리는 마땅히 기도할 바를 알지 못하나 오직 성령이 말할 수 없는 탄식으로 우리를 위하여 친히 간구하시느니라."

성도가 성령의 강력한 불을 받아 성령으로 살아가려면 자신 안의 하나님과 영의통로가 열려야 합니다. 성령의 불로 지배와 장악이 되어 성령의 인도를 받으려면 먼저 자신 안에 하나님과 관계를 열어야 합니다. 자신 안에 주인으로 계신 하나님과 영의 통로를 뚫으라는 것입니다. 하나님은 자신의 마음 안에 주인으로 계시는 하나님과 영의 통로가 열려 영으로 교통하기를 원하십니다. 영의통로가 열리려면 무엇보다도 자신 안에 주인으로 계시는 하나님과 관계가 열리는 것이 중요합니다. 하나님과 관계가 열려야 영의통로가 열리기 때문입니다. 하나님과 영의 통로가 열리면 깊은 영의기도를 할 때 성령의 불이 심령에서 올라오는 체험을 하게 됩니다. 하나님과 영의 통로가 열려 심령에서 성령의 불이 나오는 체험을 하시기를 바랍니다. 하나님은 영이십니다. 그러므로 우리가 하나님과 교통하려면 성령으로 사로잡힌 영적인 상태가 되어야합니다. 영적인 상태가 되려면 하나님과 영의 통로가 열려서 영으로 기도를 해야 하나님과 교통할 수가 있습니다. 많은 분들이 영의 통로라고 하면은 저 보이는 하늘나라에 계신 하나님과 영의 통로가 열려야 한다고 생각을 합니다.

그러나 잘못이해 하신 것입니다. 하나님과 영의 통로가 열린다는 것은 예수를 믿을 때 내 영안에 들어와 자신 안에 좌정하고 계신 하나님과 영의 통로가 열리는 것입니다. 필자도 성도였을 때에는 하늘에 계신 하나님에게 기도해야 되는 줄 알고 한참 목사가 되지 않겠다고 버틸 때 산 기도를 많이 갔습니다. 다른 분들은 능력을 받아서 하나님의 일을 잘해 보겠다고 산 기도를 하시는데, 저는 반대로 목사를 하지 않겠다고 항변하며 산 기도를 했습니다.

그때는 혈기 왕성하고 젊고 힘이 좋아서 산에 올라가 통성으로 기도하면 산이 쩌렁쩌렁 울렸습니다. 저는 그렇게 기도해야 하나님이 들으시고 응답해주신다고 믿었기 때문입니다. 왜냐하면 제가 20년간 평신도 생활을 했는데 어떤 목사님 한분도 기도를 내 안에 계신 하나님에게 한다고 알려주지 않았기 때문입니다. 아마 이 책을 읽는 분 중에서도 저와 같은 생각을 가지고 계시는 분들이 있을 것입니다. 우리교회에 오셔서 성령치유와 영성훈련을 받으시는 분들 중에도 종종 하나님이 하늘에 계신 줄 알고 계시는 분들이 다수가 있습니다. 그래서 저에게 질문하는 분들이 있습니다. 그러나 하나님은 내 안에 계십니다. 내 안에 계신 하나님과 영의 통로를 여시기를 바랍니다.

첫째, 영의 통로가 열리게 하려면 어떻게 해야 하나. 영의 통로가 열리게 하려는 그 조건과 상태는 여러 가지이지만 첫째 의지를 발동해야 합니다. 본인이 영의 통로를 열겠다는 의지를 발동하여, 하나님과 관계를 열기 위하여 불같은 성령으로 세례를 받는 것이 제1의 원리요, 그 다음은 말씀과 성령으로 내적 치유하는 것이 제2의 원리요, 귀신 추방의 제3 원리입니다. 이렇게 하여 일단 하나님과 관계를 연 다음에 영의통로가 뚫리는 기도를 해야합니다. 이 모든 것은 혼자의 영력이나 힘으로는 불가능합니다. 성령 충만하고 체험이 많은 사역자의 도움을 받는 것이 좋습니다. 아니 그렇게 하는 것이 빨리 영의 통로가 열리게 할 수 있습니다. 그리하여 생각이 영적으로 바뀌고, 마음이 감동되어, 마음의 열리면 성령이 역사하시니 영적인 믿음이 생겨서, 본인의 의지가 발동되어, 본인의 원하는 대로 기도가 되고 몸과 마음이 움직여지고, 적극적인 행동으로 옮겨지는 과정을 거쳐야 합니다. 이 영적 원리는 모든 것에 적용됩니다.

둘째, 영의 통로가 열려 불이 나오는 기도들: 영의통을 뚫는 기도를 하기 전에 준비해야 할 사항은 이렇습니다.

① 성령의 역사가 일어나야 하기 때문에 먼저 성령으로 세례를 받아야 합니다. 성령으로 세례를 받을 때 확실한 체험이 있습니다. 성령으로 세례를 받은 후에 성령님께 성령님의 감동, 감화, 인도함을 받도록 간구, 요청하세요. “성령으로 기도할 수 있게 해주세요(유1:20)” 하고 성령으로 기도할 수 있도록 간구하세요. 기도는 성령으로, 성령 안에서, 성령의 도우심을 받아야 한다는 사실을 꼭 기억하세요. 기도와 성령을 일체화시켜야 합니다.

② 기도에서 가장 먼저 간구해야 하는 것은 성령의 임재와, 충만, 교통함입니다. 성령의 임재가 기도의 생명이고, 믿음생활의 생명입니다. 내 이성이 기도하고, 내 감정이 기도하고, 분위기가 기도하면 기도를 돕기 위해서 오신 성령님이 외면당하시고 슬퍼하시며 외로워하십니다. 성령님의 임재는 너무나 중요합니다. 이것을 인정하시라. 성령께서 일하시도록 환경을 만드시기 바랍니다. 장소를 만들어 드리세요. 성령님의 역사는 우리가 성령님에게 일하실 수 있는 환경과 장소를 만들어 드릴 때 나타납니다. 우리의 마음을 성령님이 역사하실 수 있는 환경을 만들어 드리면 성령님이 역사하십니다.

③ 기도의 초기단계에서는 내 영혼이 성령님의 임재를 대부분 느끼지 못합니다. 부정적 인식, 믿음의 부족, 인식부족, 필요성에 대한 무지, 하나님과의 거리감 때문입니다. 그러나 내가 못 느껴도 성령님은 지속적으로 역사하심을 믿으세요. 인정하세요. 그러므로 성령을 느끼려고 노력하세요. 성령님이 내 안에 계시다는 사실을 인정하세요. 지속적으로 노력하세요.

이 방식대로만 하면 하나님이 활동하고 역사하십니다. 단지 내가 둔해서 느끼지 못하지만, 지속적으로 하면 하나님의 역사하심을 느끼고 체험하게 됩니다. 이것을 더 사모하고 더 사모하세요. 내안에 계신 성령님의 도우심으로 문제를 해결하게 됩니다. 더 높고, 넓게 깊은 단계로 나아가게 됩니다. 자신 안에서 성령으로 보화를 캐내기 시작하는 것입니다.

④ 영의통로를 여는 기도를 하는 사람은 무엇보다도 자신의

심령 안에 하나님이 계시다는 것을 인정해야하고 주인으로 모셔야 합니다. 자신 안에 하나님이 주인으로 계시면서 역사하신다는 것을 실제로 체험해야합니다. 이것이 진정 참된 기도의 시작이라고 할 수 있습니다. 그리고 하나님이 드디어 그런 사람, 즉 성령님과 교통하는 사람을 쓰시게 됩니다. 이것이 하나님의 사역의 기본원칙입니다. 이를 위해서 간구하고 목말라하세요. 하나님을 믿으면서, 하나님께 가까이 가고, 하나님을 느끼고, 하나님을 사랑하고 하나님께 나를 드리고, 기적을 체험하는 차원을 향하여 나아가세요. 밖에 있는 것에 관심 갖지 말고 오직 안에 있는 분에 대하여 목말라 하세요. 성령님은 끊이지 않는 생수가 되시는 분입니다. 성령님은 끊이지 않는 샘물을 주십니다.

셋째, 영의 통로가 열려 불이 나오는 능력기도를 하라.

1.영의 통로가 열려 불이 나오는 기도는 어떻게 해야 합니까?

① 성령으로 충만한 영의상태에서 깊은 성령의 임재 하에 영육이 성령의 만지심을 느끼도록 하여야 합니다. 성령의 임재를 느끼는 현상은 사람마다 다양합니다. 성령의 임재를 못 느끼는 분들의 경우는 주님이 안 오시는 것이 아니라 단순히 못 느끼는 것입니다. 성령께서 만지심을 느끼도록 성령 충만한 기도로 혼이 영에서 올라오는 감동을 민감하게 느끼도록 훈련해야 합니다.

② 성령의 임재가 깊어지게 하려면 자신의 의지를 꺾고 단지 그분이 하시는 일을 가감 없이 받아들여야 합니다. 이 훈련을 지속적으로 해야 영적 지각능력이 배가 됩니다. 어디까지 받아들

여야 하는가? 각자의 마음속까지 아니 뼛속까지 가감 없이 그대로 받아들여야 합니다. 예를 들어 강한 역사가 일어나면 더 강하게 하면서 성령의 역사에 순종하며 따라가야 합니다. 뜨겁게 역사하시면 더 뜨겁게 역사하여 주소서 하며 아이고 뜨거워, 아이고 뜨거워하면서 반응을 순수하게 하면 성령님은 인격이시기 때문에 더 역사하여 주시는 것입니다.

③ 성령이 마음대로 일하시게 해야 합니다. 이때 성령께서 육체의 만지심의 느낌에 절대 순복하여야 합니다. 즉 반응에 절대 순종하고 환영하는 반응을 보여야 합니다.

④ 임재에는 반드시 메시지가 있음을 명심하시기를 바랍니다. 제가 몇 년 전에 강북구에 있는 성민교회라는 곳에 가서 부흥회를 인도한 적이 있습니다. 밤 시간 이었는데 한참 말씀을 전하고 있으니 어느 남자분이 그때서야 도착하여 말씀을 듣는 것이었습니다. 그리고 말씀을 다 전하고 기도 시간이 되었습니다. 기도를 하도록 인도하고 저는 기도 시간마다 아무리 성도가 많아도 개별 안수를 해드립니다.

안수기도를 한참 하다가 그 늦게 도착한 분의 차례가 되었습니다. 그래서 안수를 했습니다. 그러니까, 머리를 숙이면서 흐느끼는 것이었습니다. 저는 무슨 영문인지 모르고 그냥 머리를 들고 기도하시라고 조언하고 한 50분간 기도하고 마치고 집으로 돌아오려고 했습니다. 필자가 집에 돌아오려면 전철을 타야 하는데 전철역이 그 교회에서 상당히 멀었습니다. 그래서 전철역까지 누가 차로 좀 데려다 달라고 했더니, 담임 목사님이 밖에 나가시면 차가 대기하고 있으니 잘 돌아가시라고 했습니다. 그래서 대기하고 있는 차를 타니 아까 늦게 들어왔다가 기도하며 흐느끼던 그분이었습니다. 그분이 하는 말이 목사님 제가 오늘로 예수를 믿은지 13년이 되었는데 처음으로 울어보았습니다. 은혜 받게 해주셔서 감사합니다.

그래서 왜 우셨습니까? 기도하는데 심령에서 성령의 불이 뜨겁게 올라오면서 내 속에서 뚜렷하게 내가 너를 사랑한다. 내가 너를 사랑한다. 내가 너를 사랑한다. 하며 위로하여 주시는데 갑자기 성령의 불로 얼굴이 화끈 거리고 눈물이 쏟아져 나왔습니다. 이분은 제가 기도를 어떻게 하라고 알려주고 기도를 시키니까, 그대로 순수하게 따라서 하니 성령의 역사로 성령의 불도 받고 성령의 음성도 들은 것입니다.

이와 같이 기도를 영으로 하면 반드시 하나님의 임재 현상이 나타나게 되어 있습니다. 임재현상이란, 음성이 들린다든지, 마음에 평안이 올라온다든지, 마음속에서 성령의 불의 뜨거움이 올라온다든지, 갑자기 기도문이 열려 뜨겁게 방언으로 기도하게 된다든지, 성령의 감동으로 나도 모르게 울음이 터진다든지, 나는 어떤 이유인지 모르겠는데 갑자기 웃음이 주체 못하게 터진다든지 등등, 성도가 영으로 바르게 기도하면 반드시 하나님의 임재 현상을 체험하게 되는 것입니다.

2. 보통 기도가 발전하는 다섯 단계.

① 부르짖는 기도 단계입니다. 육의 기도입니다. 성도가 기도를 처음 배울 때부터 통성으로 무조건 생각나는 대로 부르짖어

기도하는 습관을 먼저 드려야 합니다. 물론 자신의 생각이나 힘으로 하는 육의 기도이지만 일단은 목소리를 내면서 부르짖어 기도해야 합니다. 만약에 언어의 구사나 방언으로 통성기도를 못한다면 절대 다른 사람들의 기도에 기가 죽어서 가만히 앉아 있지 말고 통성으로 주여! 주여! 주여! 를 계속하든지, 아니면 할렐루야! 할렐루야! 할렐루야! 를 연속적으로 호흡을 들이쉬고 내쉬면서 배에서 나오는 힘으로 기도를 열심히 하다가 보면 자신도 모르는 순간에 성령으로 자신이 장악되어 저절로 주여! 주여! 주여! 나 할렐루야! 할렐루야! 할렐루야! 가 나오다가 방언이 터지는 것입니다.

② 기도의 줄을 잡는 단계입니다. 마음의 기도단계입니다. 계속 통성으로 기도를 하다가 보면 이제 어느 정도 숙달이 되어 언어통성기도나 방언통성기도나, 주여! 주여! 주여!나, 할렐루야! 할렐루야! 할렐루야! 가 저절로 되어 어느 정도 기도 줄이 잡힙니다. 그래서 기도는 훈련입니다. 자동으로 기도가 되는 것은 절대로 아닙니다. 본인의 의지가 어느 정도 결부가 되어야 나중에 성령께서 사로잡아 주시므로 기도가 되고 기도 줄이 잡히는 기도를 할 수가 있는 것입니다. 기도 줄이 잡히지 않더라도 지속적으로 해야 됩니다.

③ 영력이 끌려 올라오는 단계입니다. 영으로 기도하는 단계입니다. 이 단계가 되면 기도의 줄이 잡혀서 기도의 수고가 쉬워지므로 기도가 성령의 이끌림을 받게 됨으로 영으로 기도하면서 또 마음으로 기도하고 영으로 기도하게 됩니다. 이 단계가 되

면 자신의 영 안에서 성령의 능력이 올라오는 시기이므로 자신의 안에서 올라오는 영력에 의하여 더욱 성령으로 충만하게 되고 무의식의 상처가 치유되면서 귀신이 떠나가니 기도의 수고가 쉬워지는 단계입니다.

④ 영력이 마음속에서 올라오는 단계입니다. 이 단계에 들어선 성도는 마음 안에 상처가 치유되고 상처를 붙들고 있던 귀신이 떠나가니 내 영안에 계신 성령하나님과 영의 통로가 열려 영으로 기도를 하는 단계입니다. 이 단계에 들어선 성도는 이제 기도가 자꾸 하고 싶어지고, 기도하면 할수록 성령이 충만하게 되고, 영안이 열려가므로 하나님의 말씀을 읽을 때나 들을 때, 목사님의 설교 말씀을 들을 때 영으로 말씀을 들으니 영이 자꾸 깨어나는 시기입니다. 이때가 되면 내가 왜 지금까지 예수를 믿노라 하면서 이렇게 고통을 당하면서 살았는가, 스스로 느끼고 고치고 치유 받으려고 노력하게 됩니다. 그래서 서서히 하나님의 군사가 되므로 환경에서 하나님의 역사가 보이고, 하나님이 자기의 인생에 개입을 하고 인도하고 계시는 것을 느끼게 됩니다. 그러므로 성도는 무엇보다 기도가 바르게 되어야 합니다.

⑤ 영적인 기도의 단계입니다. 영-혼-육의 전인격으로 기도하는 단계입니다. 이 단계가 되면 성령하나님과 인격적인 관계가 되었기 때문에 주여! 하기만 해도 성령님의 임재를 느끼는 시기입니다. 필자가 항상 강조하는 항상 기도할 수 있는 시기입니다. 기도하며 하나님의 음성을 듣는 시기입니다. 주가 내 안에 내가 주안의 단계입니다. 5단계는 모든 육의 소욕과 자아가 무

너지고 주님만이 기도의 목표가 되는 단계입니다. 필자는 이 단계까지 도달하도록 인도할 것입니다. 부디 성령으로 충만하여 영적인 말씀과 원리들을 이해하시고 내 것으로 만드셔서 능력이 오고 깊어지는 깊은 영의 기도를 모두 숙달하시어 하나님의 강한 군사가 되시기를 바랍니다. 그리하여 모두 하나님의 마음에 합한 자가 되어 쓰임 받으시기를 바랍니다.

3. 성령의 불이 임하고 나오는 기도방법

① 호흡을 배꼽 아래까지 들이 쉬고 내쉬면서 방언이나 발성기도를 하시면서 내 영 안에서 역사하는 성령의 불과 밖에서 역사하는 성령의 불을 내 것으로 만드는 기도 방법입니다. 성령은 내 영 안에 계시고, 우리 안에 계시고, 성령으로 충만한 상태에서 영으로 말씀을 듣거나 읽을 때 말씀 안에 계십니다. 이 성령의 역사를 일어나게 호흡을 들이쉬고 내쉬면서 방언기도나 발성기도로 성령의 임재를 깊이 느끼고 유지합니다.

② 능동적으로 성령의 불을 끌어당기는 기도를 합니다. 숨을 깊이 들이쉬면서 밖에서 역사하는 성령의 불을 끌어들이는 것입니다. 깊은 호흡을 하면서 성령의 불을 끌어들이시기 바랍니다. 이때 강하고 크게 자신의 육체의 한계를 넘어서는 강력한 기도를 해야 합니다. 의지를 다해서 강력하게 해야 합니다. 절대로 힘이 든다고 나약하게 부르짖는 기도를 하면 더 강한 성령의 불을 끌어 들일 수가 없습니다.

이를 위해서 복식 호흡법을 활용하여 배에서 올라오는 소리로 힘껏 소리를 지르고 온몸으로 부르짖는 기도를 하여야 합니다

(최소한 30분 이상). 그래야 목에 피로가 안 오고 목이 상하지 않습니다. 제가 지금까지 수많은 기도 세미나를 인도했는데 이렇게 기도한 분들 절대로 목이 상하지 않았습니다. 기도하면서 목이 상하는 분들은 자신의 기도 방법을 빨리 바꾸어야 합니다.

③ 성령께서 하시는 일에 크게 반응해야 합니다. 이때 말과 행동에 있어서 크게 반응하기 바랍니다. 성령께서 하라는 대로 순종하는 것이 좋습니다. 될 수 있으면 크게 반응을 하는 것이 좋습니다. 더 강하게, 으으으 아 뜨거워하면서 성령의 역사하심을 환영하고 받아들여야 합니다. 교역자는 강단에 서기전에 이 단계까지 기도하고 그 후에 강단에 서야합니다. 그래야만 예배와 설교 가운데 성령의 기름부음이 강해집니다.

그리고 교회의 직분자들 특히 강도사, 전도사, 장로님, 권사님, 안수집사님 등등 은 모두 이정도로 기도를 해야 마귀를 이기고 하나님이 주신 사명을 감당할 수가 있는 것입니다. 예수를 믿고 성령으로 세례받은 크리스천은 기도가 영성이고 기도하지 않는 영성은 없습니다. 깊고 능력과 불이 나오는 기도를 하여 성령으로 심령도 변하여 단물을 내는 모두가 되시기를 소원합니다.

4. 영의 통로가 열려 불이 나오는 기도를 하기 위해서 성도가 자신에 대하여 알아야 할 사항

① 자신이 마귀의 공격을 받는 감정을 찾아내야합니다. 자신이 영성의 발전에 저해 요소를 찾아내어 제거 하라는 것입니다. 예로서, 잡념, 죄, 습관, 꿈, 생각, 잘 통제하지 못하는 것 등등 을 찾아서 고쳐나가야 합니다. 어떻게 치유하느냐 말씀과 성령으로

깊은 역사에 의한 내적 치유와 깊은 영의 기도로 치유해야 합니다. 사람은 스스로 자기 통제가 가능하도록 만들어졌습니다. 그런데 오늘날 우리가 자기 통제를 못하는 이유는 죄성과 상처 때문입니다. 그러므로 예수를 믿는 믿음과 성령의 은혜 안에서는 이 모든 것이 회복되기 때문에 자기 통제가 가능합니다. 이것을 다른 말로 하면 성령의 은혜로 말미암아 공격받는 감정을 치유할 수 있다는 의미입니다. 자신의 공격받는 분야를 찾아 내적 치유하시기를 바랍니다.

② 자신의 공격받는 분야를 꼭 찾아내야 합니다. 예를 들어 혈기나 분노의 경우 자신의 상처와 조상의 유전까지 찾아 들어가야 합니다. 부계와 모계 쪽으로 계속 추적하여 찾아내세요. 상처라고 하면 태아, 유아, 소년기, 부모 등 원인을 찾아내야 합니다. 그래서 치유해야 합니다.

③ 그 죄와 관련된 지속적이고 뚜렷한 경험들을 파고 들어가세요. 그리고 지식의 말씀의 은사와 지혜의 말씀의 은사를 통하여 해결하세요. ⓐ 그때의 감정을 뿌리를 찾아서 제거하세요. ⓑ 거기에 레마의 말씀과 성령의 능력과 주님의 피를 뿌립니다. ⓒ 뿌리 뒤에 역사하는 영을 찾아내야 합니다. 그 찾는 이유는 그때 그 사건을 통하여 들어온 영을 찾아야 하기 때문입니다. 분명히 그 때 타고 들어온 것이 있습니다. ⓓ 그 영의 정체를 드러내고 쫓아내고 몰아내고 반대 영을 공급합니다. 이 원리는 모든 영적인 전쟁을 할 때 적용되는 원리입니다. 이 원리를 적용하여 영적인 전쟁도 하시기를 바랍니다.

9장 기도를 성령으로 바르게 함으로

(고전14:15)"그러면 어떻게 할까 내가 영으로 기도하고 또 마음으로 기도하며 내가 영으로 찬송하고 또 마음으로 찬송하리라"

성령의 강력한 불을 받기 원한다면 기도를 바르게 하는 것이 최우선으로 해야하는 영적활동입니다. 성령의 불로 지배와 장악이 되어 성령의 인도를 받으려면 기도를 성령으로 해야 합니다. 성령으로 기도해야 영이신 하나님과 교통할 수가 있기 때문입니다. 기도의 대상이 하나님이시기 때문입니다. 크리스천의 기도는 참으로 중요합니다. 기도를 통하여 모든 영성활동이 좌우되기 때문입니다. 필자가 그동안 성령사역을 하면서 체험한 바로는 크리스천들이 기도를 바르게 하지 못한다는 것입니다. 또, 기도에 대하여 관심을 갖지도 않는 것이 보통입니다. 이유는 지신은 지금 기도하고 있기 때문이라는 것이지요. 이러한 생각 때문에 기도한 만큼 전인적인 변화가 있어야 하는데 그러하지 못하다는 것입니다. 이는 이성적으로 자신만 알아주는 기도를 하기 때문입니다. 기도는 온몸으로 해야 합니다.

그럼 어떡해야 온몸으로 기도할 수 있습니까? 목으로 생각으로 말로 기도하지 말고 성령으로 기도해야 합니다. 기도할 때 주의해야 할 것은 생각이나 머리나 목에서 올라오는 소리로 기도하지 말라는 것입니다. 배꼽 아래 15센티에 의식을 두고 아랫배에다가 힘을 주고 들이쉬고 힘을 빼고 내쉬면서 기도하는 습관을 들이는 것입니다. 배에서 올라오는 소리로 기도하라는 것입니다. 이것이 제일 중요한 것입니다. 이렇게 하다가 보면 자연스럽게 온몸으로 기도하게 되어 기도하면 할수록 전인격이 치유가 되고 예수님의 성품으로 변화를 체험할 것입니다. 육적으로는 심장이 튼튼해집니다. 장이 건강해집니다. 언어가 배속에서 올라옴으로 말을 많이 해도 성대가 상하지 않습니다. 성령의 권능, 영력이 강해지는 것입니다. 온몸으로 기도하는 비결은 차차 이 책을 읽어가면서 터득하게 될 것입니다. 제일 중요한 것은 지금까지 기도하는 습관으로 기도하지 않는 것입니다. 빨리 잘못된 기도의 습관을 바꾸려고 의지적인 노력을 해야 기도한 만큼 영육의 변화를 체험하게 될 것입니다. 자신의 기도를 정확히 분별하여 하나님의 보좌와 연결되는 기도를 해야 합니다.

기도가 바뀌어야 합니다. 무조건 많이 한다고 잘하는 기도가 아닙니다. 성령으로 바르게 해야 합니다. 기도가 바르지 못하니까, 10년 동안 믿음 생활을 해도 변화되지 않는 것입니다. 성령으로 바르게 기도를 하면 변화되지 말라고 해도 변화될 수밖에 없습니다. 왜 30년 믿음생활을 열과 성의를 다하여 열심히 하고, 천일을 철야하고, 영육의 문제 해결을 받고, 내적치유와 축귀능력을 받으려고 10년 이상 30군대 이상을 다니고, 정신적이고 육적이고 영적인 질병을 치유 받으려고 성령의 역사가 강하다는 15년 동안 30군대를 교회를 다니고, 능력을 받으려고 20년을 성령 사역하는 곳을 다녀도 변화가 없고 치유되지 않고 능력이 나타나지 않는 것일까요? 기도를 바르게 하지 못하기 때문입니다.

교회나 성령 사역하는 곳에 가서 말씀 듣고 기도합시다. 하면 자신이 지금까지 하던 식으로 기도를 하기 때문입니다. 이렇게 기도하니 성령의 역사가 자신 안에서 일어나지 않기 때문에 변화가 일어나지 않는 것입니다. 성령의 역사가 자신 안에서 일어나야 치유도 되고 능력도 나타나고 문제도 해결이 되는 것입니다. 이를 방지하기 위하여 우리 충만한 교회같이 기도할 때 담임목사가 돌아다니면서 기도를 교정하여 성령의 역사가 성도의 마음 안에서 일어나게 해야 합니다. 성도의 마음 안에 있는 성전에서 분출되는 기도가 되도록 안수하면서 교정하여 주어야 합니다. 자기가 종전에 하던 습관적인 기도를 몇 시간씩 해도 변화되지 못합니다. 자신 안에 있는 상처가 습관적인 기도에 적응이 되어있기 때문입니다. 그렇게 하지 않으면 절대로 변화를 체험하지 못합니다. 그래서 모든 크리스천은 기도를 클리닉 해보아야 합니다. 이렇게 성령으로 기도하면 변화되지 말라고 해도 변화가 되고 치유가 됩니다.

첫째, 성령 안에서 기도하라. 기도를 할 때에 자신의 생각이나 머리에서 나온 지식이나 언어구사를 잘하려고 하는 생각으로 기도하지 말라는 것입니다. 바른 기도생활을 위해서 '좋은 기도의 습관'이 중요하긴 하지만 그 보다 더 중요한 것이 있습니다. 그것은 바로 기도의 영을 받아 가지고 있는 겁니다. 우리가 새벽기도를 생각해볼 때 우리가 항상 새벽에 그 시간에만 살아가는 것이 아니지 않습니까? 우리가 예배당 안에서만 살고 있지는 않지 않습니까? 우리가 가정에서나 직장에서나 세상에서 살아갈 때 우리 앞에 다양하게 펼쳐지고, 우리에게 다가오는 그런 도전과 문제, 그 어려운 상황 속에서 우리의 기도가 정해진 기도의 제목만으로는 우리 삶을 다 감당하지 못해요. 그래서 좋은 기도의 습관을 갖는 것도 중요하지만, 우리가 기도의 영을 가져서 성령 안에서 기도하는 것 그것은 더욱 중요합니다. 마치 내 영이 기도의 영이신 성령 안에 푹 잠겨 있는 것처럼 내가 하루 24시간 어디에서 무엇을 하고 있든지 하나님과 끊임없는 교통가운데서 내 삶이 진행되는 것, 그것이 바로 기도의 영을 가지는 것인데, 이것이 바로 기도생활의 이상이라고 할 수 있습니다. 그래서 하나님 말씀은 우리에게 '성령 안에서 기도하라' '성령으로 기도하라' 라는 말씀을 여러 번 당부하십니다. 그 중 한 곳인 에베소서 6장 18절을 같이 읽겠습니다. "모든 기도와 간구를 하되 항상 성령 안에서 기도하고 이를 위하여, 깨어 구하기를 항상 힘쓰며, 여러 성도를 위하여 구하라" 과거 개역에는 '무시로 성령 안에서 기도하라'고 했는데, '무시로'란 항상 이란 뜻입니다. 영어로 always 또는 all times입니다. 그렇다면 어떻게 기도하는 것이 '성령 안에서 기도'하는 것일까요? '성령 안에서 기도한다'는 의미는, "성령의 영성과, 성령의 지성과, 성령의 감성을 따라서 기도하는 것이다" 라고 말할 수 있습니다. 또, 성령의 임재 가운데 기도하는 것입니다. 성령께서 주시는 생각으로 기도하라는 것입니다.

실제적으로 성경에 보면, 성령께서 우리를 위하여 말할 수 없는 탄식으로, 성령의 생각이 삼위일체 하나님과 합치된 상태에서 우리 안에 와계신 성령께서 우리를 위하여 계속 기도하고 계십니다. "이와 같이 성령도 우리의 연약함을 도우시나니, 우리는 마땅히 기도할 바를 알지 못하나 오직 성령이 말할 수 없는 탄식으로 우리를 위하여 친히 간구하시느니라. 마음을 살피시는 이가 성령의 생각을 아시나니 이는 성령이 하나님의 뜻대로 성도를 위하여 간구하심이니라 (롬8:26~27)."

'성령 안에서 기도하라'는 엡6장 18절의 말씀을 실행 할 수 있는 그 약속이, 이 로마서 말씀에 주어져 있습니다. 로마서 8장 26~27절속에는, 성령의 [영성] [지성] [감성]이 나타나 있어요. 성령의 영성은 무엇과 같은가요? 어머니의 영성과 같지요. 어머니는 자녀들을 한없는 사랑으로 용납해주고 품어줍니다. 그러한 것처럼 성령은 포근한 영성, 온유하신 영성, 인자하신 영성으로서 마치 어머니가 자식을 위해 기도하듯이, 성령께서 우리를 위하여 기도하고 계신다는 거예요. 우리는 무엇을 위하여 기도하는지도 모르고, 우리 앞에 어떤 일이 일어날지도 모릅니다.

그렇기 때문에 성령께서 '우리를 위하여 마땅히 무엇을 위해서 기도할지 모르지만, 우리를 위하여 앞서 기도'하고 계신다는 것입니다. 성령의 영성이 그러하단 것입니다. 또 성령의 영성은, 성령은 지성을 가진 인격체이셔서 우리를 위해서 기도 할 바를 명확하게 인지하시고, 그리고 그 생각을 갖고 기도하고 계십니다. 롬8장 27절 말씀에 성령은 지성을 지니신 분이시다. 라는 것을 보여주는 한 표현이 있습니다. '마음을 살피시는 이가 성령의 생각을 아시나니' '성령의 생각'이라고 했습니다. 성령은 생각하신다. 즉, 지성을 지니신 분이십니다. 우리를 향하신 그 성령의 생각이 얼마나 많은지 시편 40편 5절에 이런 말씀이 나옵니다.

"여호와 나의 하나님이여 주의 행하신 기적이 많고 우리를 향하신 주의 생각도 많도소이다" 우리의 부모가 자녀를 위해서 기도하지 않습니까? 자녀에 대한 모든 사정을 헤아리고 살펴서 자녀를 위해서 기도합니다. 부모는 자녀를 위해서 기도하지만, 자녀는 부모를 그렇게 생각하지 않아요. 자기 인생이 바쁘기 때문에 내리 사랑을 해서 부모는 자녀를 위해서 그렇게 안타깝게 간절히 기도하지만, 자녀들은 그 부모에 대한 마음을 헤아리지 못합니다. 저도 자녀를 위해서 기도하면서 '이 아이들이, 부모인 내가 이렇게 하나님 앞에서 간절히 자기들을 위해 기도하는 것을 알고 지내기나 하나?' 그런 생각을 할 때가 있습니다.

마찬가지로 우리는 별로 하나님을 생각하지 못하고 살아가지만 성령께서 우리를 위하여, 해변의 모래보다 더 많으신 그 생각, 그 사랑의 생각을 가지고 우리를 위해서 기도하고 계십니다. 또한 성령은 감성을 지닌 분이십니다. 로마서 8장 26절 말씀에 성령의 감성을 보여주는 한 어구 한 표현이 있습니다. "말할 수 없는 탄식으로 우리를 위하여 기도하시는 성령님"이라고 했습니다.

성령은 감성을 가지고 계세요. 우리는 성령을 근심하게 할 수도 있고, 우리는 성령을 기쁘시게도 할 수 있습니다. 성령이 인격적으로 우리를 대해주십니다. 이 말씀이 보여주는 바대로 성령님은 어머니와 같은 그런 넓으신 자애로우신 사랑의 영성을 지니셨고, 또한 성령은 생각을 가지신 지성을 지니신 인격체이시고, 성령은 우리를 위하여 말 할 수 없는 탄식으로 하나님 앞에서 기도하시는 감성을 지니신 분이십니다. 성령께서 우리 안에 오셔서 우리를 위해 그토록 기도하시는 그 성령의 영성과 지성과 감성을 따라 기도하는 것이 성령님 안에서 기도하는 것입니다.

둘째, 어떤 기도가 성령의 기도일까요?

① 자신의 생각이나 언어나 머리나 육신의 생각에 얽매이지 않고 성령에 이끌리는 기도가 '성령의 기도'입니다. 기도의 가장 큰 장애는 '육신의 문제'입니다. 바쁘거나 피곤하거나 나태함이라는 육신의 문제가 기도의 장애가 됩니다. 이러한 육신의 문제에 얽매여 있으면 기도하지 못합니다. 예수님께서는 겟세마네 동산에서 베드로 야고보 요한에게 함께 기도하기를 원했으나 그들은 잠들고 말았습니다. 그들의 그러한 모습을 보면서 예수님은 "마음은 원이로되 육신이 약하다"고 하셨습니다. 예수님께서 광야에서 40일을 금식하며 기도할 수 있었던 것은 성령의 인도함이 있었기 때문입니다. "그 때에 예수께서 성령에게 이끌리어 마귀에게 시험을 받으러 광야로 가사 사십일을 밤낮으로 금식한 후에 주리신지라(마4:1)" 우리는 성령으로 기도해야 합니다. 그리하지 않으면 육신의 문제인 바쁨과 피곤함과 나태함 때문에 늘 기도에 실패하기 때문입니다.

② 이기적인 욕망에 붙잡히지 않고 성령에 이끌리는 기도가 '성령의 기도'입니다. 사람은 본질적으로 이기적입니다. 우리의

기도 역시 다분히 이기적입니다. 이기적인 기도는 내 중심의 기도입니다. 내 뜻대로 되기를 원하는 기도입니다. 성령의 기도는 이기적인 기도가 아닙니다. 이기적인 것을 극복할 수 있는 기도가 성령의 기도입니다. 내 뜻보다 하나님의 뜻을 구하는 기도가 성령의 기도입니다. 내 유익만 구하지 않고 다른 사람도 유익하기를 구하는 기도가 성령의 기도입니다. 그래서 성령으로 기도해야 합니다.

③ 의심에 빠지지 않고 믿음으로 드리는 기도가 '성령의 기도'입니다. 우리는 신앙이라는 밭에 기도의 씨를 뿌립니다. 그리고 믿음이라는 거름을 주어야 합니다. 그런데 의심이라는 잡초가 자꾸 자라게 됩니다. 그래서 응답이라는 열매를 맺지 못하게 합니다. 의심에 빠지지 않고 믿음으로 기도해야 합니다. 믿음으로 기도할 수 있는 기도가 성령의 기도입니다. 믿음은 성령의 은사이기 때문입니다.

④ 마음의 기도에 머물지 않고 영으로 기도하는 기도가 '성령의 기도'입니다. "내가 만일 방언으로 기도하면 나의 영이 기도하거니와 나의 마음은 열매를 맺지 못하리라. 그러면 어떻게 할까 내가 영으로 기도하고 또 마음으로 기도하며 내가 영으로 찬송하고 또 마음으로 찬송하리라(고전14:14-15)"

이 말씀에 보면 '마음으로 하는 기도'와 '영으로 하는 기도'가 있다고 하였습니다. 마음으로 하는 기도는 내가 기도하는 것입니다. 나의 의식으로 기도하는 것입니다. 어떤 기도를 어떻게 해야 되겠다고 생각하면서 하는 기도입니다. 그러나 영으로 하는 기도는 내가 기도하지만 사실은 내가 아니라 내 안에 계신 성령께서 기도하는 것입니다. 어떤 기도를 어떻게 해야겠다고 생각해서 하는 기도가 아니라 성령께서 인도하시는 대로 기도하게 되는 기도입니다. 나의 의식으로 기도하는 것이 아니라 성령에 취해서 하는 기도입니다. 그것은 깊은 영의기도입니다.

그 기도가 필요합니다. 기도할 내용을 내가 다 알지 못하기 때문입니다. 이 기도는 성령의 충만함을 입은 자의 기도입니다. 방언의 기도는 이러한 기도를 할 수 있는 방법 중의 하나입니다. 성도는 기도해야 합니다. 기도하되 성령으로 기도해야 합니다. 육신에 얽매이지 않고 성령에 이끌려 기도해야 합니다. 이기적인 욕망에 붙잡히지 않고 성령에 이끌려 기도해야 합니다. 의심하지 않고 믿음으로 기도해야 합니다. 마음의 기도에 머무르지 않고 영으로 기도해야 합니다. 신앙의 기초를 다시 세워야 합니다.

그러기 위해서는 거룩한 믿음 위에 자신을 세워야 합니다. 그리고 기도해야 합니다. 기도부터 다시 시작해야 합니다. 성도의 특권이며 의무인 기도부터 다시 시작해야 합니다. 하나님을 체험하기 위해서 기도부터 다시 시작해야 합니다. 성령으로 기도해야 합니다. 육신의 약함에 얽매이지 않기 위해서, 이기적인 욕심에 얽매이지 않기 위해서, 의심의 마음에 붙잡히지 않기 위해서, 마음의 기도에 머물지 않기 위해서 성령으로 기도해야 합니다.

셋째, 성령으로 기도하는 방법. 기도에 대하여 바르게 알아야 합니다. 많은 성도들이 문제가 있으면 무조건 기도하면 영육의 문제가 풀어지는 줄로 알고 있습니다. 그래서 무조건 기도하라고 합니다. 그렇지 않습니다. 기도는 하나님의 음성을 듣는 것입니다. 문제의 원인에 대하여 하나님께 질문하여 하나님께서 알려주시는 것을 해결하면서 기도해야 합니다. 예를 든다면 회개라든가, 용서라든가, 하나님께서 알려주시는 레마를 받아 순종하며 기도해야 문제가 풀어지는 것입니다. 막연하게 문제를 해결하여 주시옵소서. 하며 기도하면 문제가 해결되지 않습니다. 반드시 하나님에 알려주시는 해결 방법을 적용하여 해결하면서 기도해야 문제가 풀어지는 것입니다. 성도들이 바르게 알아야 할 것은 자신이 당하는 문제는 하나님의 문제라는 것을 믿어야 합니다. 그래서 자신에게 일어나는 문제는 하나님이 해결해야 합니다. 왜냐하면 자신은 예수를 믿을 때 죽었습니다. 다시 예수로 태어났습니다. 지금 예수 인생을 사는 것입니다. 그렇기 때문에 성령으로 기도하여 영의 상태가 되면 하나님께 해결 방법을 질문하여 응답받은 대로 조치를 해야 문제가 해결되는 것입니다. 그렇기 때문에 문제를 해결하려면 기도하지 않으면 안 되는 것입니다. 성령으로 기도하여 영의 상태가 되어야 내적인 상처도 치유되고, 귀신도 떠나가고, 병도 고쳐지고, 문제도 해결되고, 하나님의 음성도 들을 수가 있는 것입니다.

성령으로 기도하는 것은 성령의 임재가운데 성령 안에서 기도하는 것을 말합니다. 마음으로 기도하여 마음의 문이 열려야 영으로 기도하게 되는 것입니다. 영으로 기도하는 것이 성령으로 기도하는 것입니다. 그렇기 때문에 먼저 마음의 기도로 마음의 문을 열어야 영으로 기도할 수가 있는 것입니다. 성령으로 기도하는 비결은 이렇습니다. 숨을 들이 쉬고 내 쉬면서 주여! 숨을 들이 쉬고 내 쉬면서 주여! 숨을 들이 쉬고 내 쉬면서 주여! 자연스럽게 주여! 를 하면 되는 것입니다. 방언으로 기도할 줄 아는 분들은 호흡을 들이쉬고 내쉬면서 방언기도하고, 호흡을 들이쉬고 내쉬면서 방언기도를 합니다. 즉 내면의 활동이 강화되어 자신의 마음속 영 안에 계신 성령이 밖으로 나오시게 해야 합니다. 코로는 바람을 들이쉬고 배꼽 아랫배로 호흡을 하는 것입니다. 호흡을 들이쉬고 내쉬면서 주여! 하다가 성령께서 감동을 주시는 것이 있습니다.

예를 든다면 "혈통에 흐르는 자녀들의 문제 위하여 기도하라!"하실 수도 있습니다. 그러면 자녀를 위하여 기도하는 것입니다. 자녀에게 문제가 있는 것도 할 수가 있습니다. 자녀에게 바라는 것이 있으면 그것을 기도해도 좋습니다. 하나님께 혈통의 문제가 왜 생겼는지 물어보는 것입니다. 알려주시면 조치하는 것입니다. 기도를 마치고 다시 주여! 하면서 기도를 합니다. 다시 성령께서 너의 물질문제를 기도하라고 하실 수도 있습니다. 물질문제를 기도합니다. 물질문제가 어떻게 해서 생겼는지 하나님에게 질문하며 기도합니다. 죄악으로 인한 것이라면 회개를 합니다. 회개하고 혈통의 죄악을 타고 들어온 귀신을 축귀합니다. "예수 이름으로 명하노니 선조들의 죄를 따라 들어와 물질고통을 주는 귀신아 물러가라" 소리는 크지 않아도 됩니다. 성령이 충만한 상태이므로 귀신들이 잘 떠나갑니다. 다시 다른 기도를 위하여 주여! 하면서 기도를 합니다.

그러면 성령께서 다시 감동을 합니다. 너의 건강을 위하여 기도하라! 그러면 자신의 건강을 위하여 기도합니다. 기도하면서 하나님에게 질문을 합니다. 하나님! 저의 어느 부분이 문제가 있습니까? 하면서 기도하여 조치를 취하면 됩니다. 무엇을 결정해야 할 경우는 어느 정도 기도하여 성령으로 충만한 상태가 되면 지속적으로 문의 하는 것입니다. 이것을 어떻게 해야 합니까? 이것을 어떻게 해야 합니까? 이것을 어떻게 해야 합니까? 지속적으로 질문을 하면 문득 떠오르는 생각이 있습니다. 이것이 하나님의 방법입니다. 이것을 해결하면 치유가 되는 것입니다. 이것이 성령으로 기도하는 것입니다. 어려울 것이 없습니다. 자신의 생각이나 욕심을 내려놓고 순수하게 성령을 따라 기도하는 것입니다. 보통 성도님들이 하시는 말씀대로 기도분량이 채워지니까 성령께서 알려주신 것입니다. 기도분량이 채워졌다는 것은 성령님이 역사하실 수 있는 영적인 상태가 되었다는 것입니다. 절대로 성령은 육의 상태에서 응답을 주시지 못합니다.

반드시 성령으로 충만한 영의 상태가 되어야 레마를 들려주십니다. 그러므로 영의 상태가 되도록 성령으로 깊은 영의기도를 해야 합니다. 영의 상태에서 하나하나 감동이나 음성으로 알려주시는 것입니다. 기도의 성공요소는 영의 상태에 들어가는 것입니다. 영의상태에서 성령님과 교통할 수가 있기 때문입니다.

넷째, 기도하는 장소를 바르게 하라. 기도하는 장소를 바르게 해야 합니다. 기도는 자신 안에 계신 하나님께 기도하여 자신이 하나님의 입장이 되어 하나님의 길을 제대로 따라가고 있는지, 바르게 가고 있는지, 돌아가고 있는지를 보는 것입니다. 그리고 자신 앞에 있는 문제를 하나님께 기도하여 하나님의 해결 방법을 알아내는 것입니다. 그리고 알려주신 해결방법대로 순종하기 위해서 기도하는 것입니다. 기도는 하나님께 무엇을 얻어내려고 하는 것이 절대로 아닙니다. 자신의 상처를 치유하고, 성령으로 충만하며, 하나님과 대화하기 위하여 기도하는 것입니다. 지친 영혼의 쉼을 얻기 위하여 기도하는 것입니다. 기도는 영-혼-육이 쉼을 얻는 시간이라고 생각하며 성령으로 해야 합니다.

그렇기 때문에 크리스천들이 무조건 기도하면 되는 것이 아니라는 것입니다. 반드시 예수를 믿고 성령을 통하여 예수 이름으로 기도를 해야 합니다. 그냥 막연하게 교회나 기도원에 가서 자신의 문제를 해결하여 달라고 기도한다면 누가 기도를 듣고 응답을 해주겠습니까? 그래서 성경에 분명하게 성령으로 기도를 하라는 것입니다. 필자는 분명하게 이렇게 기도하라고 합니다. 성령으로 충만한 가운데 예수님을 생각하면서 기도하라고 합니다. 크리스천의 기도는 하나님께 일방적으로 요구하는 것이 아니라, 내가 가고 있는 길이 하나님께서 예비한 길인지, 내가 가야 할 목적지와 일직선상에 있는지, 하나님의 눈으로 내려다보는 연습입니다. 한마디로 하나님의 마음을 알고 순종하기 위하여 기도하는 것입니다. 한마디로 마음과 정성을 다하여 온몸으로 기도하는 것입니다.

10장 성전개념을 바르게 정립함으로

(행 17:24-25)“우주와 그 가운데 있는 만물을 지으신 하나님께서는 천지의 주재시니 손으로 지은 전에 계시지 아니하시고, 또 무엇이 부족한 것처럼 사람의 손으로 섬김을 받으시는 것이 아니니 이는 만민에게 생명과 호흡과 만물을 친히 주시는 이심이라.”

성령의 불로 지배와 장악이 되어 성령의 인도를 받지 못하는 것은 자신이 성전이라는 것을 인식하지 못하기 때문입니다. 하나님은 자신 안에 계시는데 보이는 성전에 관심을 집중하기 때문에 심령이 변하지 않는 것입니다. 하나님은 손으로 지은 전에 계시지 않습니다. 분명하게 교회는 건물이 아니고 사람이니 날마다 우리의 삶의 자리에 하나님과 동행함으로 우리 삶이 예배가 되고, 우리 삶의 자리가 교회가 되는 것입니다. 우리를 바꿔놓지 못하는 죽은 제물 죽은 제사는 이미 지나갔습니다. 우리는 예수 안에서 예수님과 함께 죽고, 예수님과 함께 부활함으로 우리의 몸이 주님의 몸 된 교회와 거룩한 성전이 되었습니다. 우리들이 가는 곳이 교회입니다. 가정이 교회이고 직장이 교회이고 일터가 교회입니다. 진짜 교회는 우리 안에 세우는 것입니다. 진짜 예배는 삶으로 드리는 예배입니다.

저는 지금 한국교회의 침체하고 쇠락하는 가장 큰 원인은 복음에 대한 오해, 곧 교회에 대한 오해에서 비롯된 것이라고 생각합니다. 교회가 무엇이라고 생각하십니까? 쉽게 대답하실 것입니다. 교회는 주님의 몸입니다. 그런데 정말로 주님의 몸이라고 생각하십니까? 하나님께서 이 땅에 세우신 기관이 둘이 있습니다. 하나는 가정이고 하나는 교회입니다. 그런데 이 둘은 다 하나님 나라를 '예표'합니다. 주님과 한 몸 되어 영원히 함께 사는 하나님 나라의 삶을 '예표'하는 것입니다. 그래서 어떤 목사님은 "가정은 작은 교회요, 교회는 큰 가정입니다"라고 말합니다. 맞는 말입니다. 둘 다 하나님 나라를 맛보고 누리며 그 나라를 소망하도록 만드신 것이기 때문입니다. 그래서 천국에는 가정도 교회도 없습니다.

오늘 한국교회는 교회가 사람이어야 하는데 그렇지 못하고 건물이 교회입니다. 그래서 교회를 '성전'이라고 하고, '제단'이라고 부르면서 크고 화려한 성전을 지어서 하나님 앞에 영광을 돌리자는 것이 구호입니다. 교회와 세상을 이분법적으로 구별해버렸습니다. 그래서 모든 것을 교회 안으로 끌어 모으는데 온 힘을 쏟습니다. 더 크고 더 화려한 건물을 짓는 것이 우상이 되고 목회 성공의 잣대가 되어버렸습니다. 그런데 세상 사람들은 우리를 개독이라고 조롱하고, 하나님의 이름과 영광을 땅에 떨어지고 짓밟히고 조롱당하고 있습니다. 하나님을 이야기하면 "하나님 좋아하고 있네!"라고 조롱합니다. 왜 그럴까요? 건물은 크고 화려한 데 하나님의 살아계신 역사가 나타나지 않습니다. 자기들하고 별로 다를 것이 없으니까요. 그래서 교회가 "모여라. 돈 내라. 집짓자."하는 곳으로 이해하며 조롱합니다. 하나님은 사람의 손으로 지은 건물에 계시지 않습니다(행 17:24). 그래서 건물로 지어진 교회가 성전이 아니라, 자신 안에 하나님께서 주인으로 계시다는 의식을 가져야 합니다.

우리는 참 하나님과 자기의 하나님을 분명히 구별해야 하며 참 예수님과 거짓예수를 분별해나가야 합니다. 무엇이 성경적인 진리인지, 유사 진리인지 알아가야 하며, 무엇이 교회인지 무엇이 교회가 아닌지 분명히 알아야 합니다. 어떤 일이 하나님께 충성하는 일인지? 어떤 일이 인간에게 이용당하는 것인지? 알아야만 합니다. 우리는 거짓된 교회 개념에 세뇌 당한 채 묶여 있어서는 안 됩니다. 성경적인 교회 개념을 정확히 알게 될 때 비로소 걸어 다니는 성전의식을 가지고 하나님께 충성하고, 주의 뜻을 행하는 것이 무엇인지 분별할 수 있게 될 것입니다.

첫째, 교회란 무엇을 말하는가. "하나님 백성의 공동체" 혹은 "불려 내어진 무리"라는 뜻입니다(무리, 공동체). 예수를 영접한 사람이외의 그 어떤 것도 교회가 될 수 없습니다. 흔히 너무도 많은 사람들이 교회라고 착각하고 있는 교회건물은 교회당, 예배당일 뿐이지 정확한 의미에서 교회당은 교회가 아닙니다. 뿐 만 아니라, 인간이 만든 조직이나 제도 역시 그 자체가 교회는 아니며, 그 자체가 신성한 것도 아닙니다(그것은 대치적 교회 구조일 뿐, 결코 교회 본질의 일부가 될 수 없습니다). 뿐만 아니라, 교회당 건물을 "성전"이라고 부르는 것은 우민화된 증거이자, 무지의 소치이며, 반성경적인 것이기도 합니다. 교회당 건물을 "주님의 집"이라고 하는 것은 부당합니다. 왜냐하면 교회란 곧 믿는 사람들이기 때문입니다. 분명하게 하나님은 "우주와 그 가운데 있는 만물을 지으신 하나님께서는 천지의 주재시니 손으로 지은 전에 계시지 아니하시고, 또 무엇이 부족한 것처럼 사람의 손으로 섬김을 받으시는 것이 아니니 이는 만민에게 생명과 호흡과 만물을 친히 주시는 이심이라(행 17:24-25)"

"너희가 하나님의 성전인 것과 하나님의 성령이 너희 안에 거하시는 것을 알지 못하느뇨(고전3:16)" "너희 몸은 너희가 하나님께로부터 받은바 너희 가운데 계신 성령의 전인 줄을 알지 못하느냐 너희는 너희의 것이 아니라(고전6:19)" "하나님의 성전과 우상이 어찌 일치가 되리요, 우리는 살아 계신 하나님의 성전이라(고후6:16)" "그의 안에서 건물마다 서로 연결하여 주 안에서 성전이 되어 가고 너희도 성령 안에서 하나님의 거하실 처소가 되기 위하여 예수 안에서 함께 지어져 가느니라(엡2:21-22)" "만일 내가 지체하면 너로 하나님의 집에서 어떻게 행하여야 할 것을 알게 하려 함이니 이 집(성도)은 살아 계신 하나님의 교회요 진리의 기둥과 터이니라(딤전3:15)"

건물 성전 시대는 이미 지나갔으며 폐지되었습니다. 진정한 기독교는 더 이상 거룩한 장소나 건물을 갖고 있지 않고 오직 거룩한 사람들만 소유하고 있습니다. "교회 건물을 건축해야 한다!" 는 성경적 근거를 찾아내기는 대단히 어렵습니다. 성경적 근거가 있기는 고사하고 성전에서 행해지던 피의 희생제도와 제사장직도 이미 지나갔으므로 이제 교회는 건물이 필요하지 않다고 성경은 명백히 주장하고 있습니다.

사도행전7장 44~60절을 보면 스데반은 건물 성전이 더 이상 필요 없다고 주장하다가 순교했습니다. "그러나 지극히 높으신 이는 손으로 지은 곳에 계시지 아니하시나니 선지자가 말한바(행 7:48)" 그러나 신약성경에는 십일조제도가 있습니다(마23:23). 초대교회에는 오직 연보만 존재했었는데 그때 연보를 건물이나 회당 건축용도로 사용했다는 기록이 없습니다. 초대교회는 교회당 건물들을 건축하지 않았습니다. 하나님께 드려진 헌금(연보)를 건축으로 낭비하지 않았다는 의미입니다. 그들은 가정에서 모였고, 성령의 친교(Koinonia)로 개방적이었으며 영적 은사를 행사함으로 세포 분 방식으로 정신없이 성장해 갔습니다.

이와는 대조적으로 중세시대에서는 크고 화려한 교회 건물을 짓기 시작했으며, 건물에 비중을 두게 됩니다. 기득권의 탐욕과 명예를 위해 성경의 자의적 해석했으며 강단에서 비진리가 진리인 냥 선포되었고, 부와 명예, 권세가 종교 지도자들에게 집중되었으며 이것으로 인해 자연스럽게 극심한 부패와 타락을 초래했습니다. 중세는 기독교 역사상 -암흑기-로 불리워 집니다. 교회 건물은 성공과 부와 명예를 상징하게 됩니다. 큰 교회일수록 성공과 부와 명예는 더 커집니다. 개 교회 건물들은 곧 바로 건물 지상주의, 계급주의, 제도주의, 교권주의, 물질만능주의, 차별주의, 배타주의로 연결됩니다. 지금 우리는 어떻습니까?

지금의 한국교회 역시 큰 자나, 작은 자나, 다 탐람하여, 크고 화려한 건물과 성공을 위해 장사진을 이루어 일제히 빨리 달리기 시합을 하는 것 같습니다. 교회 건물을 짓는 것이, 하나님께 충성하는 것이라고 믿었던 중세시대 성도들이 자신들의 오류나 맹종을 눈치 챘을까요? 어쩌면 지금도 많은 사람들이 동일한 (愚)우를 범하고 있는지도 모르겠습니다. 어떤 교회 건물도 기능적(Functional)이여야 하며, 수단일 뿐이어야 하며, 결코 목적 (an end)이 되어서는 안 됩니다. 성경적이고 올바른 교회관은, 우리 믿음의 집을 짓는데 중요한 요소입니다. 내 영혼과 교회가 중세기의 암흑시대로 돌아가기를 원한다면 그것은 너무나 간단합니다. 건물이나 제도나 감투에 집착하는 것입니다. 더 이상 주객이 전도된 채, 헛된 노력을 경주해서는 안 될 것입니다. 우리는 사도바울처럼… 넘치는 지혜와 분별력으로 건물을 세우려 할 것이 아니라, 사람을 세워 나가야 할 것입니다.

둘째, 예수 믿은 우리 자신이 성전이다. 성전보다 더 크신 분(마12:6)이신 예수께서는 왜? 성전을 허무시고(행6:14), 또, 왜? 우리를 하나님께서 친히 거하실 성전으로 삼으셨을까요?(요2:21,고전3:16). 구약에서의 하나님은 사람과 멀리 떨어져 계신 분이셨습니다. 이사야의 표현을 빌리자면 "숨어계신 하나님"(사45:15)이셨습니다. 그러나 하나님의 처소(Habitation of God)는 (거주지 혹 임재장소)로서 ① 성막(Tent)에서, ② 성전으로 (Temple), ③ 인간의 육체로 변해왔습니다.

하박국 2:20절에서 ☞고전 3장 16절이 된 것입니다. 하나님께서는 모형과 그림자에 지나지 않았던 구약의 건물성전을 인간의 몸으로 완성시키신 것입니다. 지구상에서 단 하나뿐이어야 했던 "건물성전"에서 행해지던 제사장직과, 희생제도는 이미 지나간 것이며, 장막의 모형도십자가에 의해 실체로 완성 되었습니다. "너희는 이것이 여호와의 전이라, 여호와의 전이라, 여호와의 전이라 하는 거짓말을 믿지 말라"(렘7:4)는 새 계약을 완성하신 것입니다. 이제 하나님의 성령은 "모든 육체에 임하시며"(행 2:17), "이 산에서도 말고 예루살렘에서도 말고 너희가(자신이)"(행4:21), "영(Spirits)과 진리(Truth)로 아버지께 예배하게 된 것입니다"(요4:24). "너희가(자신이) 하나님의 성전인 것과, 하나님의 성령이 너희 안에 거하시는 것을 알지 못하느냐?"(고전3:16)고 사도바울은 반문하며, 이 중요한 사실을 거듭 강조하고 있습니다.

"의문(문서 법)에 속한 계명의 율법을 자기 육체로 폐하셨으니"(엡2:15), 의문은 죽이는 것이요, 영은 살리는 것이기 때문입니다(고후3:6). 이제 하나님께서는 더 이상 벽돌로 지어진 건물(교회당이나 건물성전)에 임하여 계시지 않으며 오직 예수를 영접한 사람 안에 거하시게 됩니다. 사람이 지은 건물이 아닌 예수를 믿는 무리들이 모인 곳에 하나님께서 임재하십니다. 예배를 드릴 때에 임재하여 계시고 예배를 드리고 집으로 가면 동행하십니다. 사람이 지은 교회당에 하나님이 계신다고 믿는 사람은 아무리 기도해도 하나님의 역사가 나타나지 않는다고 해도 과언은 아닙니다. 이렇게 잘못알고 기도를 하니까, 자신의 전인격과 환경이 변화되지 못하는 것입니다. 자신 안이 아닌, 보이는 것에

치중함으로 자신의 내면에 변화가 일어나지 않는 것입니다

그러므로 내 안에 계시는 하나님… 다시 말하면 내 안에 사시는 그리스도(갈2:20)가 실제와 사실로써 체험되지 않는 믿음이란 부질없는 말(입술)만의 믿음이요, 공허한 이론(지식)에 불과합니다. "내 양은 내 음성을 듣고, 나는 저희를 알며"(요10:27). "누구든지 내 음성을 듣고 그 마음 문을 열면 그에게도 들어가 그와 함께 거하시겠다고"(계3:20), 주 예수께서는 직접 말씀하시고 계십니다. 사도 바울 역시 자기 자신이 산 것이 아니라 "오직 내 안에 계신 그리스도께서 사신 것이라"(갈2:20), 고백하게 됩니다. 바로 이런 관계가 기독교 믿음의 핵심이며 또, 사람 자신(개인)이 곧, 성전이 되고, 교회가 되는 이유입니다.

셋째, 교회건물을 성전이라 부르지 말라. 교회건물과 교회라는 의미는 다릅니다. 교회 건물을 성전이라고 해서는 안 된다는 것은 이미 칼빈이 "기독교 강요"에서 밝힌 내용입니다. 그 당시 권력 화되고 건물을 신성시하는 카톨릭이 성경에도 없는 개념을 넣는 것을 경계해서 분명히 밝힌 내용입니다. 그런데 지금 그런 용어가 교회의 큰 건물이라는 겉모양을 자랑하는 인간의 못된 심성을 따라 다시 생긴다는 것은 중세시대개념으로 돌아가는 시대 퇴보적 가치관입니다.

그래서 우리라도 용어를 바로 써야겠습니다. 교회의 본래 의미는 "하나님의 부름 받은 백성(에클레시아)", 즉 건물이 아니라 예수를 믿는 사람입니다. 교회건물이라는 것은 우리가 공동체적

신앙을 같이 합력하고, 영적성장을 기하기 위한 공적이면서 부수적인 도구이지, 그 자체가 공동체나 성전이 아닙니다. 구약의 성전은 신앙의 본질에 대한 실체가 아니라 모형이요, 그림자 적 역할을 한 것입니다. 교회를 구약의 물리적인 성전과 동일시하면, 우리는 아직도 그런 구약의 희생제사와 제사장을 똑같이 세우고 제사해야 합니다. 신약에서는 그 성전과 희생제사의 실체가 예수그리스도라고 하고 있습니다.

성전은 예수그리스도를 상징하면서 또 예수그리스도를 믿는 성도들을 상징한다는 것이 신약의 기본원리입니다(요2:21,계21:22,고전3:16). 교회건물은 성전이 아니라, 공적인 예배와 모임, 성례의 집행 장소, 성령의 체험과 영적성장으로써의 부수적인 도구로 쓰일 뿐입니다. 지금 성전은 우리 예수님을 믿는 신자자신입니다. 즉 크리스천입니다. 즉, 물리적 성전은 사도시대 이후로 신약에선 존재하지 않습니다. 다만 그것이 영적인 의미로 상징화나 더 풍성히 승화가 되는 것입니다. 예수님은 큰 성전을 가지고 자랑하는 유대인들과 제자들에게 돌 하나도 돌 위에 남지 않고 무너진다고 했습니다(마24:1-2).

그것은 유대인들의 종교적 위선을 고발하면서 동시에 이제는 물리적 건물로써의 성전이 아니라, 우리 안에 거하시는 성령으로 말미암아 우리 자신이 성전이 되는 본질적 성전이 세워진다는 의미입니다. 또한 그것을 잘 나타내는 사건이 AD70년 로마디도장군의 예루살렘함락과 더불어 된 성전 무너짐입니다. 그것은 유대인들의 죄악에 대한 심판이기도 하지만, 동시에 이제는 구약 적 물리적 성전의 시대가 공식적으로 끝났다는 의미입니다. 성경은 성전건물을 통해 보이는 것을 중시하는 인간의 사고를 경계하고 있습니다(행17:24).

솔로몬도 성전을 지으면서도 그런 것을 백성들에게 경계시키고 있습니다(왕상8:27-49). 그리고 사실 초대교회 때 핍박 받을 때 권력자들의 핍박을 피해 소규모의 가정규모의 교회들이 있거나, 여러 군데 동굴을 파놓고 군인들을 피해 여러 군데 도망 다니면서 예배를 하기도 했습니다. 그 당시 그런 교회모습은 물리적 성전과는 확실히 거리가 멉니다. 지금 너무 겉 숫자만 늘어서 건물가지고 성전이라고 자랑하는 사역자들이 바로 유대인들이 범했던 우를 똑같이 범하고 있는 것입니다. 건물 속에서 성령으로 거듭난 자들이 모여서 예배하면 하나님의 임재가 있겠지만, 그것이 건물자체에 성스러움이 있어서 성전을 의미하는 것이 아니라, 성령이 내주하는 신자들이 모여 있기 때문입니다.

넷째, 내 몸이 성전이라. 고전 3장 16-17절에 "너희가 하나님의 성전인 것과 하나님의 성령이 너희 안에 거하시는 것을 알지 못 하느뇨 누구든지 하나님의 성전을 더럽히면 하나님이 그 사람을 멸하시리라 하나님의 성전은 거룩하니 너희도 그러하니라" 성전 안에 있는 나의 모습은 어떤 모습이어야 하는가? 또 성전이 된 내 몸의 모습은 어떤 상태이어야 하는가? 우리 몸은 어떤 몸인가? "그러므로 형제들아 내가 하나님의 모든 자비하심으로 너희를 권하노니 너희 몸을 하나님이 기뻐하시는 거룩한 산,

제사로 드리라 이는 너희의 드릴 영적 예배니라(롬12:1)" 일상 사석 같은 자리에서 구린내 나는 몸으로 예배드리지 말라고 합니다. 성령의 지배를 받아 영과 진리로 예배를 드리라는 것입니다. 거룩한 산 제물이 되라는 것입니다.

성경이란 성령의 거울을 통해서만 그것을 알 수 있습니다. 세상은 철저하게 사단이라는 또 하나의 거울을 통해서 우리의 진실을 거짓으로 바꾸어 놓게 만드니까? 사도 바울 조차도 이런 현실 속에서 고통스럽게 외치는 한마디를 하십시오. "오호라 나는 곤고한 사람이로다. 이 사망의 몸에서 누가 나를 건져내랴(롬7:24)"

하나님은 오직 마음이 성전으로 거룩하게 구별된 심령에게만 거하십니다. 오직 성전으로 거룩하게 구별된 심령만이 하나님의 처소입니다(고전3:16,6:19,고후6:16). 그리스도인은 그리스도인의 행복이 있어야합니다. 복의 개념이 세상 사람과 같아서는 행복 할 수가 없습니다. 죄지은 인간의 심령은 에덴동산을 상실한 상태입니다. 에덴동산은 하나님의 말씀을 듣고 순종하는 영적인 세계입니다. 우리는 주님의 새 생명을 받아야만 하나님 나라에 들어 갈 수 있습니다(중생). 주님의 십자가는 아버지의 계명을 지키는 자리였습니다. 신앙 양심에 걸리는 것을 찾아내야 합니다. 기도는 자신의 전인격에 성전을 견고하게 지어가는 수단이 되어야 합니다. 그래서 카리스마가 분출되는 기도를 해야 합니다. 카리스마가 분출될 때에 세상에 물러가기 때문입니다. 바르게 알아야할 것은 방언 기도 유창하게 하는 것이 문제가 아니고 방어기도하면서 자신의 전인격이 변화되는 방언기도를 해야 합니다.

말씀을 정리합니다. 교회란 무엇일까요? 많은 사람들은 교회를 십자가 종탑이 있는 건물로 생각합니다. 그러한 건물은 교회라는 말보다는 예배당이라는 말이 더 정확한 표현입니다. 그렇다면 교회의 참 의미는 무엇일까요? "고린도에 있는 하나님의 교회 곧 그리스도 예수 안에서 거룩하여지고 성도라 부르심을 받은 자들과 또 각처에서 우리의 주 곧 그들과 우리의 주되신 예수 그리스도의 이름을 부르는 모든 자들에게(고전 1:2)" 이처럼 엄밀한 의미에서 교회란 거룩한 성도들 혹은 예수 그리스도를 믿는 사람들과 그 단체를 의미합니다. 우리가 교회에 나와야 하는 이유도 바로 거룩한 성도, 즉 거룩한 교회가 되기 위해서입니다.

교회란 ①주님의 나라 백성을 가리키는 말입니다. ②예수님을 믿는 사람들의 공동체입니다. ③구원받은 사람들의 단체입니다. ④세상에서 불러낸 하나님의 백성들의 모임입니다. ⑤교회=(헬)에클+레시아= 밖에서(세상) + 불러내다를 뜻하는 것입니다.

그러므로 엄밀한 의미에서 교회는 건물이나 눈에 보이는 사람들의 모임이 아니라, 그 안에 존재하는 예수님을 믿는 믿음의 공동체(사람)가 되는 것입니다. 단순히 교회에 나온다고 해서 교회가 되는 것이 아닙니다. 불신자들이 볼 때 때때로 교회에 나오는 교인들 중에서 위선자가 있는 것처럼 보이는 이유도 교회에 나오는 교인들이 아직 참된 교회로 변화하지 못한 경우가 많기 때문입니다

교회란 예수님을 믿는 사람이 교회입니다(빌레몬서1장2절 참

조). 예수님이 오시기전엔 하나님을 예배하는 장소가 교회였으나 예수님이 오시고, 죽으시고, 부활하신 이후부턴 예수님을 믿는 사람이 교회이며, 주위에 보이는 건물은 교회들이 모여 예배드리는 장소, 건물인 것입니다. 교회들마다 하나님을 예배하는 모습과 하나님과 교재 하는 방식이 서로 다릅니다. 하나님은 광대하시기에 그 광대하신 하나님을 더 알기위해 그리고, 주일성수를 위해교회들이 한자리에 모여 하나님을 더 아름답고 영화롭게 하기 위해 모이는 것입니다. 우리는 성전을 재건하는 사람들입니다. 범죄로 깨어진 성전을 다시 건축하는 신령한 건축가들입니다. 그 일은 바로 내 믿음의 순금등대에 불을 붙이는 것입니다. 우리 각자가 거룩한 성전으로 재건될 때, 나의 앞날을 밝히는 소망의 등불이 밝혀지게 되는 것입니다.

우리가 바르게 알아야할 것은 예수님이 십자가에서 생명을 버리신 것도 사람(성전)을 구원하시기 위함입니다. 예배당의 조직이나 제도 건물을 구원하지 않습니다. 하나님은 인격이시라, 사람이 지은 예배당의 조직이나 제도 건물과 교통할 수가 없으십니다. 교회는 건물이 아니라 사람입니다. 교회는 건물이 아닙니다. 예수님을 주인으로 믿는 우리가 성전이요, 우리가 교회입니다. 아무리 건물이 화려해도 그 안에 있는 사람들이 아니면 하나님께서 성전의 문을 닫으시는 것입니다.

3부 성령의 강력한 불 받으면 유익한 점

11장 예수님과 동행하며 기도하게 된다.

엡6:18~19)"모든 기도와 간구를 하되 항상 성령 안에서 기도하고 이를 위하여 깨어 구하기를 항상 힘쓰며 여러 성도를 위하여 구하라. 또 나를 위하여 구할 것은 내게 말씀을 주사 나로 입을 열어 복음의 비밀을 담대히 알리게 하옵소서 할 것이니,"

성령의 불로 지배와 장악이 되어 성령의 인도를 받는 삶을 살아가면 성령으로 예수님과 동행하는 기도를 하게 됩니다. 예수님과 동행하며 기도할 때 예수님을 누릴 수가 있습니다. 예수님과 동행하며 성령으로 기도하는 것은 예수님과 동행하는 삶에서 가장 중요합니다. 동행하며 성령으로 기도 함으로 얻는 것은 잔잔한 기쁨과 평안입니다. 그리고 하나님의 레마를 듣는 것입니다. 동행하며 기도할 때 성령의 권능이 나타난다는 것입니다. 필자는 20여 년을 생명의 말씀과 성령으로 개인치유를 했습니다. 치유를 하면서 느낀 것은 우리 성도들의 삶이 영적이지 못한다는 것입니다. 세상에서 살아갈 때에 불신자와 동일하게 세상에 빠져서 살아가는 것입니다. 자연스럽게 이런 크리스천의 생활에는 세상에서 들어오는 생각이나 악취를 내뿜는 쓰레기가 있습니다. 이를 그대로 두면 성도 안에서 집을 짓는다는 것입니다.

하지만 우리는 그게 무엇인지 알지 못하는 경우가 많습니다. 안다고 하더라도 영적인 조치를 하지 못합니다. 즉 방안에 냄새가 나면 문을 열어두어 냄새가 빠져나가기를 바라는 것과 같은 형식적인 조치를 합니다. 이런 형식적인 조치로는 세상에서 들어온 생각이나 악취가 나가지를 않습니다. 몸에 냄새가 나면 임시방편으로 향수를 뿌려 없애려고 하지만, 근본원인을 제거하지 못한다면 무용지물일 것입니다. 근본원인을 제거하는 적극적인 방법이 예수님과 동행하며 성령으로 기도하는 것입니다. 성령으로 기도할 때 성령이 마음에 충만하게 됨으로 세상에서 들어온 생각이나 악취가 정화되는 것입니다. 크리스천의 삶에서 예수님과 동행하며 성령의 기도는 참으로 중요합니다.

모든 크리스천의 삶에서 행복을 채우는 주요한 공급원이 무엇일까를 먼저 알아야 합니다. 공급원은 성령입니다. 성령으로 기도할 때 잔잔한 기쁨과 평안이 심령에서 올라오는 것입니다. 성령이 충만하여 심령에서 평안이 올라오는 것은 예수님과 친밀하게 교제하는 삶을 살고 있다는 증거입니다. 예수님과 동해하며 성령으로 깊고 친밀한 기도 덕분에 심령에서 평안이 올라오는 것입니다.

아직도 크리스천의 삶 현장에서 예수님과 함께 하는 잔잔한 기쁨과 평안을 누리시지 못하고 계십니까? 이는 예수님과의 깊고 친밀한 기도습관을 들이지 못해서 일어나는 것입니다. 성령으로 동행하며 기도해보십시오. 그러면 심령에서 올라오는 잔잔한 기쁨과 평안을 누리실 수 있습니다. 자신의 안에서 평안이 올라온다는 것도 느끼고 믿을 수가 있습니다. 안타깝게도 우리 주변에 영적인 기도습관을 들이려고 해도 못하겠다고 항변하는 분들이 적지 않습니다. 그 주된 이유가 기도를 방해하는 쓰레기를 치우지 않은 채 기도를 시도하기 때문입니다. 쓰레기를 치유지 않으니 오래 지속하시지 못하고 중도에 포기하게 된다는 사실입니다. 성령으로 기도를 방해하는 쓰레기를 치우지 못하기 때문입니다.

즉 기도를 방해하는 쓰레기를 버려야 합니다. 기도를 방해하는 쓰레기를 버리는 방법은 성령의 역사가 자신의 안에서 밖으로 나타나게 하는 것입니다. 자신의 배꼽아래 15센티에 의식을 두고 코로 숨을 들이쉬고 내쉬면서 주여! 코로 숨을 들이쉬고 내쉬면서 주여! 를 지속적으로 하다가 보면 자신 안에 역사하는 성령의 권능으로 영의 통로가 뚫리게 됩니다. 영의 통로가 뚫리면 일상의 삶에서 쉬지 않고 마음으로 예수님을 찾으면서 성령님이 내주(內住)하시기를 기도하는 영적 습관을 들이는 것입니다. 무의식적으로 자신 안에 계신 예수님을 찾는 것입니다. 예수님과 동행하며 성령으로 기도하는 경지에 이르는 것은 훈련입니다. 평소 삶이 예수님을 찾는 것이 되어야 가능합니다. 어렵다고 생각할 수도 있지만 조금만 관심을 가지도 숙달이 되어 습관적으로 예수님과 동행하며 성령으로 기도하게 될 것입니다.

첫째, 마음으로 예수님을 찾는 기도를 하라는 것. 기도를 쉬지 않고, 시간과 장소에 관계없이, 기도하는 습관을 기르라는 것입니다. 예수님만 찾으면 자동적으로 성령님이 오셔서 좌정하고 계심을 느낄 수 있습니다. 성령의 임재가 깊어지려면 묵상으로 찬송하며 기도하는 습관을 기르는 길입니다. 늘 운동을 하면서도, 길을 걷거나 운전을 하면서도, 마음으로 예수님을 찾는 기도를 하여 습관이 되게 해야 합니다.

그래야 예수님과 동행하며 성령으로 기도하여 예수님을 누릴 수가 있는 것입니다. 그러므로 예수님이 내 안에 임재를 느끼지 못하도록 하는 특정 장소나 시간에 만 기도해야 한다는 쓰레기와 인간적인 생각은 빨리 버려야 한다는 것입니다. 기도를 보이는 교회에 가서 해야만 된다는 자아의식을 버려야 합니다. 기도는 항상 해야 합니다. 우리 삶의 현장에서 항상 찬송과 기도하는 습관을 들이지 못했다면 평안한 삶은 꿈도 꾸지 말아야한다는 사실입니다. 성령이 충만해야 진정한 평안이 자신의 마음 안에서 올라오기 때문입니다.

두 번째, 동행하며 기도하며 나쁜 쓰레기를 정리하라. 나쁜 쓰레기는 성령 충만함 없이 기도하는 버릇입니다. 평소에 예수님과 늘 교제하는 습관이 아닌 분이 기도를 시작하기 무섭게 하나님으로부터 얻고자하는 목록을 속사포처럼 쏘아대는 사람이 적지 않습니다. 저는 이런 기도를 해대는 기도라고 합니다. 이는 기도에 응답할 사람을 전혀 의식하지 않는 나쁜 기도 습관입니다. 아무리 끈질기게, 아무리 강력하게, 아무리 대중이 다 듣는 큰 소리로, 아무리 통성기도로 요청한다 할지라도, 영이신 하나님이 전혀 줄 생각이 없다면 무용지물일 것입니다.

성경에서 보면 "능력 있는 기도의 비결은, 성령 안에서 깨어 기도하라"고 요청하고 있습니다. 성령이 내주하는 상태에서 기도하는 습관이 절대적으로 필요하다는 명령입니다. 하나님이 영이시기 때문에 성령으로 기도하지 않으면 하나님의 역사가 일어나지 않는 것은 당연한 것입니다. 성령의 역사가 일어나야 성령으로 심령이 정화되어 평안이 심령에서 올라오는 것입니다. 이는 성령이 충만한 상태가 아니라면 기도는 아무런 소용이 없다는 말씀입니다.

성령 충만한 상태가 되면 기도가 자신의 의지로 하는 기도가 아니라, 자연스럽게 성령이 인도하시는 기도가 되는 덕분을 얻게 됩니다. 성령이 인도하시는 기도가 될 때 하나님의 응답도 받을 수가 있고 심령에서 성령으로부터 편안이 올라오는 것입니다. 아직도 이런 기도를 경험하지 못하셨다면 지금이라도 기도목록을 작성하여 간구하는 기도를 하기 전에 성령이 내주하심을 간절히 요청해서 성령의 역사가 자신을 장악하게 하는 기도 방법을 찾아야 할 것입니다. 그래서 성령이 내주하시도록 마음으로 기도하는 습관을 갖자는 겁니다. 즉 예수님과 동행하는 습관을 말입니다.

세 번째, 나쁜 쓰레기를 치우도록 치유기도를 하는 것이다. 성령의 임재가운데 깊은 기도를 하게 되면 성령의 역사로 나쁜 쓰레기들이 배출이 됩니다. 이는 언제 어디서나 쉼 없는 기도가 가능할 때 자연스럽게 성령으로 일어나는 현상입니다. 마음에 평안과 권능은 자신의 심령의 상처가 떠나가면 갈수록 강하게 나타납니다. 행복한 삶을 위해서 특정한 목적이나 시기에 필요하도록 언제 어디서나 깊게 몰입하는 마음의 기도에 대한 신비한 방법을 스스로 체득해야 한다는 사실입니다.

이제 기도를 방해하는 모든 나쁜 쓰레기 행위를 내다버려야 사실입니다. 삶의 현장에서 쉬지 않고 동행하는 마음으로 기도하는 습관을 드리려면 마음의 기도를 방해하는 모든 세상의 즐거움을 포기해야 한다는 사실입니다. 쉬지 않는 기도를 통해 하나님으로 공급되는 삶의 평안과 기쁨을 얻든지, 아니면 세상이 주는 쾌락을 얻든지, 둘 중에 하나를 선택해야 한다는 사실입니다. 많은 크리스천들은 두 가지를 얻으려 하기에 하나님이 주시는 선물을 얻어 누리지 못하고 있는 것입니다. 놀라운 영적 능력을 얻는, 성령 충만을 유지하는, 동행하며 마음으로 기도하는 습관을 들이려면 의지를 가지고 훈련해야 합니다. 꼭 목표에 도달하고 말겠다는 관심이 중요합니다.

즉 쉬지 않고 기도하라는 뜻은 기도의 빈도나 강도를 말하는 것이 아니라, 항상 자신 안에 임재 하여 계신 예수님을 찾으라는 것입니다. 예수님을 세상에서 누리려면 항상 성령 충만한 상태를 유지하는 기도의 방법을 스스로 체득해야 한다는 것 입니다. 항상 성령 충만한 마음의 기도가 아니고는 세상에서 예수님을 누릴 수가 없습니다. 예수님은 영시시고, 말이 아니고 살아계시는 실존이기 때문입니다. 항상 그분과 통해야 세상에서 예수님을 누릴 수가 있는 것입니다.

항상 마음으로 하는 동행하며 하는 기도를 숙달하면 참으로 좋습니다. 살아계신 성령님을 날마다 체험할 수가 있습니다. 그런데 수많은 크리스천들이 기도를 방해하는 삶의 쓰레기를 치우지 않고 기도를 시도하기 때문에 성경에서 약속한 기도의 능력을 얻지 못하고 있습니다. 크리스천이면 모두가 삶의 경지에서는 늘 성령 충만할 수 있는 방법이 있는데도 다만 소수의 사람들이 그런 영적 경지에 도달하고 있다는 사실입니다. 마음으로 기도하여 예수님과 동행하며 잔잔한 기쁨과 평안함을 맞보기 위해서는 늘 성령의 충만한 상태가 되어야합니다.

이렇게 깊은 경기에 이르는 생활을 하려면 기도를 방해하는 쓰레기 뿐 만아니라, 나의 자존심까지 버려야 가능합니다. 온전히 예수님과 동행하시기 위해, 성령 충만한 경지에 이르기 위해, 예수님과 대화에 몰입하기 위해, 감히 예수님 이름으로 기도드리기 위해, 예수님을 세상에서 누리기 위해서…. TV시청이나 인터넷 게임, 틈만 나면 스마트폰 쳐다보기, 시도 때도 없이 전화로 친구와 수다 떨기, 목적 없이 친구들을 만나거나 무분별한 쇼핑, 게으름, 세상에 취함, 낚시나 바둑, 영화보기, 과도하게 시간을 빼앗는 취미나 쾌락을 얻는 행위들을 포기해야 한다는 것을 알려 드립니다. 의지적인 노력이 필요하다는 것입니다.

넷째, 성령으로 기도하라는 것.부모가 어린자녀든 장성한 자녀든 자녀를 위해서 밤낮 기도하듯이 성령께서 우리에게 오셔서 나는 의식도 하지 못하는데, 나는 느끼지도 못하는 사이에 나를 위하여 말할 수 없는 탄식으로, 그 많으신 성령의 사랑의 생각을 갖고서, 하나님의 뜻에서 합치된 방향으로 나를 위하여 기도하고 계시는데 내가 그것을 깨닫고 성령의 인도를 따라 기도하는 것이 바로 성령 안에서 기도하는 것입니다.

그것이 그토록 중요한 이유는 우리가 성령 안에서 기도하게 되면, 우리가 중언부언 하는 기도는 하지 못하죠. 여전히 우리는 내 짧은 욕심이 들러붙은 그런 마음의 손을 가지고 기도를 하는데, 우리가 점차적으로 성령 안에서 변화를 받게 되면, 우리가 마음속에 품게 되는 소원과 우리가 하나님께 아뢰는 기도의 제목들이 하나님의 뜻에 합치되는 방향으로 내 그 기도가 바뀐다는 것입니다. "이와 같이 성령도 우리의 연약함을 도우시나니 우리는 마땅히 기도할 바를 알지 못하나 오직 성령이 말할 수 없는 탄식으로 우리를 위하여 친히 간구하시느니라." 우리의 기도가 성령 안에서 드려지게 되면 우리가 간구하는 것이 하나님의 뜻에 맞게 되니까 하나님께서 하나님의 뜻을 이루어주시지 않겠습니까?

로마서 8장 28절에 보면 "우리가 알거니와 하나님을 사랑하는자 곧 그 뜻대로 부르심을 입은 자들에게는 모든 것이 합력하여 선을 이루느니라."하셨습니다. 우리 기도가 성령 안에서 드려지는 기도, 우리의 뜻이 하나님의 뜻에 합치되는 방향으로 변화받게 되면, 우리가 기도하는 바를 하나님이 응답해 주실 뿐만 아니라, 우리에게 둘러싼 삶의 환경을 하나님께서 절대주관 가운데 품으시고, 붙드시고, 변경하시고, 조정하셔서 모든 것들을 합력하여 선을 이루게 해 주신다는 겁니다.

그러니까 로마서 8장 28절에 '성도의 모든 것을 합력하여 선을 이루신다'는 구절은, 문맥상 26절과 연결해서 해석할 때, 성령 안에서 기도하는 성도에게, 모든 것이 합력해서 선이 이루어진다는 뜻입니다. 즉 28절의 '성도의 모든 것이 합력해서 선을 이루는' 은총은 26절의 성령 안에서 기도하며 살아가는 자에게 주어지는 축복입니다. 시편 37편 4절 말씀에도 '또 여호와를 기뻐하라. 저가 내 마음의 소원을 이루어 주시리로다.'라고 하셨습니다. 우리 기도가 성령 안에서 기도하는 것으로 점차로 바뀌어서 우리가 성령 안에서 하나님을 기뻐하며 살아가게 될 때, 성령님께서 우리 마음속 안에 있는 모든 소원들을 아시고 헤아리시고 살피셔서, 우리로 하여금 하나님께 기도드려서 그 소원들을 다 이루게 해주시기 때문에 성령 안에서 기도하는 것이 그토록 중요합니다.

다섯째, 성령으로 무시로 기도하는 방법이다. 기도에 대하여 바르게 알아야 합니다. 기도는 항상 하나님께 집중하는 것입니다. 하나님께 물어보는 것입니다. 자녀들이 항상 하나님과 대화하는 자녀가 되도록 해야 합니다. 기도를 너무나 어렵게 생각하지 말도록 알려주어야 합니다. 많은 자녀들이 기도하면 생각하여 유창한 말로 하는 것으로 알고 있기 때문에 기도를 멀리하는 것입니다.

기도는 하나님과 대화하는 것입니다. "하나님 어떻게 할까요? 하나님 도와주세요? 하나님 저와 동행하여 주세요. 하나님 사랑합니다. 하나님 저에게 강하고 담대함을 주세요" 간절한 마음으로 하나님과 대화하는 것입니다. "하나님 이번 중간시험을 보는

데 도와주세요. 어디를 가는데 인도하여 주세요. 친구들과 여행을 가는데 동행하여 주세요. 하나님 제가 어떤 꿈을 가져야 하는지 깨닫게 해주세요. 하나님 이일을 어떻게 해야 하는지 깨닫게 해주세요" 이것이 하나님께 상달되는 기도인 것입니다.

많은 분들이 문제가 있으면 무조건 기도하면 문제가 풀어지는 줄로 알고 있습니다. 그래서 무조건 기도하라고 합니다. 그렇지 않습니다. 기도는 하나님의 음성을 듣는 것입니다. 문제의 원인에 대하여 하나님께 질문하여 하나님께서 알려주시는 것을 순종해야 문제가 풀어지는 것입니다. 이는 신약과 구약 성경에 무수하게 기록이 되어있습니다. 반드시 하나님께 질문하여 하나님께서 알려주시는 것을 순종해야 성령님의 역사가 일어나는 것입니다. 무조건 기도하면 하나님께서 문제를 풀어주시는 것이 절대로 아닙니다. 기도하면 하나님께서 문제를 풀어준다는 생각은 샤머니즘의 신앙의 잔재입니다. 하나님께서 알려주신 대로 순종할 때 문제가 풀어지는 것입니다. 반드시 하나님께서 알려주시는 것을 해결하면서 기도해야 합니다.

예를 든다면 회개라든가, 용서라든가, 하나님께서 알려주시는 레마를 받아 순종하며 기도해야 문제가 풀어지는 것입니다. 막연하게 문제를 해결하여 주시옵소서. 하며 기도하면 문제가 해결되지 않습니다. 반드시 하나님에 알려주시는 해결 방법을 적용하여 해결하면서 기도해야 문제가 풀어지는 것입니다.

성도들이 바르게 알아야 할 것은 자신이 당하는 문제는 하나님의 문제라는 것을 믿어야 합니다. 그래서 자신에게 일어나는 문제는 하나님이 해결해야 합니다. 왜냐하면 자신은 예수를 믿을 때 죽었습니다. 다시 예수로 태어났습니다. 지금 예수 인생을 사는 것입니다.

그렇기 때문에 성령으로 기도하여 영의 상태가 되면 하나님께 해결 방법을 질문하여 응답받은 대로 조치를 해야 문제가 해결되는 것입니다. 그렇기 때문에 문제를 해결하려면 기도하지 않으면 안 되는 것입니다. 성령으로 기도하여 영의 상태가 되어야 내적인 상처도 치유되고, 귀신도 떠나가고, 병도 고쳐지고, 문제도 해결되고, 하나님의 음성도 들을 수가 있는 것입니다. 성령으로 기도하는 것은 성령의 임재가운데 성령 안에서 기도하는 것을 말합니다. 마음으로 기도하여 마음의 문이 열려야 영으로 기도하게 되는 것입니다. 자꾸 하나님께 물어보면 마음이 열립니다.

영으로 기도하는 것이 성령으로 기도하는 것입니다. 그렇기 때문에 먼저 마음의 기도로 마음의 문을 열어야 영으로 기도할 수가 있는 것입니다. 성령으로 기도하는 비결은 이렇습니다. 숨을 들이 쉬고 내 쉬면서 주여! 숨을 들이 쉬고 내 쉬면서 주여! 숨을 들이 쉬고 내 쉬면서 주여! 자연스럽게 주여! 주여! 를 하면 되는 것입니다.

방언으로 기도할 줄 아는 분들은 호흡을 들이쉬고 내쉬면서 방언기도하고, 호흡을 들이쉬고 내쉬면서 방언기도를 합니다. 즉 내면의 활동이 강화되어 자신의 마음속 영 안에 계신 성령이 밖으로 나오시게 해야 합니다. 코로는 바람을 들이쉬고 배꼽 아랫배로 호흡을 하는 것입니다. 호흡을 들이쉬고 내쉬면서 주여!

주여! 주여! 하다가 성령께서 감동을 주시는 것이 있습니다.

예를 든다면 “부모를 위하여 기도하라!”하실 수도 있습니다. 그러면 부모를 위하여 기도하는 것입니다. 부모에게 문제가 있는 것도 할 수가 있습니다. 부모에게 바라는 것이 있으면 그것을 기도해도 좋습니다. 기도를 마치고 다시 주여! 하면서 기도를 합니다. 다시 성령께서 너의 장래문제를 기도하라고 하실 수도 있습니다. 장래문제를 기도합니다. 무슨 일을 해야 할 것인지 하나님에게 질문하며 기도합니다. 기도를 마치고 다시 주여! 하면서 기도를 합니다. 다시 성령께서 너의 배우자를 위하여 기도하라 하실 수도 있습니다. 그러면 바라는 배우자 상을 가지고 기도합니다.

자신에게 영육간에 문제가 일어나는 것이 있다면 원인을 알려달라고 기도합니다. 성령께서 감동하시기를 죄악으로 인한 것이라면 회개를 합니다. 회개하고 죄악을 타고 들어온 귀신을 축귀합니다. “예수 이름으로 명하노니 선조들의 죄를 따라 들어와 고통을 주는 귀신아 물러가라” 소리는 크지 않아도 됩니다. 성령이 충만한 상태이므로 귀신들이 잘 떠나갑니다. 다시 다른 기도를 위하여 주여! 하면서 기도를 합니다.

그러면 성령께서 다시 감동을 합니다. 너의 건강을 위하여 기도하라! 그러면 자신의 건강을 위하여 기도합니다. 기도하면서 하나님에게 질문을 합니다. 하나님! 저의 어느 부분이 문제가 있습니까? 하면서 기도하여 조치를 취하면 됩니다. 무엇을 결정해야 할 경우는 어느 정도 기도하여 성령으로 충만한 상태가 되면 지속적으로 문의 하는 것입니다. 이것을 어떻게 해야 합니까? 이것을 어떻게 해야 합니까? 이것을 어떻게 해야 합니까? 지속적으로 질문을 하면 문득 떠오르는 생각이 있습니다. 이것이 하나님의 방법입니다. 이것을 해결하면 치유가 되는 것입니다. 이것이 성령으로 기도하는 것입니다. 어려울 것이 없습니다.

자신의 생각이나 욕심을 내려놓고 순수하게 성령을 따라 기도하는 것입니다. 보통 성도님들이 하시는 말씀대로 기도분량이 채워지니까 성령께서 알려주신 것입니다. 기도분량이 채워졌다는 것은 성령님이 역사하실 수 있는 영적인 상태가 되었다는 것입니다. 절대로 성령은 육의 상태에서 응답을 주시지 못합니다.

반드시 성령으로 충만한 영의 상태가 되어야 레마를 들려주십니다. 그러므로 영의 상태가 되도록 성령으로 깊은 영의기도를 해야 합니다. 영의 상태에서 하나하나 감동이나 음성으로 알려주시는 것입니다. 기도의 성공요소는 영의 상태에 들어가는 것입니다. 영의상태에서 성령님과 교통할 수가 있기 때문입니다. 쉽게 말해서 기도는 영이신 하나님과 대화입니다. 하나님과 대화를 잘하도록 자녀들을 훈련해야 합니다. 하나님과 대화를 잘하려면 하나님께 지속적으로 물어보는 것입니다. 하나님 어떻게 할까요? 이일을 어떻게 해결해야 할까요? 하나님! 제가 왜 이렇게 두렵습니까? 하나님! 저에게 이런 문제가 있습니다. 어떻게 해야 할까요? 자꾸 하나님을 찾으면서 물어보는 것입니다. 기도를 요약하면 “하나님께 물어보는 것이다.” “하나님의 마음으로 자신을 바라보는 것이다.”라고 대답할 수 있습니다.

12장 성령으로 말씀을 깨닫게 된다.

(고전 2:12)"우리가 세상의 영을 받지 아니하고 오직 하나님으로부터 온 영을 받았으니 이는 우리로 하여금 하나님께서 우리에게 은혜로 주신 것들을 알게 하려 하심이라."

성령의 불로 지배와 장악이 되어 성령의 인도를 받으면 성령으로 진리를 깨닫게 됩니다. 진리는 반드시 성령으로 깨달아야 합니다. 하나님께서 우리를 부르신 것은 하나님을 위해서 부르신 것입니다. 분명하게 사무엘상 16장 3절에 "이새를 제사에 청하라. 내가 네게 행할 일을 가르치리니 내가 네게 알게 하는 자에게 나를 위하여 기름을 부을지니라." 하나님을 위하여 다윗에게 기름을 부으라고 하셨습니다. 하나님께서 우리를 부르시고 성령의 인도를 받게 하신 것은 훈련시켜서 종으로 부려먹기 위해서 부르신 것이 아닙니다. 그래서 우리가 예수를 믿는 순간에 죽고, 다시 예수님으로 태어나는 것입니다. 하나님께서 분명하게 말씀하셨습니다. "그리스도의 사랑이 우리를 강권하시는 도다. 우리가 생각하건대 한 사람이 모든 사람을 대신하여 죽었은즉 모든 사람이 죽은 것이라. 그가 모든 사람을 대신하여 죽으심은 살아 있는 자들로 하여금 다시는 그들 자신을 위하여 살지 않고 오직 그들을 대신하여 죽었다가 다시 살아나신 이를 위하여 살게 하려 함이라(고후 5:14-15)" 분명하게 "자신을 위하여 살지 않고 오직 그들을 대신하여 죽었다가 다시 살아나신 이를 위하여 살게 하려 함이라고"하셨습니다. 예수님을 위하여 살게 하려고 부르신 것입니다. 예수님께서 하신 일을 하게 하려고 부르신 것입니다. 예수님은 영이십니다. 육체가 죽지 않고 예수님을 위하여 살아갈 수가 없습니다. 그래서 죽었다고 다시 살아나 예수님으로 살도록 하시는 것입니다. 이제 자신의 인간적인 생각이나 지혜나 열심으로 살지 말아야 합니다. 성령의 인도를 받아야 합니다. "무릇 하나님의 영으로 인도함을 받는 사람은 곧 하나님의 아들이라(롬 8:14)" 그래서 하나님은 "만일 우리가 성령으로 살면 또한 성령으로 행할지니(갈 5:25)" 라고 말씀하십니다.

예수를 믿고 성령으로 거듭난 성도는 성령으로 진리를 깨달아야 하고, 성령으로 기도해야 합니다. 자신은 예수를 믿을 때 죽고 다시 예수로 태어나 예수님을 위하여 살기 때문입니다. 예수를 믿고 성령으로 거듭난 크리스천들은 특별하고 위대한 사람들입니다. 예수님의 인생을 살고 있기 때문입니다. 그렇기 때문에 빠른 시간 내에 자신이 없어지고 순수하게 진리의 말씀을 성령으로 깨닫고, 성령으로 기도하면서 성령의 지배와 인도를 받아야 합니다. 그래야 하나님께서 주시는 것들을 온전하게 누리면서 살아갈 수가 있는 것입니다. 그래서 진리의 말씀도 자신의 머리로 지식으로 알아서는 안 됩니다. 죽은 사람의 머리로 생각으로 무엇을 얼마나 알겠습니까? 이제 진리의 말씀을 성령으로 깨달아야 합니다.

위급한 상황에서 어떤 말씀이 떠오른 적이 있습니까? 보혜사 성령님은 진리의 영입니다. 세상의 수많은 이론과 과학과 철학과 사상이 기독교를 공격해 왔고 지금도 공격하고 있지만, 오늘날까지 기독교가 역사의 중심에 있는 것은 보혜사 성령님의 인도하심 때문입니다.

성령님은 우리에게 임하셔서 무엇보다 신구약 성경의 영적진리를 깨닫게 해 주십니다. 보혜사 성령님은 예수님께서 하신 말씀을 자꾸 생각나게 하십니다. 아무리 어려운 상황에 처해도 성령님과 함께하면 하나님의 음성을 들을 수 있습니다. 사업하다 부도가 나서 가정과 회사가 풍비박산 나고 이리저리 쫓겨 다녀도 성령님이 들려주시는 하나님 말씀을 듣는다면 다시 살게 됩니다. 하나님의 말씀을 기억하는 사람은 상황이 아무리 어려워도 이겨 낼 수 있습니다. 아무리 고통스러워도 견딜 수 있습니다. 전쟁이나 고난 중에도 하나님 말씀을 생각하면 곧 평안을 얻을 수 있습니다.

첫째, 성령께서 말씀을 깨닫고 순종하게 하신다. 마태복음 2장 13-23절의 말씀에 기록된 사실입니다. 2천여 연전 베들레헴에 나신 예수님이 왜 메시아입니까? 그분이 왜 우리의 믿음의 주요 구세주입니까? 예수님의 공생애의 사역과 십자가와 부활사건 이전의 탄생과 유아기에 삶을 통해 보여주십니다. 메시야의 주위에 세상권력(헤롯)을 이용한 사단의 죽음의 음모가 있었습니다.

거기에 성령께서 모든 상황을 장악하시고 주도적으로 보호하시며, 사단의 궤계를 통해서 오히려 예수님이 구약성경의 선지자들이 예언한 메시야 되심을 확증하십니다. 말씀이 있고 성령의 역사가 있고 순종이 있습니다.

(성령의 역사)"주의 사자가 요셉에게 현몽하여 가로되…."(마2:13). (순종)"요셉이 일어나서….떠나가"(마2:14). (말씀의 성취)"이는 주께서 선자자로 말씀하신바….함을 이루려 하심이니라"(마2:15).

(성령의 역사)"주의 사자가 애굽에서 요셉에게 현몽하여 가로되…."(마2:19). (순종)"일어나 아기와 그 모친을 데리고…."(마2:20). (성령의 역사)"꿈에 지시하심을 받아…."(마2:12). (순종) "떠나가 나사렛 동네에 와서 사니…."(마2:22-23). (말씀의 성취)"이는 선지자로 하신 말씀에…….하심을 이루려 함일러라."(마2:23). 성령께서 말씀을 깨닫게 하시는 대로 순종하여 예수님이 탄생하게 된 것입니다. 성령님이 말씀을 깨닫게 했으면 무엇보다도 순종이 중요한 것입니다.

이것은 예수님이 구약이 예언한 메시아임을 확증하며, 우리의 믿음을 보증을 해주십니다. 또한 동시에 성도가 말씀을 적용하고 실천하는 일에 성령의 역사가 얼마나 중요한지를 말씀해 주십니다. 때때로 어떤 이들은 말씀만 외치고, 반대로 어떤 이들은 성령 충만 성령 충만만 외치고, 또 다른 이들은 말씀을 읽고 묵상할 때는 성령께서 깨닫게 해주심을 의지하지만, 적용하고 실천하는 것은 자신이 주도적으로 아래도 합니다.

그러나 말씀을 깨닫게 하시는 사역이 성령의 주된 사역이라면 말씀을 삶속에 적용하시고 실천하는 힘을 주시는 사역도 성령의 주된 사역입니다. 성령께서는 상황을 깨닫는 지혜를 주시고, 말씀을 자신이 처한 살가운데 어떻게 적용해야 할지를 가르쳐 주십니다. 우리는 본문에서 성령께서 요셉에게 처한 상황가운데 어떻게 대체해야 하는 구체적이 것까지 말씀해 주시고 인도해 주심을 봅니다. 그러고 나서 성경은 말씀의 성취를 선포합니다.

하나님의 약속의 말씀들을 묵상하면서 주의 뜻을 찾고 그 뜻을 순종하기 원하는 우리에게 성령께서 깨닫게 하시고 적용하게 하시고 순종하는 능력과 힘을 주시기를 바랍니다. "오늘 우리의 삶을 통해서 주의 뜻이 이루어져 온전히 주께 영광과 찬송이 되게 하옵소서!! 아멘"

둘째, 성령으로 진리를 깨달아야 합니다. 머리로 깨달은 성경 지식 가지고는 천국 못갑니다. 성령으로 깨달아야 합니다. "육에 속한 사람은 하나님의 성령의 일을 받지 아니하나니 저희에게는 미련하게 보임이요, 또 깨닫지도 못하나니 이런 일은 영적으로라야 분변함이니라(고전 2:14)" 성령님으로 진리의 말씀을 깨달아야 합니다. "만군의 여호와께서 말씀하시되 이는 힘으로 되지 아니하며 능으로 되지 아니하고 오직 나의 신으로 되느니라(슥 4:6)" 하나님의 일은 사람의 힘이나 능력으로 되지 않고 성령으로 되는 것입니다. 순종할 때 하나님의 기적적인 역사가 일어납니다. "좋은 땅에 뿌리웠다는 것은 말씀을 듣고 깨닫는 자니 결실하여 혹 백배, 혹 육십배, 혹 삼십배가 되느니라 하시더라마(13:23)" 진리의 말씀을 성령으로 듣고 순종할 때 "백배, 육십배, 삼십배가 되는 것입니다. 성령님이 주인 되어 자신의 삶을 인도하시기 때문입니다.

사람들은 아는 것을 믿는 것으로, 아는 것을 순종하는 것으로,

아는 것을 영접하는 것으로 착각하는 경우가 많습니다. 바리새인들도 말씀을 알았고, 귀신도 하나님에 대한 지식을 우리보다 더 가지고 있습니다. 그런데 그들에게는 구원이 없습니다. 왜입니까? 그들 안에는 성령이 없기 때문입니다. 성령으로 깨닫지 못하니 마음중심으로 믿어지지 않고, 마음중심으로 깨닫고 순종하지 못하는 것입니다. 인간의 지식과 머리는 그 정도 밖에 되지 않는 것입니다. 지식만의 믿음, 머리로만의 믿음, 그것이 바로 바리새인의 믿음, 귀신의 믿음, 구원받지 못하는 헛된 믿음인 것입니다. 지식은 교만하게만 하고, 우리 삶의 변화와 천국 일에는 전혀 도움을 주지 못합니다. "만일 누구든지 무엇을 아는 줄로 생각하면 아직도 마땅히 알 것을 알지 못하는 것이요(고전 8:2)" 사람이 하나님에 대하여 알 수가 없는 것입니다. 우리가 지식적으로 머리로 아무리 말씀을 하나님에 대해서 많이 안다고 해도 수박겉핥기식의 지식에 불과합니다. 하나님과 영의 세계, 영적 비밀은 성령님을 통해서만 알 수 있습니다.

전능하신 하나님을 우리의 머리로 어떻게 알겠습니까? 성령의 지혜, 성령의 감동이 없이는 불가능한 것입니다. 성령으로 우리는 주님이 흠향하는 기도할 수 있고, 말씀의 진정한 의미를 깨달을 수 있고, 천국과 지옥을 제대로 알 수 있고, 영혼들에게 복음을 전하여 변화시킬 수 있는 것입니다. 우리의 힘으로 되는 것은 전혀 없다는 것입니다.

예수님이 승천하시면서 약속하신 성령을 기다리고 받으라고 했는데 왜 성령을 사모하고 받기를 갈망하지 않습니까? "오직 하나님이 성령으로 이것을 우리에게 보이셨으니 성령은 모든 것 곧 하나님의 깊은 것이라도 통달하시느니라(고전 2:10)" 하나님으로부터 말미암은 모든 것은 성령으로 깨닫는 것입니다. 아담은 하나님의 의중을 깨달을 수가 없는 것입니다. "가로되 너희가 믿을 때에 성령을 받았느냐 가로되 아니라. 우리는 성령이 있음도 듣지 못하였노라(행 19:2)" "내가 아버지께로서 너희에게 보낼 보혜사 곧 아버지께로서 나오시는 진리의 성령이 오실 때에 그가 나를 증거하실 것이요(요 15:26)" 보혜사로 오신 성령님이 예수님도 하나님도 진리도 깨닫게 하시는 것입니다.

그러므로 우리는 날마다 쉬지 말고 기도함으로 회개함으로 약속하신 성령 충만함을 받아야 되는 것입니다. 이것은 선택이 아니라 필수입니다. 성령 받지 아니하면 4복음서의 제자들과 같이 입으로는 큰소리치지만 늘 의심과 졸음과 변론속에서 주님을 부인하고야 마는 것입니다. 하지만 성령의 지배를 받으면 사도행전에 나오는 권능의 사도들로 변화될 수 있는 것입니다. 제자들이 무엇으로 변화되고 깨달은 것입니까? 성령으로 장악되어 변화되었고 깨닫고 죽음을 불사하게 된 것입니다. 다 성령으로 되는 것입니다.

많은 사람들이 충만한 교회를 통해서 보여주신 천국과 지옥소리를 듣고 천국과 지옥에 대해서 알았다고 합니다. 하지만 천국과 지옥에 대해서 안다고 해서 그것을 마음중심으로 믿고 회개와 순종의 삶을 살지는 않습니다. 반드시 매일의 기도를 통해서 그것이 성령으로 깨달아지고 마음중심에 새겨져야 진정한 삶의 변화를 체험할 수 있고 삶속에서 능력으로 나타날 수 있는 것입니다.

한번 자신을 돌아보십시오. 내가 그렇게 많이 천국과 지옥소리를 들었는데 과연 천국과 지옥을 100%믿어지고, 지옥을 가지 않기 위해 죄와 피흘리기까지 싸우고 있으며, 예수와 천국을 사모하고 있는지 말입니다. 제자들처럼 늘 마음은 원이로되 육신이 약하다고 자책하고 있지는 않습니까? 성령 충만함을 받지 않고 내 힘으로 천국과 지옥을 믿으려니 몸과 마음만 소진되는 것입니다. 절대 내 지식과 애씀으로 믿어지는 것이 아닙니다. 그러면 불교의 수행과 다를 바가 없는 것입니다.

다른 방법이 없습니다. 기도하십시오. 부르짖으십시오. 철저하게 회개하십시오. 그리고 성령을 구하십시오. 그래야 성령으로 깨닫고 성령으로 순종하고 외칠 수 있습니다. 다른 방법이 전혀 없다는 것을 알아야 합니다. 내 힘과 의지, 결심가지고 덤비는 것은 교만입니다. 성령의 도우심과 깨달음을 끝까지 구하고 붙잡아야 참된 믿음, 참된 순종의 열매를 거두고, 천국 문에 입성할 수 있습니다.성령 충만은 구하면 주신다고 약속하셨습니다. 구하십시오. 찾으십시오. 두드리십시오. 사모하는 자가 하늘의 모든 좋은 것을 받게 될 것입니다. “너희가 악할지라도 좋은 것을 자식에게 줄줄 알거든 하물며 너희 천부께서 구하는 자에게 성령을 주시지 않겠느냐 하시니라(눅 11:13)” 날마다 구하여 성령으로 지배와 장악이 되어야 합니다.

셋째, 성령으로 깨닫지 않으면 미혹에 빠진다. 말씀을 지식적으로 호기심으로 연구하고 알려고 하다가는 사단이 주는 미혹의 길로 빠지기 쉽습니다. 지식은 결국 자기를 드러내는 자기자랑으로 연결되기 때문입니다. 말씀은 반드시 성령으로 깨달아야 합니다. 그래야 예수, 회개가 나오게 되는 것입니다. 성령은 오직 예수를 증거하는 영이기 때문입니다.

"내가 아버지께로서 너희에게 보낼 보혜사 곧 아버지께로서 나오시는 진리의 성령이 오실 때에 그가 나를 증거하실 것이요(요 15:26)", "그러하나 진리의 성령이 오시면 그가 너희를 모든 진리 가운데로 인도하시리니 그가 자의로 말하지 않고 오직 듣는 것을 말하시며 장래 일을 너희에게 알리시리라(요 16:13)"

지금 현대 교회들을 보시기를 바랍니다. 웬만한 교회에 담임목사를 청빙할 때 필수적인 요소가 박사학위입니다. 외국에 가서 신학의 물을 먹지 않는 사람은 담임목사청빙에서 제외됩니다(교수는 아예 신학박사학위가 없으면 꿈도 꾸지 못합니다.). 요즘 중대형교회 담임목사 중에 외국 박사학위 없는 사람은 아마 거의 없을 것입니다. 지금 현대교회 성도들이 하나님께서 함께 하심이 눈에 보이지 않으니 세상논리를 가지고 목회자를 평가하기 때문입니다.

영혼을 돌보고 살리는데 무슨 학위가 필요합니까? 중요한 것이 무엇입니까? 하나님께서 함께 하시는 것입니다. 지금 동행하시면서 성령으로 깨닫게 하시고, 성령으로 기도하게 하시고, 예배를 드릴 때 성령의 역사가 일어나 회개하고, 성령으로 세례 받고, 성령으로 충만 받아 성도들의 마음 안 잠재의식에 형성된 스트레스를 정화하면서 성령으로 충만하게 하는 역사가 일어나는 것이 중요한 것입니다. 예수님의 제자들과 같이 날마다 기도하고 회개하고 성령 충만 받아서 성경을 깨닫고 영혼을 사랑하여 양떼들을 천국으로 인도하는 일입니다. 영혼을 살리는 일에는 영적으로 무장이 필수인데 어찌하여 외적인 스팩을 더 중요시 여긴단 말이니까? 필자는 석사입니다. 그래도 하나님께서 지금 동행하시면서 성령으로 깨닫게 하시고, 성령으로 기도하게 하시고, 예배를 드리거나 집회할 때 강력한 성령의 역사가 일어나 회개하고, 성령으로 세례 받고, 성령으로 충만 받아 성도들의 마음 안 잠재의식에 형성된 스트레스를 정화하면서 성령으로 충만하게 하는 역사가 일어납니다.

그런데 한국교회 실상을 보시기를 바랍니다. 담임목사를 청빙하고 교수를 뽑을 때, 기도, 성령충만 이런 것은 부수적인 것이고 외적인 스팩이나 지식을 가장 중요하게 여기고 있는 것이 한국교회의 실상입니다. 외국 유명 신학교에서 박사학위 받았다 하면 다 우러러보지 않던가요? 물론 어떻게 보면 박사학위 받지 못한 목회자분들의 항변하는 약자의 신음소리라고 생각할지 모르지만, 영적인 면을 깨달을 필자가 생각하는 것은 무엇인가 잘못되어 간다는 것입니다. 영적인 면을 깨닫고 보면 모두 다, 부질없는 것입니다. 한국의 유수한 신학대학도 지금 우상숭배로 다원주의로 흘러가고 초대교회로 은사와 계시가 끝났다고 하는 판국에 외국 신학교에 왜 배우러 가는지 이해할 수가 없습니다. 보수적이라고 하는 신학교들 조차도 변질되었는데 거기서 뭘 더 배우겠다는 말입니까?

바울은 지금 이시대로 치자면 최고의 석학입니다. 외국 유명

신학교에서 박사학위를 몇 개 받은 사람이라고 보면 됩니다. 그런데 그가 한일이 무엇입니까? 예수님을 대적하고 성령의 사람을 잡아 죽이는 일을 했습니다. 이것이 지식적인 사람의 모습입니다. 오늘날도 마찬가지로 지식의 사람이 성령의 사람을 죽이는 일을 하는 분들도 있습니다. 그런데 그가 예수님을 만나고 성령받고 고백한 것이 무엇입니까? "예수 십자가외에는 자랑하지 않겠다! 예수님을 아는 지식 외에는 모든 것을 배설물로 여기겠다! 복음전하고 영혼 살리는 일에 생명을 바치겠다!"라는 것입니다.

그의 지식이 영혼을 살리고 하나님의 일을 하는데 도움이 되었다면 이런 말을 했겠습니까? 성령으로 깨닫지 못하고 성령충만 받지 못하면 다 사단에게 미혹되는 것입니다. 기도하고 회개하고 성령충만 받은 가운데 깨달고 본 것이 진짜요, 주님이 주신 것이요, 우리가 붙잡아야 할 것들입니다. 성령충만이 빠진 어떤 은사와 기적, 깨달음도 미혹으로 흘러갈 수 있음을 알아야 할 것입니다.

그러므로 영혼을 살리고자 한다면, 주의 종이 되고자 한다면, 주를 위해 죽고자 한다면 무슨 지식을 배우려고 하기 전에 날마다 부르짖어 기도해야 합니다. 회개해야 합니다. 성령충만 받아야 합니다. 그리고 말씀을 보고 전도를 하고 봉사를 할 때 능력이 나타나고 영적비밀을 알게 되고 기쁨으로 순종의 자리로 나아갈 수 있는 것입니다. 그렇게 하지 않으면 자기 의, 자기 열심, 자기 고집대로 가다가 사단에게 쓰임 받을 수밖에 없습니다.

넷째, 하나님의 말씀인 진리는 성령으로 깨닫는 것이다. 예수님을 믿는 모든 기독교인들은 모두 진리에 대하여 모두 아는 것으로 착각을 하고 있습니다. 진리는 성령으로 깨닫는 것입니다. 성령으로 얼마만큼 장악이 되었느냐에 따라서 깊은 진리를 깨닫게 되는 것입니다. 자신을 지배하고 장악하신 성령께서 깨달아 알게 하시기 때문입니다. 진리를 알면 절대로 그렇게 할 수 없음에도 진리와 반대편에 서서 예수님을 십자가에 못 박으소서 외치고 있으면서도 정작 본인은 그러한 것을 깨닫지 못하고 있음을 보게 되면 마음이 답답해집니다. 성령의 지배와 장악이 되지 않아 진리를 깨닫지 못한 연고입니다. 정말 진리에 대해서 모르니까 저렇게 하지 어떻게 저럴 수가 있는가? 라는 의문을 가질 때가 있습니다. 성령의 지배와 장악으로 영적인 눈이 떠지면 밝히 보이지만, 소경된 상태에서는 자신의 눈에는 보이지 않으니 죄를 죄로 여기지 않고 담대하게 죄를 저지르고 있음을 보게 됩니다.

성령으로 지배와 장악이 되어 영적인 눈이 떠지고 영의 귀가 열리면 진리에 대하여 밝히 알게 되고 진리가 자유롭게 한다는 말씀도 직접 몸으로 체험을 하게 됩니다. 진정으로 그리스도 예수 안에 있는 자는 정죄함이 없다는 것을 몸으로 체험을 하게 되기에 로마서 8장 1절의 말씀이 그대로 성취가 됨을 보게 되고 자신에게 그 말씀이 그대로 이루어지는 것을 보게 됩니다. 그전에는 내가 죄를 지으면 율법의 정죄를 받기 때문에 죄와 사망의 법에서 자유할 수 없었던 상태에서 이제는 생명의 성령의 법의 적용을 받게 됨으로써 죄의 자백을 통해서 예수님께서 발을 씻어주시기에 항상 마음 안에서 자유를 누리게 된다는 것을 믿게 됩니다. “만일 우리가 우리 죄를 자백하면 저는 미쁘시고 의로 우사 우리 죄를 사하시며 모든 불의에서 우리를 깨끗케 하실 것이요(요일1:9)", "만일 우리가 범죄하지 아니하였다 하면 하나님을 거짓말 하는 자로 만드는 것이니 또한 그의 말씀이 우리 속에 있지 아니하니라(요일1:10)"

성령으로 깨달은 진리이신 말씀이 우리 안에 있는 자는 항상 죄를 범함을 자백하는 자임을 아셔야 합니다. 어떠한 사람은 자신에게서 죄가 나오지 않는 다는 간증을 하는 것을 들은 적이 있습니다. 그렇게 고백하는 자들은 성령이 없는 자이거나. 진정으로 하나님을 거짓말 하는 자로 만드는 것임을 본인은 제대로 알지 못한다는 것인데요. 우리들은 항상 성령으로 죄를 짓고 죄 속에 살아가고 있음을 깨달아야 합니다. 그럼에도 항상 자백을 통해서 예수님께서 우리들의 발을 씻어 주시기에 깨끗함을 받게 되는 것입니다. 모두가 예수님의 은혜로 우리들이 깨끗케 됨을 우리들은 알아야 합니다.

그래서 "진리를 알지니 진리가 너희를 자유롭게 하리라" 라는 말씀이 그대로 성취가 되는 것입니다. 성령의 지배와 장악으로 진리를 바르게 믿는 자들에게는 반드시 말씀대로 그대로 되게 되어 있습니다. 그래서 성령으로 진리를 깨닫는 것이 아주 중요합니다. 또한 바르게 믿는 자들에게는 말씀에 기록이 된 그대로 말씀대로 그대로 믿음이 진행이 됨을 알아야 합니다. 비록 말씀을 제대로 알지 못하는 사람이라 할지라도, 성령의 인도와 지배를 받는 바른 믿음에 있는 사람들은 말씀대로 믿음이 진행이 되고 말씀이 그대로 성취가 됨을 보게 됩니다.

즉 한글을 아직도 제대로 읽지 못하는 분이라고 해도 바른 믿음으로 바르게 말씀을 받아들이고, 잘못된 믿음에서 돌아선 사람은 비록 성경의 말씀을 제대로 읽지 못하고 기록된 말씀을 제대로 알지 못한다고 하더라도 말씀에 기록이 된 구원 받을 자들에게 선포된 말씀이 그대로 성취가 되고 말씀에 기록이 된 그대로 믿음이 진행이 된다는 것입니다. 그 사람의 주인으로 계시는 성령께서 깨닫게 하시며 역사하시는 것입니다.

하나님의 모든 말씀은 일점일획도 땅에 떨어짐이 없이 그대로 성취가 되기에 그렇습니다. 모든 말씀이 영적으로 우리들의 내면 안에서 그대로 이루어지고 있음을 깨닫는 우리들이 되시기를 간구 드립니다. 수천 년 전에 기록이 된 말씀이 지금 현재 우리들의 내면에서 그대로 이루어지는 것을 보게 되면서 참으로 하나님의 말씀은 진리이구나! 라는 것을 새삼 깨닫게 됩니다. 하나님의 모든 말씀은 예전에도 기록이 된 그대로 되었고 지금 현재에도 기록이 된 그대로 되고 있고 앞으로 먼 훗날에도 기록이 된 그대로 된다는 것입니다. 모든 것이 성령으로 깨달아 믿은 대로 이루어지는 것입니다. 믿는다는 것이 참으로 중요합니다.

그래서 말씀이신 예수님께서 예전에도 계셨고 시방도 계시고 장차 오실이라고 표현을 하고 있습니다. 참으로 말씀의 일점일획도 성취가 되지 아니한 말씀이 없음을 우리들은 항상 명심해야 하는 것입니다. 성경의 모든 말씀은 우리들의 구원에 대한 말씀이고 또 어떻게 믿어야 구원으로 인도가 되는 가에 대한 것의 말씀임을 우리들은 명심해야 하는 것입니다.

13장 성령의 9가지 은사가 나타난다.

(고전 12:8-11)"어떤 사람에게는 성령으로 말미암아 지혜의 말씀을, 어떤 사람에게는 같은 성령을 따라 지식의 말씀을, 다른 사람에게는 같은 성령으로 믿음을, 어떤 사람에게는 한 성령으로 병 고치는 은사를, 어떤 사람에게는 능력 행함을, 어떤 사람에게는 예언함을, 어떤 사람에게는 영들 분별함을, 다른 사람에게는 각종 방언 말함을, 어떤 사람에게는 방언들 통역함을 주시나니, 이 모든 일은 같은 한 성령이 행하사 그의 뜻대로 각 사람에게 나누어 주시는 것이니라."

성령의 불로 지배와 장악이 되어 성령의 인도를 받으면 성령의 9가지 은사가 나타나게 됩니다. 성령의 은사란 자신의 뜻대로 구하거나 노력함으로 돈으로 살 수 있는 것들이 아니고, 성령께서 그 기쁘신 뜻대로 분여해 주시는 것입니다(고전12:11). 그 대신 성령이 은사에 대한 사모함을 주십니다. 예수를 믿고 성령의 세례를 받을 때, 그리스도의 몸 된 교회의 지체로서 교회와 성도를 섬기기 위해 한 가지 이상의 은사가 주어진다고 보는 것입니다. 예수께서 물로 세례를 주지 않고, 성령으로 세례를 주는 역사를 하시고, 교회를 세우시고, 하나님 나라 확장을 요구 하셨습니다. 비록 이 은사들이 즉각적으로 나타나거나 활용되지는 않는다 할지라도, 모든 자연적 능력과 은사들이 신생아에게 잠재되어 있듯이 거듭난 성도들에게도 잠재되어 있다고 봅니다.

따라서 중요한 문제는 이미 주어진 은사를 어떻게 발견하고 개발하여 교회에 활용할 것인가 하는 것입니다. 은사가 있는 성도는 무엇보다 말씀과 성령으로 심령으로 치유하여 열매가 좋게 해야 합니다. 성령으로 기도하여 심령을 정화하면서 하나님과 친밀하게 지내는 것이 더욱 중요합니다. 은사가 있다고 다된 것이 아니라는 것입니다.

첫째로 지혜의 말씀의 은사. 지혜의 말씀의 은사는 하나님께서 주시는 초자연적인 통찰력을 통하여 당면한 문제를 해결하는 능력입니다. 한 아기를 놓고 두 여인이 서로 자기 아이라고 싸울 때 솔로몬은 아이를 반으로 나눠가지라는 지혜로운 말을 했습니다. 하나님께서 그에게 지혜를 주셨기 때문입니다.

하루는 예수님을 함정에 빠뜨리려는 사람들이 예수님에게 와서 가이사에게 세금을 바치는 것이 옳은 지 물었습니다. 가이사에게 세금을 바치라고 하면 민족 반역자로 몰고, 바치지 말라고 하면 로마에 대한 역적으로 몰려는 심산이었습니다. 난처한 질문을 받은 예수님은 가이사의 것은 가이사에게 바치고 하나님의 것은 하나님께 바치라는 지혜로운 말로 위기를 넘겼습니다. 그리고 현실 문제를 해결할 수 있는 하나님의 지혜의 말씀을 말할 수 있습니다. 예를 든다면 이스라엘 백성들은 마라의 쓴 물을 마시고는 즉각 원망과 불평을 터뜨립니다(출15:24절). 모세가 고통 속에서 기도할 때 하나님께서는 모세의 눈을 열어 한 나무를 보게 하시더니, 그 나무로 쓴 물을 달게 하셨습니다(25절). 그리고 하나님은 스스로를 "나는 치료하는 여호와임이니라"고 말씀하십니다(26절). 우리 하나님은 인생을 치료해 주시고 회복해주시는 사랑의 하나님이심을 믿으시기 바랍니다. 하나님께서는 우리 인생들의 실망과 슬픔과 아픔을 씻어주시고 고쳐주시려고 이미 한 나무를 예비해 놓으셨습니다. 모세에게 한 나무를 지시하여 보게 하시고, 그 나무를 물속에 던져 넣으므로 마라의 쓴 물을 달게 하신 것입니다. 이것이 지혜의 말씀의 은사입니다. 이 은사는 성령의 감동에 따라 순종할 때 기적이 일어납니다. 지혜를 구하면 주시겠다고 약속했습니다(약1:15).

둘째로 지식의 말씀의 은사. 지식의 말씀의 은사는 성령님에 의해서 하나님의 말씀과 하나님의 뜻을 깨닫는 능력입니다. 하나님만이 알고 계시는 비밀을 성령으로 깨닫는 은사입니다. 아나니아와 삽비라가 땅을 팔고 땅값 얼마를 감추었습니다. 베드로는 바로 이 사실을 알고 아나니아를 책망했습니다. 베드로는 마치 아나니아와 삽비라가 한 일을 몰래 카메라로 찍은 것 같이 정확히 알고 있었습니다. 베드로가 지식의 은사를 받았기 때문입니다.

고모, 삼촌, 형제, 자매나 사촌, 친구 및 불신자들과 하루 종일 논쟁해도 안 되는 일이 적당한 때 지식의 말씀을 통해 그들의 심령에 주님을 막고 피하는 모든 장애물을 넘어 역사할 수 있습니다. 현실문제가 있으면 반드시 원인이 있습니다. 성령으로 원인을 알아내어 해결하는 것도 지식의 말씀입니다.

제가 이런 일이 있었습니다. 월요일이었습니다. 아침 8시 20분쯤 되었는데 전화가 왔습니다. 전화를 받으니 우리 교회에 다니는 권사님의 며느리가 전화를 한 것입니다. 숨을 몰아쉬면서 하는 말이 목사님! 아버님이 지금 숨이 넘어가십니다. 빨리 와 보세요. 그래서 사모를 대동하고 아파트에 갔습니다. 안으로 들어가 보니 집사님은 숨을 몰아쉬면서 소파에 누워있고 권사님과 아들과 며느리 손자들이 바닥에 앉아서 임종을 기다리는 것입니다. 순간 제가 성령님에게 질문을 했습니다. 성령님 어떻게 해야 합니까? 성령께서 감동하시기를 사망의 영을 몰아내고, 호흡이 정상으로 돌아오라고 선포하라는 것입니다. 그래서 집사님의 가슴에 손을 얹고 "성령이여 임하소서. 내가 나사렛 예수 이름으로 명하노니 사망의 영은 떠나갈지어다. 사망의 영은 떠나갈지어다. 호흡은 정상으로 돌아올지어다. 호흡은 정상으로 돌아올지어다." 그러면서 얼굴을 보니 시퍼렇던 입술이 점점 붉어지는 것입니다. 그러면서 호흡이 정상으로 돌아왔습니다. 호흡을 정상으로 쉬면서 일어서더니 소파에 앉는 것입니다. 권사님이 하시는 말이 이렇습니다. "목사님! 숨을 정상으로 쉽니다. 살았습니다." 그러니까, 아들과 며느리 손자들이 하나가 되어 박수를 치는 것입니다. 집사님은 이후로 5년을 더 사시다가 천국에 가셨습니다.

이렇게 급박한 상황에서 성령의 지식의 말씀을 들으려면 당황하지 말아야 합니다. 편안한 상태에서 성령님에게 질문하는 것입니다. "성령님 어떻게 해야 합니까?" 성령이 임재한 편안한 상태에서 성령님에게 질문하면 레마의 말씀으로 응답하여 주십니다. 그러면 담대하게 선포하면 문제가 풀어지는 것입니다.

셋째로 영분별의 은사. 성령의 나타남으로 인해 영감이나 감동으로 느끼고 말(명령)이나 행동을 하게 되므로 상대에게서 눈에 보이는 형상이 나타나는 것입니다. 그러나 조심해야 할 것이 있습니다. 귀신의 영에 접신 된 자도 잘 봅니다. 그래서 자신의 영적인 상태를 분별해야합니다. 상대방의 영적인 상태도 볼 수 있어야 속지 않습니다. 귀신도 귀신같이 사람의 심령을 정확히 보고 압니다(행16:16-18).

영을 분별한다는 것은 그리 어렵지 않다는 것입니다. 짜증을 잘 낸다면 짜증내는 영입니다. 혈기를 잘 낸다면 혈기 내는 영입니다. 질병이 있다면 질병의 영입니다. 가난하다면 가난의 영입니다. 슬픔에 잘 빠지면 슬픔의 영입니다. 이간질을 잘 한다면 이간질의 영입니다. 나타나는 현상과 성령의 인도로 알 수가 있습니다. "각 사람에게 성령의 나타남을 주심은 유익하게 하려 하심이라(고전12:7)" 귀신의 영을 보거나 환상을 보는 것은 영의 의식단계에서 분별되는 것이요, 느낌이나 영감이나 확신은 혼의 전이단계에서 이루어집니다. 이러한 성령의 가르침을 혼이 훈련이 되어 있지 못하면 받아드리지 못하고, 혼이 인식을 하더라도 혼이 해석을 제대로 못하면 즉 혼에 사탄이 침입하였거나 말씀에 바로 서지 못하면 문제가 야기되는 것입니다.

고로 성령으로 충만하여 혼과 육이 성령에 장악 당해야 정확한 영분별이 됩니다. 자꾸 영을 깨우는 말씀을 들어야 영이 인식을 잘하고 민감해져서 분별이 잘됩니다. 믿음은 들음에서 나며 들음은 그리스도의 말씀으로 말미암느니라. 그래서 영분별 은사만을 강조 할 것이 아니라 심령이 성령과 말씀으로 치유되는 것을 더 중요하게 여겨야합니다.

영을 잘 분별하려면 심령을 깨끗하게 정화시켜야합니다. 영과 혼을 분별하는 것은 숨어있던 자아가 빛 가운데 드러나서 우리의 눈이 뜨여진 후, 즉 내 자신이 영혼의 병든 부분을 고침 받은 후, 회개하는 청결한 심령이라야 영을 분별하게 되고, 영적인 세계를 이해하게 됩니다. 자아의 추한 모습을 많이 보면 볼수록 영적인 안목은 더 분명해 지고, 자아의 추한 모습이 벗겨지면 벗겨질수록 더욱 분명해 집니다.

넷째로 믿음의 은사. 믿음의 은사는 구원을 얻는 믿음 이상을 말합니다. 믿음의 은사는 하나님의 초자연적인 역사를 믿는 믿음입니다. 성령님으로 발원한 믿음입니다. 성령의 감동을 받아 행하고 믿는 믿음입니다. 믿음의 은사는 불가능을 가능케 합니다. 여호수아는 믿음으로 태양을 멈추게 했습니다. 모세는 믿음으로 홍해바다를 갈랐습니다. 하나님의 명령대로 모세가 바다 위로 손을 내밀었더니 여호와께서 큰 동풍을 불게 하셨고, 바닷물이 물러가기 시작했습니다. 그리고 바다 한 가운데로 길이 나게 되었습니다. 그러자 이스라엘 백성들이 바다 가운데를 마른 땅처럼 걸어가게 되었고, 물은 그들의 좌우에 벽이 되었다고 성경은 말합니다.

나중에 애굽 사람들, 바로 왕의 말들, 병거들과 마병들이 다 이스라엘 자손들을 추격하기 위해 그 바다 가운데로 들어왔습니다. 하나님은 그 순간에 불과 구름 기둥으로 애굽 군대를 어지럽게 해서 이스라엘을 추격하지 못하도록 막았습니다. 그리고 이스라엘 자손들이 홍해를 다 건너자 하나님은 모세에게 "네 손을 내밀어 물이 애굽 사람들과 그들의 병거와 마병들 위에 다시 흐르게 하라"고 했습니다. 모세는 하나님의 명령에 따라 지팡이를 든 그의 손을 다시 바다 위로 내밀자, 그 순간 바다의 힘이 회복되었습니다. 바닷물이 애굽 사람들 위에 덮쳤고 그들은 그곳, 바다에서 다 죽게 되었습니다. 하나님은 이렇게 이스라엘 자손들을 애굽 사람의 손에서 구원하셨습니다. 이스라엘 자손들은 하나님께서 애굽 사람들에게 행하신 그 큰 능력(기사와 이적)을 두 눈으로 똑똑히 보고 여호와 하나님을 경외하며 하나님과 그의 종 모세를 믿고 따르게 되었다고 성경은 말합니다.

여호수아는 믿음으로 여리고 성을 무너트렸습니다. 사도들은 믿음으로 죽은 자를 살렸습니다. 죠지 뮬러는 믿음으로 수만명의 고아들을 돌보았습니다. 겨자씨만한 믿음만 있어도 산을 옮길 수 있습니다. 믿는 자에게는 능치 못함이 없기 때문입니다. 능력주시는 자 안에서 모든 것을 할 수 있습니다. 믿음의 은사를 구하십시오. 믿음이 오면 입으로 선포하고 행하십시오. 그러나 믿음과 욕심을 구별해야 행해야 합니다. 욕심으로 구하면 이뤄지지 않습니다. 믿음은 반드시 성령으로 발원한 믿음이어야 이루어집니다.

다섯째로 병 고치는 은사. 병 고치는 은사는 성령의 능력으로 사람들의 병을 치료하는 능력입니다. 예수님은 자기를 찾아오는 모든 사람들의 병을 고쳐주셨습니다. 신유의 은사를 받은 사람이 직접 병을 치료하는 것이 아니라 예수님의 치료 행위에 도구로 사용되어지는 것입니다. 병든 사람에게 손을 얹은즉 나으리라고 했습니다(막 16:18). 병자들에게 믿음으로 손을 얹으십시오. 예수님이 채찍에 맞음으로 우리가 나음을 얻었습니다(사 53:5). 병자들을 위해서 기도할 때 죄를 서로 고하십시오. 의인의 간구는 역사 하는 힘이 많기 때문입니다(약5:16). 육신의 병보다도 더 해로운 것은 영적인 병입니다. 신유의 은사를 받은 이들은 아픈 이들의 육신의 병을 고치는데 만 관심을 두지 말고 영혼의 병을 고치는데 더 큰 관심을 가져야 합니다.

병 고치는 은사란 첫째로 성령의 초자연적인 능력으로 병을 고치는 것을 뜻합니다. 둘째로 신유란 병세가 조금씩 조금씩 호전되는 것이 아니고, 회복기를 거치면서 고쳐지는 것도 아니라 단번에 완치되는 것입니다. 지금까지 말씀 드린 대로 앉은뱅이가 일어날 때도 단번에 일어났고, 중풍 병자가 일어날 때도 단번에 일어났습니다. 죽은 다비다가 살아날 때도 단번에 살아났습니다. 조금씩 조금씩 회복된 것이 아닙니다. 이것이 성경이 가르치는 신유의 역사입니다. 셋째로 환자에게 믿음을 요구하지 아니합니다. 앉은뱅이에게도, '애니아'에게도, '다비다'에게도 안수를 받으면 일어날 것이라는 믿음이 있거나 의식이 있은 것이 아닙니다. 다만 하나님이 주신 은사를 통하여 "일어나라"하니 일어난 것입니다. 은사를 가진 사람이 일방적으로 고쳐 준 것입니다.

그러면 요즘은 어떠합니까? 신유의 은사를 가졌다는 사람이 안수만 하면 단번에 일어납니까? 그런 경우를 보셨습니까? 우리는 흔히 믿으라고 믿음을 강요하는 경우를 많이 봅니다. 또 죄를 회개하라고 하는 경우도 봅니다. 그러나 성경이 가르치는 신유는 그런 것이 아닙니다. 만일 이상에서 말씀드린 것처럼 성경적인 것이 아닌데도 자신이 신유의 은사를 가졌다고 주장하는 사람들이 있으면 이런 사람은 모두 거짓말을 하든지 아니면 신유의 은사가 어떤 것인지도 알지 못하면서 떠드는 사람들이라고 생각해도 틀리지 않습니다.

넷째로 신유의 은사는 성령의 능력으로 병을 고치기는 하지만 모든 병을 다 고치는 것은 아닙니다. 앞서 예수님은 모든 병을 다 고쳤다고 하였지만 신유의 은사는 그렇지가 않습니다. 사도 바울은 그의 손수건과 앞치마가 병을 고치기도 하고 마귀를 내어 쫓기도 하였습니다. 그러나 그렇지 못한 경우도 있습니다. 그의 동역자 '에바브라디도'가 병들어 거의 죽게 되었을 때(빌 2:25-27), 그는 신유의 능력으로 고치지 않습니다. 바울은 또 그의 젊은 동역자 '디모데'가 가지고 있는 만성 위장병을 고쳐주지 못하고 오히려 포도주를 조금씩 약으로 복용하라(딤전 5:23)고 가르칩니다. 또 바울은 병든 '드로비모'를 밀레도에 남겨 두고 떠났다(딤후 4:20)고 하였습니다. 바울 사도와 같은 능력 있는 사람이 어찌하여 이렇게 하였을까요? 그 해답은 간단합니다. 은사는 모든 병을 다 치유할 수 없다는 것입니다. 어떤 사람은 말하기를 신유는 모든 병을 다 치유하지만 단 한 가지 궁극적인 병은 치유할 수 없다고 합니다. 그 궁극적인 병은 바로 죽는 병입니다. 다섯째로 병 고치는 신유의 은사는 분명히 하나님의 능력이지만 병 고치는 능력은 모두 다 하나님의 능력은 아닙니다. 때로는 마귀적인 것도 있고, 주술일 수도 있고, 때로는 심령과학적인 것도 있다는 것을 알아야 합니다.

여섯째로 능력 행함의 은사. 능력 행함의 은사란 한마디로 보통의 인간으로서는 행하기 어려운 놀라운 능력을 행하는 것들입니다. 예를 들어 문둥병을 낫게 하는 것, 앉은뱅이를 걷게 하는 것, 가뭄이 들게도 했다가 비가 오게도 하는 것, 태양을 멈추는 것 등이 이 은사의 범주에 속하는 것입니다. 능력 행함의 은사가 신유의 은사와 유사한 점이 많은데 이 둘은 분명히 다르다는 것입니다. 신유의 은사는 주로 질병과 관계가 있지만 능력 행함의 은사는 주로 이적 혹은 기적과 관계가 되는 것입니다. 능력 행함의 은사와 신유의 은사는 유사점이 많기 때문에 구별을 하기가 매우 어렵습니다. 예를 들어서 앉은뱅이가 나았을 때 그것이 신유의 은사에 의한 것인지 능력 행함의 은사에 의한 것인지를 정확하게 판별을 하기가 매우 어렵습니다만, 대개 순간적인 것은 능력 행함의 은사에 의한 것이고 지속적인 치료는 신유의 은사에 속한 것으로 분류를 하고 있습니다.

그리고 "은사가 복합적으로 나타날 수도 있습니다. 그러므로 어떤 은사의 한계를 정해두고 있는 것입니다" 라고 해석을 하는 것은 올바른 것이 아닙니다. 능력 행함의 은사 역시 하나님의 영광을 위하고 성도들의 유익을 위해서 교회의 덕을 세우기 위해서 성령님께서 성도들에게 주시는 것이므로, 모든 것은 하나님을 위해서 행하고 자신을 통해서 놀라운 역사가 일어난다고 교만해지면 안 됩니다. 성령이 임하시면 권능을 받는다고 했습니다(행1:8). 성령 충만을 구하십시오. 권능을 받아서 능력을 행하십시오. 예수님의 이름으로 마귀를 물리치십시오. 예수님의 이름으로 앉은뱅이를 일으키십시오.

일곱째로 방언의 은사. 방언의 은사는 영으로 기도하는 능력입니다. 방언의 은사는 우리의 영성 생활에 도움이 됩니다. 방언으로 기도하면 장시간 기도할 수 있습니다. 방언의 은사를 사모하십시오. 방언의 은사를 받은 이들 가운데는 방언의 은사를 못 받은 이들을 무시하는 경향이 있습니다. 방언의 은사를 받지 못한 분은 그 분 나름대로 다른 은사를 받은 것입니다. 조화를 이루는 것이 중요합니다. 방언 기도하는 것에 의해서 영이 자랍니다. 방언 기도를 통해 나의 영이 하나님과 교통을 하게 되고, 이 하나님과의 계속적인 교통을 통해 나의 영이 성장을 하게 됩니다. 그리고 영이 성장하게 되면 그 만큼 하나님을 더 가까이 체험하게 됩니다.

여덟째로 방언 통역의 은사. 고전12:10에 통역이란 말로 번역된 헬라어는 'hemeneia'입니다. 학자들은 그 말은 '번역하다'라고 하기 보다는 '말한 것을 설명하다'라는 의미라고 봄이 마땅합니다. 이 은사는 성령을 통한 초자연적인 계시로서, 그리스도인들로 하여금 이미 '방언'으로 말하여진 내용을, 그에 대한 역동적인 동의어를 사용하여 그의 말을 듣고 있는 사람들에게 이해가 가능한 언어로 전달할 수 있게 하는 능력을 말합니다. 이 은사는 외국어를 통역하듯 분명한 말씀으로 통변되는 것이 아닙니다. 방언의 통변은 직관적으로 주어지는 느낌으로 주어지기 때문에 한마디의 방언이 열 마디의 통변으로 주어질 경우도 있고, 열 마디의 방언이 한마디의 통변으로 주어질 경우도 있습니다.

아홉째로 예언의 은사. 예언은 미래에 생길 어떤 일보다는 하나님의 생각을 깨달아서 언어로 전달하는 은사입니다. 그 사람에게 하나님이 원하는 일을 알려줘서 하나님이 원하는 길을 가게 하는 것입니다. 그래서 인생을 성공하게 하는 것입니다. 천국가서 잘했다 칭찬받고 면류관을 받게 하는 것입니다. 예언은 하나님께서 사람에게 자신의 뜻을 전하려고 선택하신 방법이십니다. 예언은 특수한 사역자만 하는 은사가 아니라, 모든 성도들에게(성령세례) 주신 보편적인 은사입니다. 그러므로 사모하고 기도하고 훈련하면 은사가 나타납니다.

결론적으로 성령의 은사는 모두 좋은 선물입니다. 고린도전서 12장의 은사는 성령을 받을 때 9가지 은사가 모두 우리 안에 은사(선물)로 주어졌습니다. 내면에 주어진 은혜의 선물들이 역사하기 위하여서는 주신 것을 믿고 승복하고 믿음으로 실시하며 훈련하는 길뿐입니다. 방언의 은사는 입으로 발설하지 않으면 언제까지나 잠정적으로 있을 뿐입니다. 신유의 은사 역시 내게 주어진 것을 믿고 손을 얹고 기도할 때 치유의 기적이 일어나는 것입니다. 은사는 어떤 수고의 결실이나 메달이 아니라 은혜입니다. 자가 예언의 은사를 은혜로 청해야 합니다. 은사는 선물로 주시는 것이지만 간구해야 받는 것입니다. 은사가 능력으로 나타나 사역화 될 수 있도록 기도 받고, 기도하고 훈련해야합니다. 당신이 주님께로부터 받기를 사모하는 은사가 무엇입니까? 은사를 사모하십시오. 성령은 우리에게 은사를 사모하는 마음도 주십니다. 하나님은 은사를 선물로 주시면서 하나님의 일을 하도록 하십니다.

14장 권세 있고 능력 있는 삶을 산다.

(행 3:3-10)"그가 베드로와 요한이 성전에 들어가려 함을 보고 구걸하거늘 베드로가 요한과 더불어 주목하여 이르되 우리를 보라 하니, 그가 그들에게서 무엇을 얻을까 하여 바라보거늘 베드로가 이르되 은과 금은 내게 없거니와 내게 있는 이것을 네게 주노니 나사렛 예수 그리스도의 이름으로 일어나 걸으라 하고, 오른손을 잡아 일으키니 발과 발목이 곧 힘을 얻고, 뛰어 서서 걸으며 그들과 함께 성전으로 들어가면서 걷기도 하고 뛰기도 하며 하나님을 찬송하니, 모든 백성이 그 걷는 것과 하나님을 찬송함을 보고, 그가 본래 성전 미문에 앉아 구걸하던 사람인 줄 알고 그에게 일어난 일로 인하여 심히 놀랍게 여기며 놀라니라"

성령의 불로 지배와 장악이 되어 성령의 인도를 받으면 권세 있고 능력있는 삶을 살게 됩니다. 도대체 누구를 잡아야 살 수 있을까 누구의 도움을 받아야 일어설 수 있을까 고민하고 있습니다. 하지만 세상을 아무리 바라보아도 우리의 도움은 오직 주밖에 없습니다. 예수 그리스만이 우리 운명을 바꾸는 능력이십니다. 사람들은 돈이 있어야 운명을 바꿀 수 있다고 생각하지만 성경은 우리에게 이렇게 가르쳐줍니다.

베드로가 "은과 금은 내게 없으나 내게 있는 것을 당신에게 주겠소. 나사렛 예수 그리스도의 이름으로 일어나 걸으라"고 말하고 있습니다(행:3-6). 예수 이름의 능력이 인생의 운명을 바꿉니다. 인생의 희망은 오직 예수 그리스도의 이름에 있습니다. 누구든지 예수 그리스도의 이름을 붙들어야 구원을 얻고 영원한 생명을 얻는 것입니다. 저는 모든 성도들이 자신의 운명을 바꾸는 예수 이름의 권능을 사용하기를 소망합니다. 하나님은 예수 그리스도를 통해 우리의 인생이 평안하기를 원하십니다. 하나님은 예수 그리스도를 통해 주저앉은 삶이 일어나기를 원하십니다. 하나님은 예수 그리스도를 통해 구원받기를 원하십니다.

예수 이름에 치유가 있습니다. 예수 이름에 축복이 있습니다. 예수 이름에 행복이 있습니다. 예수 이름에 회복이 있습니다. 예수 이름에 능력이 있습니다. 예수 이름에 기적이 있습니다. 권능 있는 예수 이름을 적절하게 사용하십시오. 그러면 당신의 운명은 주저앉은 인생에서 일어서는 인생으로 바뀌게 될 것입니다. 남에게 도움 받는 인생에서 남을 도와주는 인생으로 바뀌게 될 것입니다. 오직 예수 그리스도의 이름만이 우리의 운명을 변화시키는 기적을 가져옵니다. 예수의 이름에는 능력이 있습니다.

첫째, 성령으로 기도할 때 나타나는 능력. 예수님의 능력은 항상 성령으로 기도하는 사람을 통해 나타납니다. 기도가 능력이고, 기도가 성령충만이기 때문입니다. 유대인들은 바벨론 포로에서 돌아온 후 하루에 세 번 기도하는 습관을 가지고 있었습니다. 본문에는 베드로와 요한이 유대인의 습관을 따라 제 구시에 성전으로 기도하러 올라가는 모습이 소개되고 있습니다. 성령

충만을 경험했던 베드로와 요한이 유대인의 전통적인 기도 시간에 기도하러 성전에 올라갔다는 말은 초대 교회가 유대교의 전통을 완전히 버리지 않고 준행했음을 시사하고 있습니다. 초대교회 성도들이 복음을 유대교의 연장선상에서 이해하고 있었기 때문입니다. 그래서 베드로가 이방인 고넬료에게 복음을 전하는 것을 꺼려했고, 예루살렘 교회 성도들이 문제를 삼았습니다(행11:2-3). 그러나 유대교의 전통이 모두 다 그릇된 것은 아닙니다. 그리스도인이 시간을 정해 놓고 기도하는 습관을 갖는 것은 유익한 것입니다. 베드로와 요한은 자기 형제가 있었지만 그들은 자기 형제 이상으로 친밀한 관계를 유지하고 있었습니다. 그것은 베드로가 회개하고, 하나님이 그를 용납하셨다는 좋은 증거가 되며, 그리스도 안에 있는 교제가 혈연관계보다 더 친밀할 수 있다는 사실을 보여 주는 것입니다.

앉은뱅이가 일어나는 기적은 기도하는 시간에 베드로와 요한을 통해 일어났습니다. 기도하는 사람은 하나님이 함께 하시는 특별한 존재입니다. 그들을 통해 하나님은 기사와 표적을 나타내십니다. 기도는 영적 호흡이며, 하나님과의 교제이고, 자신을 치유하는 시간이고, 심신의 피로를 회복하는 시간이며, 하늘나라의 보물 창고를 열 수 있는 열쇠가 되기 때문입니다. 우리 주님은 구하고 찾는 자에게 가장 좋은 것으로(마7:11), 가장 빠른 시간 안에(눅18:8), 우리가 필요한 것만큼(눅11:8) 주시는 분입니다.

하나님께서 우리에게 주신 최고의 능력 가운데 하나가 기도입니다. 하나님께 쓰임 받았던 사람들의 공통점은 기도의 사람이었습니다. 기도의 능력은 제한이 없습니다. 성도는 얼마든지 기도를 통해서 세상을 변화시킬 수 있습니다. 우리는 사도들과 같이 하루에 세 번씩 시간을 정해 놓고 기도할 수는 없어도 하루를 시작하는 새벽 시간을 하나님께 드릴 수는 있습니다. 시간을 정해 놓고 하나님을 만나는 사람은 믿음의 사람입니다.

둘째, 그보다 큰 것도 하는 능력. 성도들의 믿음의 성장, 영적 성장의 과정을 보면 크게 나누어 3단계로 변화를 체험합니다. 예수님을 영접하고 처음 교회에 들어와 새 신자 교육이나, 성경 공부 등을 통하여서 예수님을 우리의 죄를 사하기 위하셔 십자가에 달리신 분이라고 인식하게 됩니다. 즉 "구원자의 예수님"으로 "아 나는 구원을 받았구나" 이렇게 인식하게 됩니다. 그 이후 차츰 시간이 흐르고 목사님들의 설교를 통하여서 혹은 다른 성도들의 간증을 통하여서, 또 성경 말씀을 통하여서 예수님에 대한 인식이 한 단계 변화하게 됩니다.

그 두 번째 단계는 바로 "권능의 예수님"입니다. 성경말씀 속 예수님께서 제자들과 함께 돌아다니시면서 병을 고치시고 귀신을 내보내고 오병이어와 같은 각종 이적과 기사를 행하시는 것을 보면서 "아 예수님은 권능이 있으시구나" "권능의 예수님이시구나" 알게 됩니다. 그런데 문제는 많은 크리스천들이 이 2번째 단계에서 멈춘다는 것입니다. 그 이후에 있는 3번째 단계에 도달하지 못한다는 것입니다. 그렇다면 3번째 단계는 무엇이기에 많은 크리스천들이 이 단계에 도달하지 못하는 것일까요?

바로 3단계는 2단계에서 인식한 능력의 예수님께서 우리에게 실제적으로 역사하는 것을 체험하는 것입니다. 그런데 왜 3단계로 변화되지 못할까요? 그것은 살아있는 성령의 역사를 체험하지 못하기 때문입니다. 성령으로 세례를 받고 내면의 상처를 치유 받으면서 자신에게 역사하는 악한 영을 알고 몰아내는 체험을 하기가 어렵다는 것입니다. 보수적인 교회에서 성령을 체험하기는 상당히 어렵습니다.

왜냐하면 성도들을 양육하는 목회자 중에 예배나 집회를 통하여 성령으로 세례를 베풀 수 있는 목회자가 많지 않기 때문입니다. 그래서 실제 말씀대로 성령의 역사를 일으키지 못합니다. 성도들이 살아있는 성령의 역사를 체험하지 못하니까, 예수님께서 행하신 기적들은 당시 예수님 시대에서만 행하여지는 것이고, 우리가 사는 현대 시대에는 있을 수 없는 일이라고 생각한다는 것입니다. 성도들은 목사님이 알려주는 것만 알고 행하기 때문입니다. 그러므로 담임 목사님들의 영성이 중요합니다. 영적인 진리를 많이 알고 전하고 체험하게 해야 한다는 책임감이 있어야 합니다. 성도들은 자신이 알려주는 것만 알고 있다는 것을 알아야 합니다.

또 우리는 그런 기적을 행할 수 없다고 생각하는 것입니다. 이는 우리가 믿는 기독교가 생명의 종교요, 기적의 종교요, 체험의 종교라는 것을 알지 못하고 믿지 않은 연고입니다. 하지만 우리 안에 성령이 계시고, 지금도 살아서 역사하고 계시는 성령이라는 것을 알고 믿으며, 성경을 하나님의 말씀으로 믿고 있다면 이런 생각은 잘못된 것임을 알아야 합니다.

하나님은 지금도 살아서 역사하시는 하나님이십니다. 하나님은 말씀하신 것을 실제로 이루시는 분입니다. 그러므로 성령의 임재 하에 말씀을 선포한 그대로 이루어진다는 믿음을 가져야 합니다. 요한복음 14장 12절을 보면 "내가 진실로 진실로 너희에게 이르노니 나를 믿는 자는 나의 하는 일을 저도 할 것이요 또한 이보다 큰 것도 하리니 이는 내가 아버지께로 감이니라"

이처럼 예수님께서는 친히 우리에게 우리가 예수님을 믿는다면 예수님께서 하신 일을 할 수 있으며 또 그보다 큰 것도 한다고 말씀하셨습니다. 예수님께서 행하신 눈먼 사람도 고칠 수 있으며, 앉은뱅이도 일어서게 할 수 있으며, 혈루병, 귀신들린 자, 벙어리 된 자, 우울증, 공황장애, 죽은 자, 오병이어의 기적뿐만이 아니라, 그보다 더 큰 기적을 우리는 행할 수 있다고 말하고 계시는 것입니다.

그렇다면 2단계에서 3단계로 성장하기위해서는 어떻게 해야 할까요? 예수님께서 행하신 기적들을 우리가 행하려면 어떤 것이 필요할까요? 그 비밀의 열쇠는 바로 "예수라는 이름의 능력의 사용"입니다. 예수님의 권능을 사용하려면 먼저 성령을 바르게 알고 성령으로 세례를 받아야 합니다. 예배나 집회에서 실제로 살아서 역사하시는 성령을 체험해야 영적인 수준이 향상되는 것입니다. 예수님은 이렇게 말씀을 하십니다. "너희가 내 이름으로 무엇을 구하든지 내가 시행하리니 이는 아버지로 하여금 아들을 인하여 영광을 얻으시게 하려함이라 내 이름으로 무엇이

든지 내게 구하면 내가 시행하리라"(요 14:13~14)

위 말씀은 예수님께서 직접 하신 말씀으로 13절에 "너희가 내 이름으로 무엇을 구하든지 내가 시행하리니…" 그리고 또 14절 "내 이름으로 무엇이든지 내게 구하면 내가 시행하리라"에 두 차례나 걸쳐서 예수님께서 예수님 자신의 이름으로 "무엇이든지"구하면 시행하리라 라고 말씀하고 계십니다. 이처럼 내 이름으로! 예수이름! 으로 구하면 시행하신다는 것입니다. 마가복음 16장 17~18절을 보면 "믿는 자들에게는 이런 표적이 따르리니 곧 저희가 내 이름으로 귀신을 좇아내며 새 방언을 말하며 뱀을 집으며 무슨 독을 마실지라도 해를 받지 아니하며 병든 사람에게 손을 얹은즉 나으리라 하시더라"

그렇습니다. 예수라는 이름으로는 불가능한 것이 없습니다. 우리가 예수님의 이름을 부르면 귀신이 떠나가는 역사가 일어납니다. 우리가 예수님의 이름을 부르면 병이 씻은 듯이 낫습니다. 또 우리가 예수님의 이름을 부르면 불가능한 것도 가능해지는 것입니다. 이처럼 예수라는 이름에는 그 이름 속에는 능력과 권세가 있기 때문에 "내가 나사렛 예수의 이름으로 명령하노니 귀신아 떠나가라!" 이렇게 담대히 선포할 수 있는 것입니다.

예수님은 어떠한 제한도 두지 않으시고 '무엇이든지'라고 하셨습니다. 무엇이든지 예수님이름으로 구하면 예수님께서 시행해주신다고 해결해 주신다고 하셨습니다. 예수님께서 말씀하신 '무엇이든지'라는 것을 우리는 마음속 깊숙이 새겨야 합니다. 예수님의 이름의 능력에는 어떠한 조건도 제한도 두어서는 안 됩니다.

지금 저는 성령치유 사역에서 이 예수님의 이름의 권세와 능력을 몸소 체험하고 있습니다. 어디를 갈 때든지 어느 곳에 있든지 속으로나 혹은 입으로 '예수 이름으로 명하노니…!'라고 계속 선포를 합니다. 저는 앞의 말씀처럼 무엇이든지 구하라 하신 예수님의 말씀을 그대로 믿고 작은 것 하나부터 실천했습니다. 내가 믿음으로 선포할 때 예수님이 하신다는 믿음이 중요합니다. 그래서 그냥 지나칠 수 있는 사소한 일이라도 예수님께 구합니다. 믿음가지고 예수님 이름으로 구합니다. 제가 힘이 없을 때 "예수 이름으로 나에게 힘이 생길지어다"를 외치고 제가 우울해질 때 "예수 이름으로 나의 우울함은 떠나갈지어다"를 외치고, 제가 화가 날 때 누군가가 미워질 때 "예수 이름으로 화는 떠나갈지어다"를 외칩니다. 이렇게 '예수 이름으로'를 외치고 나면 정말로 신기하게도 모든 것이 해결이 되고 마음의 평안이 옵니다. 마음에 사랑이옵니다. 기쁨이 옵니다. 이것이 바로 예수라는 이름의 능력이고 힘인 것입니다.

예수라는 이름에는 이미 그 권세와 능력이 들어있습니다. 그 이름의 능력을 믿고 작은 것부터 예수이름으로 구하여 보십시오. '이런 것쯤이야'라는 나태한 마음을 버리시고 하나하나 작은 것부터 예수이름을 외치십시오. 그런다면 우리도 예수님처럼 귀신을 쫓고 기적을 행하는 진정한 예수님의 제자다운 크리스천이 될 것입니다. 예수님의 권능을 사용할 줄 알아야 진정한 성도가 되는 것입니다.

셋째, 물질보다 더 뛰어난 능력. 예수의 이름에는 은, 금보다 더 뛰어난 능력이 있습니다. 베드로와 요한이 앉은뱅이를 만난 곳은 미문이었습니다. 그 문은 높이가 75피이트에 폭이 60피이트나 되는 거대한 문이었습니다. 사람들은 그 문을 "니카노르 문"(Nicanor Gate)이라고 불렀습니다. 그러나 그 문이 너무나 아름답고 웅장하기 때문에 "아름다운 문"이라고 부르기를 더 좋아했습니다.

그렇게 아름답고 어마어마한 문과는 대조적으로 그 문 앞에 날마다 쭈그리고 앉아 때 묻은 손을 내밀며 구걸하는 불쌍한 사람이 있었습니다. 하나님이 사랑하는 당신이여! 가장 아름다운 공간 안에 가장 초라한 인생이 앉아 있는 모습을 상상해 보시기 바랍니다. 그것은 참으로 아이러니입니다. 사도행전 4장 22절에 "이 표적으로 병 나은 사람은 40여세나 되었더라"고 기록된 것을 보면, 그는 40년간이나 앉은뱅이 인생을 살아 온 것입니다. 어릴 때는 그런대로 부모의 보호를 받으며 자랄 수 있었을 것입니다. 그러나 세월이 지남에 따라 부모도 늙어서 그를 도와 줄 수 없게 되었고, 형제들은 저마다 출가나 분가를 했을지도 모릅니다. 그래서 그는 혼자 남게 되었을 것입니다.

건강하지 못한 이 앉은뱅이는 아무것도 할 수 없었습니다. 그때에 친척과 이웃이 그에게 여러 가지로 권면했을 것입니다. "아무렴 산 사람 입에 거미줄을 처서야 되겠느냐?"고 말입니다. 그래서 그는 이웃의 도움을 받으며 미문 앞에서 구걸을 하기 시작했습니다. 살기 위해서 그가 할 수 있는 일은 그것 밖에 없었습니다. 성전 문 앞에는 항상 거지들이 줄지어 있었습니다. 그것은 하나님의 전으로 올라가는 사람들에게 동정이나 자비를 구하는 것이 비교적 쉬웠고 또 자선에도 비교적 관대했었기 때문이었습니다.

그렇게 구걸하며 지내던 어느 날 그는 평소와 같이 때 묻은 손을 내밀며 동정을 구하고 있었는데 그 길을 베드로와 요한이 지나 가다가 그를 보게 되었습니다. 가난한 베드로와 요한은 그에게 줄 돈이 없었습니다. 그러나 그냥 지나쳐 갈 수가 없었습니다. 그래서 그에게 우리를 보라고 요청했습니다. 앉은뱅이는 인간적인 기대 이상을 바라지 않았습니다. 내가 무엇을 해야 구원을 받을 수 있느냐고 묻지도 않았습니다.

앉은뱅이가 그들을 바라보자 베드로가 외쳤습니다. "은과 금은 내게 없거니와 내게 있는 것으로 네게 주노니 곧 나사렛 예수 그리스도의 이름으로 걸으라" 베드로는 앉은뱅이가 구하는 돈이 아니라 예수의 이름을 주었습니다. 앉은 뱅이가 일어난 것은 영이 알아듣고 혼에게 명령하니, 혼이 알아듣고 육에게 명령하니 육이 순종하여 앉은뱅이가 뛰어서 걸으며 간증한 것입니다. 우리도 예수 이름의 권능을 전해야 합니다. 희망을 잃은 사람들에게 예수의 이름을 나누어 주는 일은 교회가 할 일입니다. 성도가 할 일입니다. 세상은 은과 금의 이야기로 가득차 있습니다. 돈 이야기를 빼면 할 말이 없는 세상입니다. 그러므로 능력도 상실했습니다.

13세기 로마 법왕이 법왕궁에 쌓인 금을 가리키면서 "은과 금은 없다는 시대는 지나갔다" 고 교만하게 말하자 신학자 토마스 아키나스는 "법왕 폐하 옳은 말씀입니다. 그러므로 나사렛 예수의 이름으로 걸으라고 말할 시대도 지나갔습니다"고 대답했습니다. 참으로 안타까운 현실입니다. 영국교회는 잠자고 있습니다.

사람들은 돈이면 무엇이든 할 수 있다고 생각하지만 우리 인생에서 정말 중요한 것은 결코 돈으로 살 수 없습니다. 오늘날 돈에는 부요하지만 영혼은 가난한 사람이 많습니다. 돈은 많지만 참된 평안을 잃어버리고 불안에 떠는 사람이 많습니다. 오늘날 사람들은 은과 금에 인생의 희망을 겁니다. 하지만 인생의 희망은 오직 예수 그리스도의 이름에 있습니다. 누구든지 예수 그리스도의 이름을 붙들어야 구원을 얻고 영원한 생명을 얻는 것입니다. 저는 모든 성도들이 자신의 운명을 바꾸는 예수 이름의 능력을 소유하기를 소망합니다.

넷째, 구하는 것을 주시는 능력. 예수의 이름에는 우리가 구하는 것을 주시는 능력이 있습니다. 또한 우리의 필요를 채워주시는 능력이 있습니다. 베드로는 앉은뱅이의 오른손을 잡아 일으켰습니다. 이 대목에서 베드로의 위대성을 보게 됩니다. 치료의 확신이 없었다면 손을 잡고 일으킬 수가 없었을 것입니다. 진정한 구제는 행동이 수반되어야 합니다. 사도행전 3장 8절은 이 명령이 환자에게 준 영향에 대하여 설명해 주고 있습니다. 그는 말씀에 복종하여 뛰어 일어나 걸었습니다. 그는 잠을 자고 난 후

몸이 회복된 사람처럼, 자기에게 힘이 있는지 의심하지 않고 걷기 시작했습니다. 그것은 수천수만 개의 은과 금이 주지 못하는 놀라운 기적이었습니다. 존재의 변화입니다. 그리고 그가 고침 받은 자신의 모습을 사람들에게 보여 주며 하나님을 찬미한 것은 간증이었습니다. 하나님의 은총을 경험한 사람은 그들이 경험한 것을 증명해야 합니다.

누가 앉은뱅이였던 사람에게 “벌어먹고 살기도 힘들 텐데 다시 앉은뱅이로 돌아가는 것이 어떻겠느냐”고 묻는 다면 그는 단호히 거절할 것입니다. 일어서 보기 전에는 앉아 있는 것이 그런대로 안전하고 편하다고 생각할지도 모릅니다. 그러나 서는 기쁨, 걷는 기쁨, 달리는 기쁨을 경험한 그는 절대로 앉은뱅이 상태로 돌아가려고 하지 않을 것입니다. 넘어지는 것을 겁내는 어린이는 절대로 서서 걸으려고 하지 않습니다. 신앙생활도 마찬가지입니다. 은혜를 경험하고, 주를 위해 봉사하며 말씀대로 살아 본 사람은 절대로 과거로 돌아가려고 하지 않습니다. 그것이 설사 육신적으로 피곤하고 물질적으로 희생이 되어도 그는 그가 경험한 은혜의 자리에서 앞으로 전진 할 뿐입니다.

결론적으로 예수님이 주신 값진 것을 바르게 사용할 수 있는 능력이 있어야 합니다. 우리 한국교회의 맹점이 알기는 많이 아는데 사용할 줄을 모르는데 있습니다. 아무리 좋은 것을 주어도 사용할 줄 모르면 무용지물이 되는 것입니다. 그래서 주님은 우리가 군사가 되도록 성령의 인도를 받으며 훈련을 하시는 것입니다. 저는 항상 강조합니다. 성도가 예수를 믿고 교회에 들어와 믿음생활을 바르게 하다가 보면 성령으로 세례를 받습니다. 성령으로 세례를 받음과 동시에 은사도 나타납니다. 자신에게 임한 성령의 역사와 은사가 자신의 전인적인 치유의 역사로 일어납니다. 이때 성령의 불세례를 체험하게 되는 것입니다.

성령이 자신의 육성을 치유할 때 강력하게 역사하므로 자신의 심령에서 뜨거운 역사가 일어나는 것입니다. 자신을 치유하면서 군사가 되는 것입니다. 하나님은 자신에게 부여한 성령의 권능을 가지고 자신을 치유하면서 군사가 되도록 훈련하는 것입니다. 자신을 치유하고 심령을 천국 만든 다음에 가정을 치유하여 천국을 만드는 것입니다. 이렇게 성령의 권능을 가지고 자신과 가정을 치유하면서 하나님의 군사로 거듭나는 것입니다. 하나님의 군사가 된 다음에 세상에 나가 세상을 성령의 역사로 장악하는 것입니다. 그러므로 성도는 예수님이 주신 권능을 사용할 줄 알아야 진정한 군사가 되는 것입니다.

충만한 교회에서는 매주 목요일 밤 19:30-21:30 성령, 기도, 내적치유집회를 정기적으로 진행하고 있습니다. 성령세례와 성령의 불 받기를 원하시는 많은 분들이 찾아오셔서 성령세례의 성령의 불로 충만을 받고, 방언기도를 분출시키며, 질병과 마음의 상처를 치유 받고 있습니다. 담임목사가 일일이 1시간이상 안수하여 성령으로 기도하며 성령의 강력한 역사가 일어나서 오시는 분들이 많은 은혜를 받고 있습니다.

15장 영-혼-육이 건강한 삶을 산다.

(마 15:18-20)"입에서 나오는 것들은 마음에서 나오나니 이것이야말로 사람을 더럽게 하느니라. 마음에서 나오는 것은 악한 생각과 살인과 간음과 음란과 도둑질과 거짓 증언과 비방이니 이런 것들이 사람을 더럽게 하는 것이요 씻지 않은 손으로 먹는 것은 사람을 더럽게 하지 못하느니라."

하나님은 예수를 믿고 성령으로 거듭난 성도들이 성령의 강력한 불 받기를 원하십니다. 그리고 성령으로 전인격이 지배와 장악을 받고 성령의 인도를 받으며 살기를 소원하십니다. 세상 말에는 끼리끼리 논다는 말이 있습니다. 마찬가지로 성도들도 끼리끼리 모여서 있습니다. 희한한 일입니다. 그렇기 때문에 자신과 통하는 사람을 보면 자신의 심령상태와 비슷하다고 보면 거의 일치할 것입니다. 그래서 예수를 믿고 교회에 들어오면 말씀과 성령으로 내면을 정리하는 기간이 있어야 합니다. 성경에 나오는 아브라함, 야곱, 요셉, 다윗 등등을 보면 내면을 정리하는 기간이 있었다는 것을 발견할 수가 있습니다.

성령이 역사하는 교회시대를 살아가는 성도님들 역시 내면을 정리하는 시간을 가져야 합니다. 그래야 생명의 말씀과 성령으로 전인격이 성령의 지배를 받아야 하나님께서 원하시는 대로 영육이 건강한 축복을 받으면서 살아갈 수가 있습니다. 교회와 성도들은 내면의 정리에 대하여 관심을 가져야 합니다.

첫째, 내면의 모습이 환경에 나타난다. 우리가 깨달아 알아야 될 것은 내 주위에 이루어지는 환경은 나와 취미가 비슷한 사람들끼리 모여서 친구가 되고 이웃이 되어 살게 되는 것입니다. 나와 전혀 다른 사람은 합쳐서 살지 못합니다. 취미가 같은 사람끼리, 사상이 같은 사람끼리 모입니다. 유유상종(類類相從)하여 같은 무리가 함께 모여서 함께 삽니다. 그런데 알아야 될 것은 나의 소원과 생각이 환경을 만들어 낸다는 것입니다. 이것은 마음에 소원과 생각이 무리지어 있습니다. 그런데 그 마음에 있는 소원과 생각이 우리 환경에 나타나서 우리 환경을 만들어 갑니다.

골로새서 3장 1절로 3절에 "그러므로 너희가 그리스도와 함께 다시 살리심을 받았으면 위의 것을 찾으라. 거기는 그리스도께서 하나님 우편에 앉아 계시느니라. 위의 것을 생각하고 땅의 것을 생각하지 말라. 이는 너희가 죽었고, 너희 생명이 그리스도와 함께 하나님 안에 감추어졌음이라" 우리가 그리스도 믿음으로 말미암아 하나님 안에 감추었으므로 위에 것을 생각하라. 땅에 것을 생각하지 말고 위에 것을 생각하라. 우리가 위에 것을 생각하면 그것이 밖의 나의 생활 속에 나타나는 것입니다. 먼저 내 마음의 생각에 무리 짓던 것이 몸 밖으로 현실화 되는 것입니다. 내 마음에 항상 생각하던 그것이 나의 환경에 일어나는 거예요. 내 생각에 전혀 없던 것이 환경에 일어나지 않습니다.

누가복음 6장 45절에 "선한 사람은 마음에 쌓은 선에서 선을 내고 악한 자는 그 쌓은 악에서 악을 내나니 이는 마음에 가득한 것을 입으로 말함이니라." 아, 저 사람은 항상 악을 행하느냐. 수

렁이 빠지느냐. 먼저 마음속에 악이 있기 때문에 그 악이 무리지어서 그 생활 속에 나타나는 것입니다. 아, 저 사람은 항상 선한 일이 주위에 일어나고 선한 사람들과 함께 모인다. 왜 그러느냐. 그 마음속에 있는 선이 밖으로 나온 것입니다. 로마서 8장 5절로 6절에 "육신을 따르는 자는 육신의 일을, 영을 따르는 자는 영의 일을 생각하나니 육신의 생각은 사망이요, 영의 생각은 생명과 평안이니라" 영의 생각을 하는 사람에게 영적인 역사가 일어나고 육신의 일을 생각하는 사람에게는 육신의 일이 나타나지 영적 생각이 일어나지 않습니다.

마음에서 나오는 소원과 생각이 환경을 더 좋게 만들기도 하고 더 나쁘게 만들기도 하는 것입니다. 굉장히 마음에 생각과 소원이 중요합니다. 생각과 소원이 먼저 있고 난 다음에 그것이 무리지어 내 환경에 나타나는 것입니다. 그러므로 내게 이루어지는 환경은 바로 내가 마음과 생각에 만들어 놓은 것이 내 환경에 나타나는 것입니다. 얼토당토 안한 것이 나오지 않습니다. 내 마음에 가득한 것이 밖으로 나오는 것입니다.

긍정적인 생각으로 긍정적인 말을 하느냐, 부정적인 생각으로 부정적인 말을 하느냐 하는 작은 차이가 우리 인생을 180도로 완전히 달리 만들어 놓습니다. 긍정적인 생각을 하고 긍정적인 말을 하는 사람은 환경에 긍정적인 환경이 다가오는 것입니다. 부정적인 생각을 하고 부정적인 말을 하는 사람은 부정적인 것이 무리지어 나타나는 것입니다. 무리의 법칙이에요. 모든 우리 주위에 일어나는 것은 무리의 법칙에 영향을 받습니다. 내 생각이 그 무리의 법칙에 따라서 똑같은 환경을 끌어당기는 것입니다. 내 소원과 꿈이 그 소원과 꿈대로 환경을 끌어 당겨서 그렇게 만드는 것입니다.

요즘 광고를 듣다 보면 "생각대로"라는 말이 광고에 많이 나옵니다. 결국 내 마음 속의 소원과 생각대로 내가 삶의 환경을 만들어 나갈 수가 있다는 것입니다. 참 희한한 친구를 거느리고 삽니다. 마음속에 꿈과 희망, 미래를 마음속에 다 가지고 있습니다. 친구입니다. 이 친구들이 마음속에만 있는 것이 아닙니다. 이 친구들이 자신과 함께 그 꿈과 희망과 미래의 환경으로 인생을 만들어 가는 것입니다. 어른들이 하시는 말씀 중에 어릴 때는 별로 그것을 몰랐는데 나이를 먹고 보니까 앉으나 서나 나 혼자 있다고 생각이 안 됩니다. 내 속에 꼭 여러 명이 같이 있어요. 희한합니다. 그 여러 명이 항상 내 마음 속에 이야기를 하고 있어요. 의논을 하고 있어요. 결정을 내리지 못하겠어요. 이렇게 분심이나 잡념이 일어나는 이유가 무엇일까요? 상처입니다. 상처 뒤에 역사하는 귀신들이 생각을 조종하는 것입니다. 이 생각 저 생각 다 떠오르게 방해하는 것입니다. 이것을 하나가 되게 하시는 분이 성령님 이십니다. 기도를 통해서 하나가 이루어지는 것입니다. 성령으로 기도하여 하나가 되는 것은 반드시 이루어집니다. 성령으로 기도하여 성령으로 하나가 되어야 합니다.

둘째, 수치심과 부끄러움은 버려야 한다. 예수를 믿으면서 영육의 고통을 달고 사는 것은 옛 사람이 없어지지 않아서 수치심과 부끄러움을 버리지 못하기 때문입니다. 예를 든다면 예수를 믿고 교회에 다니면서 영육의 문제를 가지고 있으면 믿음이 부족하기 때문이라는 잘못된 생각으로 인한 것입니다. 영육의 고통과 문제를 생명의 말씀과 성령으로 치유하려고 하지 않기 때문에 믿음생활을 20년을 해도 영육의 문제를 달고 사는 것입니다. 이로 인하여 목사가, 장로가, 권사가, 안수집사가 집사가 영육의 문제가 있는 것을 수치심이나 부끄러움 때문에 밖으로 발성하지 못하고 혼자만 끙끙 앓고 살아간다는 것입니다.

그러나 이는 지극히 잘못된 이론입니다. 절대로 예수를 믿었다고 완벽할 수가 없는 것입니다. 육체를 가지고 사는 이상 모두 문제를 가지고 살아가고 있다고 인정해야 자신이 영육이 건강하게 지낼 수가 있습니다. 예수를 믿고 목사가 되고, 장로가 되고, 권사가 되고, 안수집사가 되고, 집사가 되었어도 육체를 가지고 있기 때문에 영육의 문제 있을 수가 있는 것입니다. 있는 것이 당연한 것입니다. 이를 인정하고 자신에게 일어나는 영육의 문제를 하나님과 담임목회자에게 드러내고 시인해야 치유가 되는 것입니다. 만일 부끄럽고 수치스럽다고 드러내지 않고 숨기면서 하나님께서 해결하여 주시기만 바라고 기도한다면 영원한 천국에 갈 때까지 해결 받지 못하고 치유되지 않을 수가 있습니다. 하나님은 마음을 열고 자신의 영육의 문제와 질병과 영적인 문제를 드러내고 시인해야 해결하시고 치유하시기 때문입니다.

우리가 밝히 알고 대처해야 할 것은 혈통을 따라서 위로 올라가보면 누구나 우상을 숭배했을 수가 있고, 무당을 초청하여 굿을 했을 수가 있고, 제사도 지냈을 수가 있고, 잡신도 섬겼을 수가 있고, 마음에 상처도 받았을 수가 있습니다. 자신은 완벽하다고 생각하거나 자랑하는 성도는 교만한 것입니다. 문제가 없다고 마음을 열지 않으니 성령의 역사가 일어나지 않아 자신을 정확하게 보지 못하는 것입니다. 예수님은 누가복음 5장 31-32절에서 "예수께서 대답하여 이르시되 건강한 자에게는 의사가 쓸데 없고 병든 자에게 라야 쓸 데 있나니 내가 의인을 부르러 온 것이 아니요, 죄인을 불러 회개시키러 왔노라" 말씀하셨습니다. 자신에게도 문제가 있을 수 있다고 생각하고 겸손해야 합니다. 목회자와 성도는 너나나나 할 것 없이 육체를 가지고 있는 한 누구나 완벽하지 못하고 영육의 문제가 있을 수가 있습니다. 그렇기 때문에 자신의 영육의 문제를 드러내어 해결하려고 해야 합니다. 혹에라도 목사가, 장로가 원사가 안수집사가 집사가 귀신이나 마음의 상처나 질병으로 고생한다고 흉을 잡아 입방아를 찧고 다니는 성도가 되어서는 안 됩니다.

하나님은 자신이 인정하고 드러내고 입술로 시인하는 부분만 치유하여 주십니다. 많은 목회자와 성도들이 잘못알고 있는 것은 교회에 다니면서 예배드리고 기도하고, 능력자에게 안수 받으면 오만가지 문제가 자동으로 해결되는 것으로 알고 있습니다. 그러나 하나님은 그렇게 역사하시지 않습니다. 마음을 열고 인정하고 드러내고 시인하는 부분만 치유하여 주십니다.

그리고 금식하면 만사가 다 되는 것으로 알고 행하는 분들이 있습니다. 금식은 자신의 육성이 너무나 강해서 성령의 역사가 일어나지 못할 때 하는 것입니다. 목회가 안 되고, 가정이나 개인의 문제를 해결하기 위해서 금식하는 것은 샤머니즘의 신앙의 잔재에서 기인한 것입니다. 절대로 금식한다고 교회 부흥 되고, 가정의 문제 해결되고, 영육의 질병이 치유되는 것이 아닙니다. 오히려 부작용만 나타나기도 합니다. 어떤 목사님과 사모님은 21일 금식을 2번하셨다는데 두 분 모두 육체의 질병과 골다공증 수치가 높아졌다는 것입니다. 필자의 견해로는 차라리 금식하는 기간에 성령의 역사가 일어나는 곳에 가셔서 말씀 듣고 기도하고 안수 받으면 성령의 지배와 장악이 되면서 영적인 목회자와 성도로 변화되어 문제가 해결이 된다는 것입니다. 하나님의 역사가 일어나게 하려면 인간적인 노력을 하면 할수록 방해가 된다는 것입니다. 인간적인 열정이나 노력으로 문제가 해결이 되고 질병과 상처가 치유된다면 밤을 새워가며 기도하면 자신이 원하는 대로 해결이 될 것 아닙니까? 절대로 그렇게 되지 않습니다.

분명하게 자신은 예수를 믿을 때 죽었고, 다시 예수님으로 태어나 예수님의 인생을 사는 것입니다. "그리스도의 사랑이 우리를 강권하시는 도다. 우리가 생각하건대 한 사람이 모든 사람을 대신하여 죽었은즉 모든 사람이 죽은 것이라. 그가 모든 사람을 대신하여 죽으심은 살아 있는 자들로 하여금 다시는 그들 자신을 위하여 살지 않고 오직 그들을 대신하여 죽었다가 다시 살아나신 이를 위하여 살게 하려 함이라(고후 5:14-15)" 그러므로 자신의 옛 사람이 없어져야 성령님이 역사하셔서 자신을 장악하시는 것입니다. 자신을 성령님이 장악하고 지배를 해야 능력도 강하게 나타나고, 문제도 해결되고, 질병이나 상처도 치유가 되는 것입니다.

우리는 예수를 믿고 교회에 들어와 믿음생활을 해도 영-혼-육이 완벽할 수가 없는 것입니다. 목사, 장로 권사, 안수집사, 집사가 영육의 문제가 있다는 것이 수치심이나 흉이 될 수가 없습니다. 그러내어 해결하려고 해야 합니다. 절대로 부끄러움이나 흉이 아니고 극히 정상적인 것입니다. 육체를 가지고 있는 한 영원한 천국에 갈 때까지 성화되어야 합니다. 질병이 있다고, 귀신에게 고통을 당한다고, 수치스럽게 여기거나 부끄러워 말을 못하는 것은 귀신의 장난입니다. 밝히 드러내야 성령의 역사로 문제가 해결되고 질병이나 상처나 귀신역사가 치유되는 것입니다.

셋째, 자화상과 삶의 환경인 것이다. 부정적인 자화상을 가진 사람도 있고 긍정적인 자화상을 가지고 있는 사람도 있는데 부정적인 자화상을 가진 사람은 벌써 출발부터 망했습니다. 긍정적인 자화상을 가지고 있는 사람은 출발부터 성공을 가지고 출발하게 되는 것입니다. 모세가 가나안 땅을 정탐하러 보냈던 정탐꾼 열두 명이 와서 보고를 합니다. 그 중에 열 명은 말하기를 "그 정탐한 땅을 악평하여 이르되 우리가 두루 다니며 정탐한 땅은 그 거주민을 삼키는 땅이요 거기서 본 모든 백성은 신장이 장대한 자들이며 거기서 네피림 후손인 아낙 자손의 거인들을 보았나니 우리는 스스로 보기에도 메뚜기 같으니 그들이 보기에도 그와 같았을 것이니라"

메뚜기 자화상. 우리가 가서 그들 비교해 보니 그들이 장대하고 커서 우리는 메뚜기 같더라. 어림도 없다. 우리 들어가면 우리의 사랑하는 자녀들이 다 사로잡힐 것이고 우리는 칼날에 죽을 것이다. 애굽으로 도로 돌아가자! 완전히 부정적인 자화상을 가졌습니다. 모든 이스라엘 백성들이 거의 휩쓸렸습니다. 사람들은 긍정적인 것보다도 부정적인 것에 휩쓸립니다. 긍정적인 말은 좀처럼 따라하지 않고, 부정적인 말은 쉽게 따라 합니다.

사람들은 긍정인 것보다 부정적인 것을 좋아하고 귀를 기울입니다. 부정적인 자화상을 많이 가지고 있습니다. 그런데 여호수아와 갈렙은 갔다 와서 보고하는데 "이스라엘 자손의 온 회중에게 말하여 이르되 우리가 두루 다니며 정탐한 땅은 심히 아름다운 땅이라 여호와께서 우리를 기뻐하시면 우리를 그 땅으로 인도하여 들이시고 그 땅을 우리에게 주시리라. 이는 과연 젖과 꿀이 흐르는 땅이니라. 다만 여호와를 거역하지는 말라 또 그 땅 백성을 두려워하지 말라. 그들은 우리의 먹이라. 그들의 보호자는 그들에게서 떠났고 여호와는 우리와 함께 하시느니라. 그들을 두려워하지 말라"(민 14:7~9)

승리의 자화상입니다. 그들은 우리의 밥이다. 먹이다. 하나님이 같이 계시므로 우리는 능히 들어가서 점령할 수 있다. 우리 것이다. 가자. 그런데 군중들이 돌을 들어서 이 두 사람을 쳐 죽이려고 했습니다. 그때 하나님이 나타나셔서 열 사람은 하나님의 형벌로 다 죽이고 그 사람들 따랐던 백성들은 다 죽을 때까지 40년을 광야에서 방황을 하게 되고 죽고 오직 광야를 살아서 남아서 후손들과 함께 가나안 땅에 들어간 사람은 여호수아와 갈렙 밖에 없었습니다. 긍정적인 자화상을 가진 두 사람밖에 없었습니다.

마가복음 9장 23절에 "예수께서 이르시되 할 수 있거든이 무슨 말이냐 믿는 자에게는 능히 하지 못할 일이 없느니라" 자기를 볼 때 그렇게 생각해야 돼요. 할 수 있거든이 무슨 말이냐 믿는 자에게는 능히 하심이 없느니라. 나는 그리스도를 믿고 의지하므로 능치 못하심이 없다. 예수님 안에서 할 수 있다. 하면 된다. 해 보자. 빌립보서 4장 13절에 "내게 능력 주시는 자 안에서 내가 모든 것을 할 수 있느니라" 하나님이 내게 능력을 주시니까 내가 모든 것을 할 수 있다. 로마서 8장 28절에 "우리가 알거니와 하나님을 사랑하는 자 곧 그의 뜻대로 부르심을 입은 자들에게는 모든 것이 합력하여 선을 이루느니라" 모든 하는 일마다 하나님이 합력하여 선하게 만들어 주신다. 고린도후서 5장 17절에 "그런즉 누구든지 그리스도 안에 있으면 새로운 피조물이라 이전 것은 지나갔으니 보라 새 것이 되었도다" 이전에 나는 무능하고 무력하고 사람들에게 손가락질 받았지만 이전 사람이 아니야. 나는 예수 사람이야. 나는 새것이 되었어. 하나님이 같이 계시므로 모든 일을 하나님과 함께 하므로 할 수 있다. 하면 된다. 해 보자. 갈보리 십자가를 바라보고 예수 그리스도의 대속을 통해서 새로운 긍정적인 자화상을 가져야 됩니다.

영-혼-육체의 축복에 입각한 자화상을 가지십시오. 하나님은 자녀들의 전인축복을 원하십니다. 예수 그리스도의 십자가의 보혈을 통하여 용서와 의의 자화상을 가지십시오. 용서받은 의인이다. 보혈로 말미암아 나는 거룩하고 성령 충만한 사람이 되었다. 나는 예수님이 채찍에 맞았으므로 병 고침을 받았다. 치료받은 사람의 자화상을 가지십시오.

예수님이 나의 저주를 대신하시므로 아브라함의 복과 형통을 가진 사람이 되었다. 부활과 영생천국의 자화상을 가지십시오. 무엇을 하든지 내 영혼이 잘되고 범사가 잘되며 강건하게 된다는 자화상을 가지십시오. "내 영혼아 여호와를 송축하라 내 속에 있는 것들아 다 그 성호를 송축하라 내 영혼아 여호와를 송축하며 그의 모든 은택을 잊지 말라 저가 네 모든 죄악을 사하시며 네 모든 질병을 고치시며 네 생명을 파멸에서 구속하시고 인자와 긍휼로 관을 씌우시며 좋은 것으로 네 소원을 만족하게 하사 네 청춘을 독수리 같이 새롭게 하시는 도다"(시 103:1~5). 긍정적이고 적극적이고 밝고 맑고 환한 자화상을 가지십시오. 거울 들여다보고 메뚜기다. 메뚜기! 그렇게 생각하면 적막강산(寂寞江山)입니다. 나는 하나님이 같이 계시므로 내일은 오늘보다 다음 달은 이번 달보다 명년은 금년보다 나아진다. 할 수 있다. 하면 된다. 해 보자. 밝고 맑고 환한 마음에 자화상을 가진다는 것은 굉장히 중요한 것입니다.

골로새서 3장 7절로 10절에 "너희도 전에 그 가운데 살 때에는 그 가운데서 행하였으나 이제는 너희가 이 모든 것을 벗어 버리라 곧 분함과 노여움과 악의와 비방과 너희 입의 부끄러운 말들을 벗어 버리라 너희가 서로 거짓말을 하지 말라 옛 사람과 그 행위를 벗어 버리고 새 사람을 입었으니 이는 자기를 창조하신 이의 형상을 따라 지식에까지 새롭게 하심을 입은 자니라" 우리를 창조하신 하나님의 형상을 따라 새롭게 되었다는 자화상을 마음에 가져야 되는 것입니다. 생각과 꿈과 믿음과 말씀이 자기 자화상을 다스리는 것입니다. 내가 인생을 살면서 내가 어떻게 변하느냐. 내가 생각을 변화시키고 꿈을 변화시키고 믿음을 변화시키고 말을 변화시키면 내 자화상을 달라지고 내 인생이 달라지는 것입니다.

넷째, 건강할 때 건강에 관심을 가져라. 일반적인 교회에서 성도들의 개인 건강에 대하여 관심을 갖는 경우가 많지 않는 것이 사실입니다. 강단에서 개인 건강에 대하여 설교하고 강조하는 교회는 많지 않습니다. 그런데 하나님께서는 성경말씀 여러 곳에서 건강과 질병에 대하여 강조하고 계십니다. 잠언서 4장 22절에서 "그것은 얻는 자에게 생명이 되며 그의 온 육체의 건강이 됨이니라." 말씀하셨습니다. 신명기 7장 12-15절에서는 "너희가 이 모든 법도를 듣고 지켜 행하면 네 하나님 여호와께서 네 조상들에게 맹세하신 언약을 지켜 네게 인애를 베푸실 것이라. 곧 너를 사랑하시고 복을 주사 너를 번성하게 하시되 네게 주리라고 네 조상들에게 맹세하신 땅에서 네 소생에게 은혜를 베푸시며 네 토지 소산과 곡식과 포도주와 기름을 풍성하게 하시고 네 소와 양을 번식하게 하시리니, 네가 복을 받음이 만민보다 훨씬 더하여 너희 중의 남녀와 너희의 짐승의 암수에 생육하지 못함이 없을 것이며, 여호와께서 또 모든 질병을 네게서 멀리 하사 너희가 아는 애굽의 악질에 걸리지 않게 하시고 너를 미워하는 모든 자에게 걸리게 하실 것이라." 하나님의 뜻은 예수를 믿고 성령으로 거듭난 성도들이 전인적인 복과 건강하기를 원하십니다.

이렇게 하나님께서도 건강에 관심이 많으십니다. 그런데 성도들은 건강할 때는 건강에 관심이 없습니다. 왜 건강하니까! 그러다가 질병이 생기거나 정신적이고 영적인 문제가 생기면 그때야 이리 뛰고 저리 뛰는 것이 보통입니다. 교회에서도 성경 공부시키고, 기도모임을 중요하게 여기고, 교회를 성장시키고, 교회를 짓는 일에는 관심이 많으나 성도들의 개개인의 건강에 대하여는 교회성장에 밀리는 것이 보통입니다. 성도들이 평소에 건강에 대하여 관심을 갖지 않고 지내다가 나이를 먹고 병이 하나 오면 그때야 건강에 관심을 가지고 병 고치려고 백방으로 노력하지만 병 고치기 녹록치 않습니다. 분명하게 영적인 면이 열리지 않으면 하나님께서 원하시는 전인적으로 건강한 삶을 살아갈 수가 없습니다. 건강하게 살기를 바라고 원하지만 태어나서 건강에 대해 배운 바도 들은 일도 없습니다. 그러니 병이 오면 속수무책입니다. 또 어떻게 해야 건강하게 사는 방법을 모릅니다. 알고 있는 것이 모두 열심히 예배드리고 열심히 봉사하고 열심히 철야기도하고 열심히 성경 읽으면 건강하다고 합니다. 모두들 운동하면 건강하게 살줄 알고 운동, 운동하는데 너무도 모르는 말입니다. 좋은 음식 가려 먹어야 하고 운동은 필수 건강에 도움이 됩니다. 그러나 병과는 무관합니다. 생로병사라고 했듯이 병이 빨리 오고 늦게 오는 차이일 뿐 죽을 때는 다들 병들어 죽게 됩니다. 그러나 병이 무엇인지 왜 아픈지 원인을 알면 병 고치기 쉽고 고생을 하지 않아도 됩니다. 사람이 병이 생기는 주된 원인은 내면세계의 불균형입니다.

16장 마음의 상처를 치유 받으며 산다.

(히 12:14-15)"모든 사람과 더불어 화평함과 거룩함을 따르라 이것이 없이는 아무도 주를 보지 못하리라. 너희는 하나님의 은혜에 이르지 못하는 자가 없도록 하고 또 쓴 뿌리가 나서 괴롭게 하여 많은 사람이 이로 말미암아 더럽게 되지 않게 하며"

성도가 성도되는 것은 성령의 불을 받은 다음 부터 시작되는 것입니다. 성령의 불로 지배와 장악이 되어 성령의 인도를 받으면 잠재의식의 상처를 치유하십니다. 잠재의식이 정화되어야 하나님과 관계가 열려서 성령의 불로 지배와 장악이 되어 성령의 인도를 받을 수가 있기 때문입니다. 우리가 알아야 할 것은 잠재의식에 형성된 상처는 모두 출동준비를 하고 대기하고 있다는 것입니다. 책꽂이에 책이 꽂이 있는 것과 같이 모두 서있는 것입니다. 그래서 동일한 상황이 전개되면 순간 '안 된다'하면서 반대하게 하는 것입니다. 잠재의식이 자신의 감정을 자극하여 순간 이성을 잃게 하는 경우도 있습니다.

첫째, 잠재의식에 쌓여가는 사기 덩어리. 우리는 과거에 경험했던 어떤 고통스러운 기억으로 말미암아 인간관계가 좋지 않고, 과거의 실패 감에 사로잡혀 있으므로 무엇인가를 시도해도 잘되지 않는 경우가 있습니다. 오늘을 잘 살기 위해서는 과거의 부정적인 기억을 치유해야 합니다. 과거를 잘 정리해야 합니다. 실패는 교훈입니다. 실패하지 않고 성공하는 사람이 없습니다.

문제는 실패가 아니라, 우리에게 남아서 늘 부정적인 영향을 주는 실패 감입니다. 과거가 주는 실패 감을 잘 정리해야합니다. 하나님은 언제나 우리에게 꿈을 주고 새로운 시도를 통하여 창조적인 삶을 살게 하지만, 마귀는 실패 감을 부여잡고 쓰러져 있게 만듭니다. 아무런 시도도 하지 못하게 만듭니다. 실패 감에 사로잡혀 환경에 이끌려 다니게 만듭니다. 하나님은 우리를 마음으로부터 새롭게 시작하게 하십니다. 실패를 넘어 성공을 향해 새롭게 도전하게 하십니다. 이렇게 함으로 하나님을 닮은 우리자신의 가치를 높이게 하십니다. 아무것도 하지 않는 것은 스스로 쓸모없는 존재, 무가치한 존재로 전락하는 것입니다. 구원받은 인간은 계속 가치가 올라가다가 마지막에는 천국까지 가는 것입니다. 이를 위해서는 과거가 주는 실패 감, 부정적인 감정에서 벗어나야 합니다.

그리고 자꾸 생명의 말씀과 성령의 역사로 자신을 가꾸어야 합니다. 마음을 가꾸라. 과거를 가꾸라. 영성을 가꾸라. 그래야 하나님이 쓰십니다. 새로운 것에 대한 도전은 과거를 정리해야 가능합니다. 과거가 정돈되지 못하면, 새로운 도전을 할 수 없고, 결국 하나님께서 원하시는 행복하고 성공적인 삶을 살지 못하게 됩니다. 잠재의식을 정화해야 합니다.

크리스천이 알아야 할 것은 인간의 마음속에 머무르면서 그 사람의 마음의 세계를 관리하는 심리기제인 현재의식과 잠재의식은 서로 맡은 바 역할이 다릅니다. 현재의식은 사람의 생각을 만들어 내는 일을 하고, 잠재의식은 그 사람의 느낌을 만들어 내는 일을 합니다. 사람의 생각과 느낌은 서로 다른 마음의 영역에서 만들어지는 것으로서, 그 사람의 인간된 모습을 외부에 있는 사람들에게 전달해 주는 역할을 합니다. 현재의식에서 만들어지는 생각이 사람의 의지에 의해서 만들어지는 것이라면 잠재의식에서 만들어 지는 느낌은 사람의 의지와는 전혀 상관없는 잠재의식이 만들어냅니다. 생각과 느낌은 정신분석학에서 주로 다루는 심리분야입니다. 정신분석은 오랜 연구의 역사적 과정 속에서 인간이 조정할 수 없는 잠재의식에 대한 본질을 알아보고자 했습니다. 잠재의식의 본질을 한 마디로 줄여서 말한다면 인간이 인지하고 이해하고 종용할 수 없는 의식이 알지 못하는 심리 영역입니다.

현재의식의 밑바닥에 있는 잠재의식은 인간이 태어난 이후 모든 행복하고 불행하고 기쁘고 슬프고 잘하고 못하고 등의 모든 인생 경험이 컴퓨터에 입력되듯 기록되고 있습니다. 잠재의식은 의식의 내부에 깊숙이 숨겨진 엄청난 능력입니다. 어린아이가 태어나면 무엇이 선하고 악한지 옳고 틀린지를 모릅니다. 그의 가장 가까이에서 말하고 행동하는 사람이 누구냐에 따라 그의 잠재의식은 형성됩니다.

잠재의식은 3가지 형태로 자신에게 영향을 미치게 됩니다. 첫째로 태아기와 유아기에 일어나는 현상으로 무조건 잠재의식이 현재의식을 받아들이는 것입니다. 현재의식에서 안 되는 방향으로 생각하고 못하는 방향으로 느끼고 말해도, 잠재의식은 현재의식의 명령을 받고 그대로 받아들입니다. 잠재의식은 자신이 내리는 생각의 명령이 좋은 것이든 나쁜 것이든 구분을 못하고 그대로 받아들입니다. 유아 시절에는 분별력이 없기 때문에 자신의 주변사람에게 들은 단점만 생각하고, 못하고 열등적인 면만 생각하여 자신을 열등적인 인간이라고 현재의식에서 생각의 명령을 내리면 잠재의식은 그것을 여과 없이 그대로 받아들입니다. 현재의식을 따르다가 상처를 받으면 상처가 잠재의식에 형성이 되기도 합니다.

유아기의 잠재의식은 자신이 생각하는 대로 움직이고 형성됩니다. 자신이 아주 적극적이고 자신 있는 생각만 하면 자신 있고 멋있다는 그림이 형성되어 그렇게 생각되어지고 행동하게 됩니다. 그런데 부모가 자신의 요구를 들어주지 않으면 상처가 잠재의식에 형성됩니다. 유아시기에는 자기위주로 생각하기 때문에 이런 경우가 보통입니다. 유아시절에는 성공과 행복을 생각하면 성공과 행복한 쪽으로 잠재의식이 형성되고, 실패와 불행만 생각하면 실패와 불행 쪽으로 잠재의식이 형성됩니다. 유아기에 보고 듣고 생각하고 느끼고 것은 모두 잠재의식의 깊은 곳에 저장됩니다.

둘째로 잠재의식이 자신의 주인 역할을 하는 것입니다. 유아기를 지나서 소년기에 접어든 사람들이 이런 경우가 나타나는 것이 보통입니다. 유아기에 형성된 영육의 상처와 정신적인 상처가 잠재의식에 형성된 대로 행동에 옮기도록 역사하는 것입니다. 잠재의식이 감정을 건드려서 순간 판단을 잘못하도록 역사하는 것입니다. 예를 든다면 우울증, 조울증, 공황장애, 조현병(정신분열증)이 여기에 해당이 됩니다. 혈기가 심한 사람도 여기에 해당이 됩니다. 사람은 본래 혈기가 심하게 창조되지 않았습니다. 현재의식은 잠재의식에 눌려서 제대로 발휘하지 못합니다. 그래서 정상적인 사람들이 이해하지 못하는 살인 사건도 저지르는 것입니다. 얼마 전에 강남역에서 일어난 여성 살인사건이 여기에 해당이 되는 것입니다. 잠재의식의 사기 덩어리를 정화하지 않으면 인생을 성공할 수가 없습니다.

셋째로 저장된 잠재의식이 내면의 능력을 이끌어내는데 방해요소로 작용 합니다. 잘못 형성된 잠재의식은 의식에서 어떤 일을 시도하려고 하면 과거 실패나 상처가 생각이 나도록 합니다. 그래서 안 된다고 생각하게 하여 새로운 일을 추진하지 못하도록 합니다. 잘못 형성된 잠재의식은 능력을 이끌어내는데 결정적으로 악영향을 미치는 것입니다. 그래서 잠재의식을 한살이라도 적을 때 생명의 말씀과 성령으로 정화시켜야 한다는 것입니다. 인간의 기교로는 절대로 잠재의식을 정리할 수가 없습니다. 반드시 성령의 역사가 일어나야 잠재의식에 형성된 상처가 해결이 되는 것입니다. 잠재의식을 정리하면 인생을 성공할 수가 있고, 정리하지 못하면 인생이 꼬이는 것입니다. 이렇게 잠재의식은 자신의 인생에 중차대한 영향을 끼치는 것입니다.

둘째, 잠재의식의 쌓인 사기가 정체를 드러내는 시기. 자신의 내면에 잠재하여 있던 요소들이 드러난 것입니다. 이런 유형의 사람들의 가계력을 조사해 보면 조상 중에 무당이 있다든지, 남묘호랭객교를 믿었든지, 절에 스님이 있다든지, 우상을 지독하게 섬겼다든지, 절에 재물을 많이 시주 했다든지, 영적이고 정신적인 질병으로 고생하다가 돌아간 사람이 있다든지, 등등의 원인이 반드시 있었습니다. 이런 사람들은 태아시절에 귀신이 침입을 하기도 합니다. 유아시기에도 침입을 합니다. 그러니까, 영적정신적인 문제 보균자들입니다. 예방신앙을 철저하게 해야 합니다.

이렇게 잠재하여 있던 영적이고 정신적이고 상처와 스트레스로 형성된 문제들이 사업 파산, 결혼실패, 직장해고, 학교공부 스트레스, 충격적인 상처, 놀람 등 자신이 감당할 수없는 충격을 받거나 장기간 스트레스를 받아 체력이 급속이 저하되었을 때 밖으로 나타납니다. 그리고 잠재의식에 상처와 스트레스가 쌓이면 체력소모가 배가하여 더 스트레스를 받아 체력이 급속도로 약해지는 것입니다. 그래서 저는 균형 잡힌 영성이 되어야 한다는 말을 많이 합니다. 영-혼-육이 균형이 잡혀야 정상적인 생활을 할 수가 있다는 말입니다.

우리가 스트레스를 받으면 체력의 소모가 많이 됩니다. 체력이 떨어지니 자신 속에 잠재하여 있던 영육의 문제가 드러나는 것입니다. 정상적으로 지내던 사람이 갑자기 불안하고, 초조하고, 두려워서 잠을 자지 못하고, 가위눌림을 당하고, 헛것이 보이기도 하고, 간질을 하고 발작을 하면서 괴성을 지릅니다. 머리가 깨질 것과 같이 아프기도 합니다. 정상적인 생활을 할 수 없는 지경에 이르게 됩니다. 그래서 영적인 문제라고 단정하고 축사만 받으려고 합니다. 유명하다는 목사를 찾아가 안수를 받습니다. 한 번에 쉽게 해결을 받기 위해서 돌아다닙니다. 이렇게 이리저리 돌아다니다가 치유의 시기를 놓치는 경우가 허다합니다.

그러다가 영적인 분야를 잘 알지 못하는 사역자를 만나 금식도 합니다. 그러나 금식은 금물입니다. 체력이 소진되어 문제가 발생했는데 금식을 하면은 기름 탱크에 불을 붙이는 것과 마찬가지입니다. 더 악화된다는 것입니다. 이때에는 당황하지 말고 환자를 안정을 시키고 우선 체력을 보강해야 합니다. 빠른 시간에 체력을 보강할 수 있는 보약이나 다른 보양 식품을 먹여야 합니다. 그래서 체력을 회복시켜야 합니다. 안정을 취하게 해야 합니다. 그러면서 정신적인 문제를 바르게 전문으로 치유하는 사역자에게 가서 말씀과 성령으로 치유를 받으면 바로 정상이 됩니다. 치유는 무조건 축귀만 한다고 치유가 절대로 되지 않습니다. 비전문가의 축귀는 오히려 더 악화될 수가 있습니다.

주의해야 합니다. 영적, 정신적인 문제 치유가 그렇게 쉽고, 단순하지 않습니다. 환자 스스로 말씀 듣고 성령으로 기도를 하도록 해야 합니다. 본인의 심령에서 성령의 역사가 일어나야 합니다. 자신의 영의 힘으로 일어서게 해야 합니다. 환자가 영적 자립을 해야 하므로 시간이 걸립니다. 급하게 생각한다고 빨리 치유되는 것이 절대로 아닙니다. 축사만 하면 당시에는 치유가 된 것 같은데 시간이 지나면 재발을 합니다. 영적 자립능력이 없기 때문입니다. 그런데 이와 같은 전문적인 치유를 일반 성도들이나 목회자는 잘 이해하지 못합니다.

그래서 영적치유를 받겠다고 1년 이상 돌아다니면서 이 사람 저 사람에게 안수와 축귀만 받으면서 돌아다니게 됩니다. 이러다가 치유의 시기를 놓쳐서 환자가 사람 노릇을 못할 정도로 심각해 질수가 있으니 주의 하지 않으면 안 됩니다. 제일 좋은 것은 사전에 예방하는 것입니다. 이런 가계력이 있다면 미리 성령이 충만한 교회에 가셔서 전문적인 치유사역자의 도움을 받아가며, 성령의 역사로 문제의 잠복된 요소들을 배출하는 것입니다. 아무 교회나 다닌다고 예방되는 것은 절대로 아닙니다. 살아계신 성령의 역사가 있고, 생명의 말씀이 증거 되는 교회라야 사전에 영적인 진단을 하여 치유될 수가 있습니다. 성령이 강하게 역사하는 교회라야 정체를 폭로합니다.

침입한 귀신은 나이에 상관없이 정체를 드러냅니다. 고등학교 1-2학년 17살(고1)에 제일 많이 드러냅니다. 학업에 스트레스가 심하기 때문입니다. 20살에 드러냅니다. 24살에 드러냅니다. 결혼하여 잦은 부부불화가 있을 때 드러냅니다. 27살, 32살, 36살, 38살 43상 등등 한번 침입한 귀신은 인내하며 기다리다가 취약한 시기가 되면 반드시 정체를 드러냅니다. 말씀과 성령의 역사로 정기적인 영적 진단과 내적치유와 축귀하는 예방 신앙이 중요합니다. 상처가 있고 영적으로 깔끔하지 못한 가계력을 가진 분들은 교회를 잘 정해야 합니다. 성령의 역사가 강한 교회에서 신앙생활을 하면서 미리 영적 진단하여 치유해야 하기 때문입니다. 예방신앙이 중요합니다. 숨어있던 귀신은 자신들이 원하는 시기가 되면 반드시 정체를 드러내기 때문입니다.

셋째, 잠재의식의 상처를 치유 받고 주의해야할 일. 치유는 영적인 치유와 의학적인 치유를 병행해야 합니다. 본인이 치유 받겠다는 의지만 있다면 얼마든지 정상적인 사람으로 바뀔 수가 있습니다. 집중적인 치유를 해야 합니다. 필자가 "가계저주와 영원히 이별하는 길"이라는 책에서 설명했지만 집중적인 치유가 아니면 치유가 되지 않습니다. 이런 환자는 보호자와 함께 집중적인 치유를 해야 합니다. 하루 이틀이 아니고 여러 날을 생명의 말씀과 성령의 역사를 체험하며 기도하고 안수를 받으면서 잠재의식(무의식)을 정화해야 합니다. 하나님의 나라가 되도록 집중적인 관리를 해야 합니다. 마음이 하나님의 성전이 되어 성령의 역사가 육-혼-영을 지배해야 완치되는 것입니다. 그래서 치유하는데 시간이 걸립니다. 태아시절이나 유아시절에 형성된 잠재의식에 형성된 상처를 치유하려면 생명의 말씀과 성령의 역사로 깊은 차원에 내적치유를 해야 합니다. 크리스천이 왜 잠재의식의 상처로 고통을 당합니까?

첫째로 영적으로 무지하여 당한다. 많은 성도들이 영적이나 육적인 문제로 고통을 당하다가 하나님의 은혜로 치유를 받습니다. 그 후 얼마동안은 예배를 잘 참석하면서 영성을 유지하는 것이 보통입니다. 그런데 시간이 지나면 고통당하던 시절을 잊어버립니다. 이만하면 되겠지 하면서 예배를 등한히 하게 됩니다.

예를 든다면 주일예배뿐만이 아니라, 주중 저녁예배에도 열심히 참석하여 영성을 유지하다가 어느 날부터 슬슬 저녁예배를 나오지 않습니다. 그러다가 덤터기를 만납니다. 알아야 할 것은 치유 받을 당시의 영성을 유지하지 못하면 육이 슬슬 강화되어 덤터기를 만나는 것이 보통입니다. 사람은 육체가 있으므로 치유 받을 당시 영성을 유지하지 못하면 육이 강화되어 하나님과 관계가 벌어지기 때문에 벌어진 사이로 귀신이 침입을 합니다. 그렇게 되면 종전에 고통당할 때보다 더 심하게 고생하는 것입니다. 그런데도 사람이기에 대비하지 못하고 당하는 경우가 많습니다. 당하고 나면 후회하다가 치유되면 다시는 그렇게 믿음 생활을 등한히 하지 않게 됩니다. 알아야할 것은 자신이 잠재의식의 상처로 고통을 당한 다음에 성령의 역사로 치유를 받았다면 100% 치유된 것이 아니라는 것을 알아야 합니다. 성령님이 함께 하시는 목회자를 통하여 치유 받는 경우 영육의 문제의 70%가 치유되는 것입니다. 그래도 완전치유된 것과 같이 느끼게 됩니다. 나머지 30%는 신앙생활을 하면서 깨닫는 만큼씩 치유가 되는 것입니다. 말씀을 성령으로 깨달아 회개하고 용서하는 만큼씩 하나님의 영역이 되어가면서 성령의 지배와 인도를 받는 성도가 되는 것입니다. 그래서 영적으로 깨닫고 보면 하나님의 형상으로 바꾸려는 하나님의 섭리라고 할 수가 있습니다.

둘째로 가정이 하나 되지 못하여 당한다. 예수를 믿어도 한쪽은 율법주의로 열심히 하고 많이 알면 된다는 관념적인 믿음생활을 하고, 한쪽은 성령으로 충만하고 성령의 인도를 받는 복음

주의 신앙이라면 예수를 믿는 다고 하더라도 영적으로 하나 되지 못할 수가 있습니다. 유대인은 육의 사람입니다. 귀신이 그대로 역사합니다.

이때 일어날 수 있는 영육의 문제는 남편이 영육으로 충만하면, 부인이 영육의 문제가 발생합니다. 스트레스로 체력이 떨어진 쪽에서 일어납니다. 약한 쪽에서 당하는 것이 보통입니다. 분명하게 영과 육의 균형을 유지해야 합니다. 영력도 강해야 되고, 체력도 강해야 합니다. 그렇기 때문에 부부는 영-혼-육으로 하나가 되어야 합니다. 부부는 교회도 같은 교회를 다니는 것이 영-혼-육의 건강을 위하여 중요합니다. 부부모두 성령으로 충만하면 영육의 문제는 사전에 예방이 가능합니다.

셋째로 영-혼-육의 문제가 언제 다시 발생하는가. 내면을 생명의 말씀과 성령으로 정화하여 정상적인 마음상태를 유지한다면 문제는 재발하지 않습니다. 미리 성령으로 세례 받고 충만하게 하여 내면을 정화(내적치유)하는 신앙생활의 습관이 되면 영-혼-육의 문제는 사전에 예방할 수가 있습니다. 그러나 나는 그런 일이 일어나지 않는다, 예수를 믿었기 때문에 해당이 없다고 하면서 방심하며 관념적인 믿음 생활을 하면 언젠가 당할 수가 있는 것입니다. 내면이 강하게 되는 것은 자신도 그런 일이 있을 수 있다고 받아들여서 미리 해결하는 것입니다. 영원한 천국에 갈 때까지 내면에 관심을 갖는 것입니다. 자신도 그런 문제가 발생할 소지를 가지고 있다고 인정하고 예방하는 것이 중요합니다. 그러나 나는 예수를 믿고 성령으로 충만한 신앙생활을 하기 때문에 그런 일이 생길 이유가 없다고 하면서 방심하면 영락없이 당할 수가 있습니다. 언제 당하는가, 스트레스를 받고, 충격을 받고, 갱년기를 맞이하여 영-혼-육의 기능에 불균형이 일어날 때 잠재의식에 숨었던 영-혼-육에 문제가 발생합니다. 이를 이해하려면 대상포진을 생각하면 쉽게 이해할 수 있을 것입니다. 대상포진은 자신의 내면에 잠재하여 있던 요인이 육체의 기능이 떨어질 때 밖으로 나타나는 현상이 대상포진입니다. 마찬가지로 잠재의식에 숨어있던 영-혼-육의 저해요소가 영력과 체력이 떨어지니 밖으로 나타나는 것입니다. 그렇기 때문에 사전에 성령으로 세례를 받고 성령으로 내적 치유하여 내면을 정화하는 예방신앙이 중요한 것입니다. 모두가 영-혼-육의 문제가 일어날 소지를 가지고 있습니다. 교만하면 당합니다. 발생하면 때는 늦습니다.

넷째로 영-혼-육에 문제가 생길 때 일어나는 현상. 귀신역사가 일어납니다. 귀신의 영향으로 정상적인 생활을 하지 못합니다. 정신적인 문제가 발생합니다. 멀쩡하던 사람이 불안과 두려움으로 정신을 차리지 못합니다. 우울증이나 조울증이 생기기도 합니다. 증상은 늦은 밤에 더 심하게 일어납니다. 이는 귀신의 영적인 공격이 밤에 더 강하게 일어나기 때문입니다. 그리고 잠을 자려고 하면 영-혼-육의 기능(뇌파)이 안정되기 때문에 귀신의 역사가 더 강하게 일어나는 것이 보통입니다. 이는 이렇게 이해하면 쉽습니다. 아기가 저녁 11시만 되면 우는 아기가 있습니다. 이는 영적인 공격이 심하여 불안하기 때문에 우는 것입니다.

영적인 세계가 안정(천국)이 되면 울지 않습니다. 악한영이 역사(지옥)가 강하기 때문에 체력이 감당하지 못하기 때문에 일어나는 현상입니다. 그래서 영적, 정신적으로 고생하는 분들이 늦은 밤부터 두려움과 이명 등으로 고생하다가 새벽이 되어서 잠이 드는 것입니다. 이는 다른 정상적인 건강을 유지하는 사람은 모르는 현상입니다. 영-혼-육의 기능이 저하된 사람에게만 일어납니다. 그래서 정상적인 사람들이 환자가 꾀병을 앓는다고 할 수가 있는 것입니다. 겉으로 보기에는 멀쩡한데 괴롭다고 하기 때문입니다.

환자는 머리가 어지럽거나 아프고 이명이 심하고 가슴이 두근거리고 가슴이 답답하여 죽는 것과 같은 고통을 당하는데 겉보기에는 아무렇지도 않기 때문입니다. 그런데 정신병원에 가서 진단하면 불안장애나 공황장애, 우울증, 조울증, 불면증 등으로 진단합니다. 정신과 약을 먹어도 효과가 미미하고 환자가 힘이 없고 머리가 멍하다고 고통을 호소하며 죽을 때까지 약을 먹어야 합니다.

문제는 건강한 사람의 영향으로 환자가 고생하는 경우가 있다는 것입니다. 남편은 부인의 영향으로, 부인은 남편의 영향으로(심하게 말한다면 상대방에서 역사하는 귀신의 영향으로), 일어나는 영적인 문제이기 때문에, 관념적인 믿음생활로 영적세계를 알지 못하고, 영의 눈이 열지지 않아, 보이지 않는 영의 세계를 깨닫지 못하면 해결이 불가능합니다. 더 심하게 말한다면 부인이나 남편이나 자녀들에게 역사하는 귀신의 역사가 약한 사람을 공격하는 것입니다. 그렇기 때문에 환자만 치유하면 해결되는데 시간이 많이 걸립니다. 가족이 함께 생명의 말씀과 성령으로 치유한다면 시간이 단축이 됩니다. 성령님이 가정을 장악하시기 때문입니다.

다섯째로 어떻게 해야 치유가 될까요? 사전에 성령으로 세례받고 성령으로 치유하여 예방하는 것이 최고입니다. 모든 분들에게 일어날 수 있는 문제라고 이해하고 대처해야 예방이 가능합니다. 누구나 영력과 체력이 떨어지면 나타날 수가 있는 상황입니다. 건강하던 사람도 갱년기에 일어납니다. 누구나 예외는 없습니다. 그렇기 때문에 자신도 일어날 수가 있다고 생각하고 사전에 예방하는 것입니다. 이런 증상의 가계력(처가 본가할 것 없이 부모가 영-혼-육의 질병으로 고생한 가문)이 있는 가정은 미리 예방하는 것이 좋습니다. 어릴 때 해결하는 것이 중요합니다. 부모가 그런 경우를 당하면서 고통을 당했다면 자녀도 동일하게 고통을 당할 수가 있습니다. 확률은 90%이상입니다. 문제는 건강할 때는 나타나지 않습니다. 영-혼-육의 기능이 떨어졌을 때 나타나기 때문입니다. 자기 대에 처음 예수님을 믿는 가정이라면 부부와 가족이 실제적인 성령의 역사가 일어나는 교회에 같이 다니는 것이 유익합니다. 3년 이상을 성령으로 충만하게 유지하면서 치유해야 안심할 수가 있습니다.

17장 스트레스를 정화하며 살게 된다.

(엡 4:26)"분을 내어도 죄를 짓지 말며 해가 지도록 분을 품지 말고"

성도가 성령의 강력한 불을 받는 것은 참으로 중요합니다. 성령의 불로 지배와 장악이 되어야 성령께서 인도하시면서 스트레스가 쌓이지 않도록 역사하기 때문입니다. 하나님은 "분을 내어도 죄를 짓지 말며 해가 지도록 분을 품지 말고, 마귀에게 틈을 주지 말라(엡 4:26-27)" 말씀하셨습니다. 이유는 이렇습니다. 해가 지도록 분을 해소하지 않고 잠을 자는 경우에 잠재의식에 스트레스와 상처가 쌓이기 때문입니다. 스트레스가 잠재의식에 쌓이다가 보면 결국 영육에 밸런스를 깨뜨려서 영적인 탈진이나 심인성 질환이 발생할 수가 있기 때문입니다. 하나님은 크리스천들을 특별하게 사랑하십니다. 사랑하시기 때문에 해가 지도록 분을 품지 말라고 말씀하시는 것입니다. 필자가 평소에 생각하고 있는 것은 하나님의 말씀대로 살아가지를 않기 때문에 영육의 질병이 발생한다고 믿고 있습니다. 성령의 인도를 받지 않고 자신의 욕심을 따라 살기 때문에 스트레스에 의하여 영육의 질병이 발생하는 것입니다. "분을 내어도 죄를 짓지 말아야"합니다.

첫째, 해가지기 전에 분을 풀어라. 하버드대 보건대학원에서 발표한 바에 의하면 분노는 뇌졸중, 심장마비 등의 위험을 높인다고 합니다. 하루에 다섯 번 이상, 화를 내면 건강상 위험 상태에 이른다고 말합니다. 화를 낸 상태에서 잠을 자면 깨어났을 때 마음에 불행도가 높아지고 부정적인 감정이 더 악화된다고 합니다. 잠재의식에 분노가 집을 지었기 때문입니다. 분노 뒤에 귀신이 역사하니 더 악화되는 것입니다.

분을 품고 잠을 잘 수 없지 않습니까? 그러나 분을 품고 잠을 자면 치료를 받을 것 같은데 잠을 잘 때에 잠재의식에 스트레스가 쌓이게 됩니다. 잠재의식에 스트레스가 쌓이니 귀신의 거처가 되는 것입니다. 잠재의식에 스트레스가 쌓여서 귀신의 거처가 되니 아침에 일어나도 개운하지 못하고 마음에 불행한 느낌이 더 크다는 것입니다. 하나님은 크리스천들을 사랑하시기 때문에 에베소서 4장 26절로 27절에 "분을 내어도 죄를 짓지 말며 해가 지도록 분을 품지 말고 마귀에게 틈을 주지 말라"고 경고하시는 것입니다. 잠언 12장 16절에 "미련한 자는 당장 분노를 나타내거니와 슬기로운 자는 수욕을 참느니라" 잠언 29장 11절에 "어리석은 자는 자기의 노를 다 드러내어도 지혜로운 자는 그것을 억제하느니라" 그런데 분노를 억제하려면 마음에 여유가 있어야 가능한 것입니다. 마음에 여유는 하루하루 해가 지기 전에 생명의 말씀과 성령으로 스트레스를 정화해야 가능합니다. 성령으로 충만할 때 분노를 억제할 수 있는 여력이 생기는 것입니다.

미국 하버드대 보건대학원의 연구 결과는 분노가 우리의 건강과도 밀접한 관련이 있다는 것을 보여 줍니다. 분노가 폭발하고 난 뒤 2시간 이내에는 심장마비, 부정맥, 뇌졸중의 위험도가 무려 4-5배 이상 증가한다는 것입니다. 분노 횟수가 축적되면 심장마비 위험률이 높아지는데, 하루에 다섯 번 이상 분노를 발하면 위험한 상태에 이른다고 경고합니다. 빈번한 분노는 결국 자신의 건강과 정신을 망가지게 하는 행위라는 것입니다. 그러므로 매일 해가지기 전에 분노를 정화해야 자신이 행복합니다.

둘째, 화는 고통스러운 결과를 초래한다. 분노를 통해서 화를 내면 시야가 좁아져서 자동차 운전을 할 때 사고를 낼 확률이 높습니다. 그리고 분을 낸 사람에게 사연을 설명해도 이해를 하지 않습니다. 사고가 좁아지기 때문인 것입니다. 화를 낸 상태에서 식사를 하면 소화기능이 떨어져 설사나 변비가 오며 고당 분 음식을 선호하게 됨으로 혈당이 높아지고 건강에 지장이 다가오는 것입니다. 욥기 5장 2절에 "분노가 미련한 자를 죽이고 시기가 어리석은 자를 멸하느니라"고 말한 것입니다.

2005년 "최장수 부부"로 기네스북에 올랐던 부부가 있습니다. 남편인 퍼시 애로스미스와 아내인 플로렌스 애로스미스인데, 남편이 105세이고, 아내가 100세입니다. 그들이 기네스북에 올랐을 때 한 기자가 금슬이 좋고 장수한 비결을 묻자, 아내가 이렇게 대답했습니다. "우리라고 해서 남들처럼 다투지 않겠어요? 우리도 종종 다투는데 그러나 화가 난 채로 잠자리에 들어가지 않습니다. 항상 화가 나면 그 화를 서로 대화하여 다 풀고 난 다음에 잠자리에 들어가서 등을 서로 대고 자지 않습니다." 한평생을 안고 잤다는 것입니다. 표창 받을 만하지요? 하나님이 그렇게 인정 있게 사는 부부에게 장수의 은혜를 주신 것입니다. 잠들 때는 언제나 친구처럼 포옹한 채로 잠이 들었다는 것입니다. 이 부부가 평생 실천했던 말씀은 에베소서 4장 26~27절, "분을 내어도 죄를 짓지 말며 해가 지도록 분을 품지 말고 마귀에게 틈을 주지 말라" 하는 말씀이었습니다. 화가 난 상태에서 잠을 자면, 자는 동안 부정적인 감정들이 잠재의식에 집을 짓기 때문에, 하나님의 말씀에 순종하여 화를 풀고 잠자리에 들어가야 부정적인 감정이 사라지는 것입니다.

셋째, 분을 품거나 화를 내지 않기 위하여. 김이라는 목사님이 충남 면소재지에 있는 교회에 부임하셨습니다. 교회의 실정을 파악하면서 성도들에게 이 교회에서 부부 금술이 제일 좋은 부부가 누구냐고 질문했답니다. 교인들이 하는 말이, 저 앞 산 밑 사시는 70대 집사님 부부가 제일로 금술이 좋은 잉꼬부부라고 대단한 칭찬을 하는 것입니다. 그래서 대관절 어떻게 살고 계시기에 노부부가 잉꼬부부로 정평이 날 정도로 잉꼬부부인가 직접 확인을 하고 배워서 목사님 부부도 그렇게 살기로 하셨습니다. 아침 일찍 집사님 댁에 방문하여 부부가 행동하는 일거수일투족을 보셨습니다. 그런데 아침부터 부부가 말다툼을 하면서 일을 하는 것입니다. 그렇게 말다툼을 하다가 오후에는 여 집사님이 속이 상해서 방안으로 들어가 버리는 것입니다.

목사님이 생각하기를 저렇게 아침부터 다투는데 무슨 소문난 잉꼬부부인가 과장된 것이라 생각하면서 인내를 가지고 하루 종일 부부의 행동을 관찰기로 했습니다. 어느덧 해가 뒷동산에 걸쳤습니다. 그러자 남편 집사님이 이렇게 말하는 것입니다. 여보! 해가 넘어갑니다. 그러니까, 부인 집사님이 방안에서 나와서 서로 손을 잡고 기도를 하더니 다정하게 대화하며 방안으로 들어가 저녁을 드시는 것입니다. 그때 목사님이 깨달았습니다. 부부가 낮에 다투다가 해가지기 전에 기도하며 화해하고 잠자리에 들어간다는 것입니다. 아~ 그래서 부부간에 의가 상하지 않고 응어리가 생기지 않고 잉꼬부부로 살아가는 구나하면서 낮에 단면만 보고 판단한 것을 회개했다는 것입니다. 목사님도 해가지도록 분을 가지고 살지 않기로 했답니다. 분명하게 이 부부는 하나님의 말씀과 같이 "분을 내어도 죄를 짓지 말며 해가 지도록 분을 품지 말고, 마귀에게 틈을 주지 말라(엡 4:26-27)"는 말씀을 지키면서 살아가기 때문에 잉꼬부부로 살아갈 수가 있었던 것입니다.

시편 62편 8절에 "백성들아 시시로 그를 의지하고 그의 앞에 마음을 토하라 하나님은 우리의 피난처시로다" 하나님은 우리의 피난처요, 요새요, 의뢰하는 하나님이라 하리니 저가 새 사냥꾼의 올무에서와 극한 염병에서 건지실 것임이라. 하나님은 피난처가 되시는 것은 피난이라는 것은 난을 피해서 숨는 것을 말하는 것입니다. 요새라는 것은 튼튼한 성벽을 쌓아서 도망하지 않고 적이 오면 직접 대결해 서는 곳을 요새라고 말합니다. 그러므로 우리 주 예수님은 우리에게 피난처가 될 수도 있고, 우리가 단단한 믿음을 가지면 요새가 되게 해서 적군을 마주쳐 싸워 승리할 수 있는 것입니다.

우리가 살아가는 동안에 많은 시련과 환난을 당하는데 시련을 당할 때 좋으신 하나님이 우리들을 버리지 않기 때문에 모든 것이 합력하여 유익을 이루어서 나중에 좋게 만들어 주는 것입니다. 하나님께서 무조건 누구나 좋게 만들어 주시는 것이 아니고, 하나님께서 자신 안에 성전삼고 주인으로 계실 때 가능한 것입니다. 요셉이 형들에게 말하기를 "형들은 나에게 해를 주려고 애굽의 종으로 팔았지만 하나님은 오히려 이것을 돌이켜 선이 되게 해서 오늘날 수많은 사람을 굶주림에서 건지는 아버지 노릇을 하게 하셨다"고 했습니다. 하나님을 사랑하는 자 곧 그 뜻대로 부르심을 입은 자들에게는 모든 것이 합력하여 선을 이루느니라. 이 말은 참 맞는 말입니다. 어려운 일을 당할 때 분을 내거나 화를 내지 말고 하나님께 엎드려서 성령의 임재가운데 모든 일을 하나님께 고백하면 하나님께서 자신을 붙들어서 모든 것이 합력하여 선을 이루게 되는 것입니다. 놀라운 일이 일어나게 되는 것입니다. 예수님은 십자가에 달린 상태에서 그를 조롱하고 침 뱉고 얼굴을 때리며 손에 못을 박는 로마군인과 허리에 창을 찌르는 그들을 향해서 "아버지, 저들을 사하여 주옵소서. 자기들이 하는 일을 알지 못하나이다."라고 하나님께 기도를 드렸습니다. 그리고 얼마나 철저히 우리 주님은 우리를 구원하시기를 원하셨냐하면 우편강도와 좌편강도 중에 한 사람이 예수님과 같이 십자가에 매달려 피를 철철 흘리면서 고통을 당하고 있는데 예수님을 보고 "주여! 주님이 나라에 임하는 날 나를 기억하여 주옵소서. 지금 피를 흘리고 죽는데 교회 갈 시간도 없고 예배드릴 시간도 없고 체면을 차릴 시간도 없는데 주님 나라에 임하시면 나를 기억하소서." 그러니까 주님께서 뭐라고 말씀하셨습니까? "오늘날 너는 나와 함께 낙원에 있으리라." 그 말이 이 사람을 건진 것입니다. 지옥에서 천국으로 옮긴 위로의 말입니다.

우리 육신의 장막 집 벗어버리면 곧장 천사들의 호위를 받아 낙원으로 들어가는 것입니다. 두 갈래 길에서 죽음이라는 공통적인 체험에서 한 사람은 낙원으로 가고 한 사람은 음부로 내려가는 것입니다. 그런데 예수님께서는 우리의 죽음을 담당하셔서 음부를 철저히 채운 것입니다. 낙원으로 우리를 데려가기를 원하셨습니다. 그래서 죽은 사람들도 낙원에서 기다리고 있다가 예수님이 들어오실 때 만세를 부르고 할렐루야를 하고 얼싸안고 춤을 추며 좋아했을 것입니다. 우리는 죽음을 겁낼 필요 없습니다. 주님이 성령으로 예수 믿는 사람은 음부로 못 가도록 막고 있는 것입니다.

베드로전서 2장 23절에 보면 "욕을 당하시되 맞대어 욕하지 아니하시고 고난을 당하시되 위협하지 아니하시고 오직 공의로 심판하시는 이에게 부탁하시며" 베드로는 이 사건을 회상해서 잘 알고 있습니다. 예수님이 십자가에 못 박혔을 때도 도망쳤던 베드로가 다시 슬그머니 들어와서 예수님이 죽으신 모습을 십자가에 밑에서 바라보았습니다. 베드로가 배신한 자인데도 불구하고 예수님을 바라보니까 그는 욕을 당하고 있으되 맞대어 욕하지 아니하시고 고난을 당하시되 위협하지 아니하시고 오직 공의로 심판하신 이에게 부탁하시는 것을 보고 놀랐습니다. 예수님께서는 우리가 형제에게 노하는 것을 살인행위와 동일하다고 말씀하셨습니다. 마태복음 5장 22절에 "나는 너희에게 이르노니 형제에게 노하는 자마다 심판을 받게 되고 형제를 대하여 라가라 하는 자는 공회에 잡혀가게 되고 미련한 놈이라 하는 자는 지옥 불에 들어가게 되리라"

네 이웃을 네 몸과 같이 사랑하라고 하신 주님은 형제에 대해서 부정적인 말과 행동을 하는데 대해서는 굉장히 엄하게 심판하고 있는 것입니다. 바울도 분냄을 새로운 피조물이 된 사람들이 버려야 할 죄악의 목록에 포함시키고 있는 것입니다. 에베소서 4장 31절로 32절에 "너희는 모든 악독과 노함과 분냄과 떠드는 것과 비방하는 것을 모든 악의와 함께 버리고 서로 친절하게 하며 불쌍히 여기며 서로 용서하기를 하나님이 그리스도 안에서 너희를 용서하심과 같이 하라" 하나님은 예수 그리스도 안에서 우리들을 철저히 용서해 주신 것입니다. 예수 그리스도는 영원한 하나님 아닙니까? 육신을 쓰고 영원한 하나님이 오셨는데 예수님이 우리 대신하여 재물이 되고 심판을 받았는데 영원한 예수님이 우리 위하여 심판을 받았기 때문에 영원히 심판을 받았습니다. 영원한 예수님이 우리 재물이 되어서 제사를 드렸으니까 다시는 드릴 제사가 필요 없습니다. 한 제사로써 모든 것이 다 이루어진 것입니다. 우리는 죄를 짓고 불의하고 추악하고 버림을 받아야 마땅한 존재임에도 불구하고 죄지은 그대로 못난 그대로 빈 손 든 그대로 주님께 나와서 주님을 구주로 모시면 그 보혈이 우리 보고 이 제사로써는 너는 영원히 사함을 받았다 그렇게 말하는 것입니다.

그러므로 그리스도의 구원이 얼마나 철저한지 이루 말로 다할 수 없습니다. 우리들이 주님 앞에 나와서 영원히 용서를 받아 버렸으니 다음에 용서받을 죄가 없습니다. 주님은 우리들을 영원히 용서하시고 그 다음에는 성령을 보내 주셔서 보혜사 성령이 우리 안에 거하면서 거룩하게 살게 되도록 가르쳐주시는 것입니다. 우리 예수 믿는 사람들은 하나님께서 우리를 위해서 구원의 터를 다 닦아 놓으시고 우리에게 구원을 주시는 것을 알아야 되는 것입니다. 마음의 즐거움은 양약이라도 심령의 근심은 뼈를 마르게 하느니라. 마음의 즐거움은 아주 좋은 약입니다. 요사이 저는 암에 걸려서 죽어가는 사람이 주님 안에서 기뻐하고 즐거워하고 웃고 그래서 암이 나았다는 간증을 많이 듣고 있습니다. 몸이 약한 사람은 집에서 자꾸 웃어야 됩니다. 남편은 아내를 웃기십시오. 웃기면 양약이 되는 것입니다. 아주 좋은 약을 대접하게 되는 것입니다. 야고보서 1장 19절로 20절에 "내 사랑하는 형제들아 너희가 알지니 사람마다 듣기는 속히 하고 말하기는 더디 하며 성내기도 더디 하라. 사람이 성내는 것이 하나님의 의를 이루지 못함이라" 로마서 12장 17절로 19절에 "아무에게도 악을 악으로 갚지 말고 모든 사람 앞에서 선한 일을 도모하라 할 수 있거든 너희로서는 모든 사람과 더불어 화목하라. 내 사랑하는 자들아 너희가 친히 원수를 갚지 말고 하나님의 진노하심에 맡기라 기록되었으되 원수 갚는 것이 내게 있으니 내가 갚으리라고 주께서 말씀하시니라"

하나님께서는 우리가 직접 원수 갚기를 원하지 아니하시고 원수는 주님이 갚아 줄 테니까 주님께 다 맡기라 하는 것입니다. 주님께 맡겨 놓으면 주님이 안 갚을 때가 많습니다. 주님은 우리를 불쌍히 여기기 때문에 내게 맡겨라. 내가 대신 갚아 줄 테니까 맡기라고 말씀하십니다. 예수님께 맡기라는 말은 마음에 맺힌 것을 마음 안에 주인으로 계신 예수님에게 다 이야기 해서 예수님이 해결하게 하라는 말입니다.

빌립보 감옥에서 바울과 실라가 분노를 기도와 찬송으로 삭인 것을 기억해 보십시오. 그들이 빌립보에서 복음을 증거 하다가 귀신 쫓아내고 나니까 더 이상 점을 치지 못하므로 그 주인이 돈벌이가 없어져서 온 아는 사람을 다 충동해서 바울과 실라를 고소, 고발했습니다. 감옥에 갇혔는데 밤중에 그 사람들이 배도 고프고 몸에 맞은 데가 피가 흐르고 쓰라리기도 한데 불평이나 원한이나 분을 내지 않고 찬송을 불렀습니다. 둘이가 쇠고랑에 묶여 있으니까 박수는 못 치고 서로 아마 부딪치면서 찬송을 불렀습니다. 바울과 실라가 성령으로 충만한 상태에서 부르는 그 찬송소리에 빌립보 교도소가 천국이 된 것입니다. 천국에는 교도소가 없으니 하나님이 지진을 보냈습니다. 찬송소리에 맞춰서 지진으로 박자를 쳤습니다. 온 빌립보 시가 지진에 울렁거리고 죄수들이 갇혀있는 방문들이 다 열리고 차꼬가 다 풀리고 자유와 해방이 다가온 것입니다. 우리가 마음에 기쁨과 감사를 가지면 자유와 해방을 체험하게 되는 것입니다. 우리 주님의 역사에는 언제나 자유와 해방이 있습니다.

예수 믿는 사람이 그저 기독교라는 의식만 가지고 율법주의자로 살아가는 것은 기독교 신앙이 아닙니다. 예수님께서 자기 고향땅 나사렛에 돌아와서 이 세상에서 왜 왔느냐 말씀하실 때 주의 성령이 내게 임하셨으니 이는 나로 하여금 가난한 자에게 복된 소식을 전하게 하려고 기름을 부으시고 그러니 예수님은 복음을 전할 때 가난한 사람들에게 복된 소식을 전하는 것이 제일 첫째 사명입니다. 가난을 원치 않습니다. 에덴에서 주님은 아담과 하와를 위해서 얼마나 준비를 잘해 놓았는데 결국 반역하고 쫓겨났기 때문에 가시와 엉겅퀴가 나고 축복을 빼앗겼지 하나님은 우리들을 아브라함의 복과 형통을 받도록 하는 것입니다.

그래서 우리 주님이 계신 곳에는 언제나 해방과 자유가 있는데 어떤 해방이냐, 가난에서 해방인 것입니다. 가난을 생각하지 말고 생각을 언제나 부요를 생각하십시오. “아브라함의 복이 내게 있다. 아브라함의 형통이 내게 있다.” 그것을 늘 생각하십시오. 그 다음에는 “가난한 자에게 복된 소식을 전할 뿐 아니라 포로된 자에게는 자유를 마음에 염려, 근심, 불안, 초조, 절망, 우울증 같이 포로된 자에게 해방을 주시는 일을 하신다. 그리고 병든 자는 고쳐주는 것은 눌린 자를 자유하게 하신다.”는 것입니다. 마귀는 사람을 눌러서 병들게 하는 것입니다. 사도행전에 보면 하나님께서 나사렛 예수에게 성령과 능력을 기름 붓듯 주시며 저가 두루 다니며 착한 일을 행하시고 마귀에게 눌린 모든 자를 고치셨으니…. 마귀가 누르니까, 병이 드는 것입니다. 마귀가 압박하고 있습니다. 그것을 주님께서 자유롭게 해주시는 것입니다. 그리고 은혜의 해를 전파함이라. 우리가 율법을 지키므로 고행을 하므로 구원을 받는 것이 아니라, 하나님의 은혜로, 은혜는 선물입니다. 예수님은 가난한 자에게 복된 소식을 전하시지요.

포로 된 자에게 자유를 주시지요. 눈먼 자에게 보게 해주시지요. 눌린 자에게 자유를 주시지요. 은혜의 해를 전하시지요. 우리에게 오면 엄청나게 좋은 일을 하기 위해서 오신 것입니다. 오늘 이 시간 생명의 말씀을 들으면 생애 속에 가난 귀신이 물러가고 축복과 형통의 생각이 들어오게 될 것입니다. 그러면 "네 믿음대로 될지어다." 하시며 이루어지게 하십니다. 그리고 성령이 오셔서 영안을 여셔서 하늘나라를 바라보게 해주시고 마음에 포로 된 자, 육체에 포로된 자, 생활에 포로된 자, 자유와 해방을 얻게 되는 것입니다. 상처와 스트레스로 고난스러운 것을 주님께서는 갖고 살기를 원치 않습니다. 예수 이야기만 하면 해방과 자유입니다. 눈에 보이지 않는 원수 마귀에게 해방과 마귀가 가져온 모든 고통에서 자유를 얻게 되니 그 기쁨은 말로 다할 수 없습니다. 그런데 항상 알아야 될 것은 마음에서 먼저 일어난 일이 밖에서 일어나는 것입니다. 예수님의 십자가 보혈로 죄 사함을 받은 것을 마음속에 확실히 알아야 죄에서 이길 수 있는 것입니다.

허물에서 씻음 받은 것을 담대하게 믿을 때 성결한 사람이 되는 것입니다. 마음속에서 내가 축복을 받아서 형통하고 아브라함의 부요함이 들어온 것을 능력으로 믿으면 환경에서 그런 일이 일어나게 되는 것입니다. 마음으로 천국 고향이 가득하고 죽음이 겁나지 않는 사람은 죽으면 낙원에 가는 것입니다. 해가 지기 전에 분을 풀면서 사는 습관을 들이시기를 바랍니다. "분을 내어도 죄를 짓지 말며 해가 지도록 분을 품지 말고, 마귀에게 틈을 주지 말라(엡 4:26-27)"란 이렇게 이해하시면 쉽습니다.

크리스천이 악함이 판을 치는 세상에서 살아가는 것이 스트레스입니다. 이 스트레스를 잠자기 전에 마음으로 하나님을 찾으면서 기도하면 5차원의 초자연적인 영적인 상태가 되는 것입니다. 영적인 상태에서 생각나는 일들을 영상으로 보면서 회개하고 용서하는 것입니다. 회개하고 용서하지 않아도 5차원의 초자연적인 상태가 됨으로 세상에서 받은 스트레스난 상처가 밖으로 밀려나가면서 정화되는 것입니다. 절대로 말로 머리로 해서는 스트레스나 상처가 정화되지 않습니다. 반드시 성령의 임재가운데 스트레스나 상처가 정화되는 것입니다. 그렇기 때문에 성령으로 세례 받고 성령으로 충만한 믿음생활이 되어야 해가 지기 전에 분을 풀면서 살수가 있는 것입니다. 전적으로 성령께서 분을 풀도록 하시기 때문입니다. 해가 지기 전에 분을 푸는 방법은 사람과 관계에 얽혔으면 성령의 임재가운데 영상으로 그리면서 화해하십시오. 마음에 상처를 받았다면 침소에 들어가 기도하세요. 호흡을 들이쉬고 내쉬면서 기도하십시오. 이렇게 하면 됩니다. "호흡을 들이쉬면서 예수님! 내쉬면서 도와주세요." "다시 호흡을 들이쉬면서 예수님! 내쉬면서 사랑합니다." 이렇게 지속적으로 하다가 보면 성령의 깊은 임재가운데 들어가게 됩니다. 임재가운데 들어가 스트레스와 상처받는 현장을 보면서 풀어냅니다. 그러다가 자기도 모르는 순간에 깊은 잠에 들어가는 것입니다. 이렇게 매일 깊은 영의기도를 습관적으로 하면 주간동안 마음에 쌓인 스트레스와 상처가 마음 안에 집을 짓지 못하게 됩니다. 본인의 의지와 노력과 습관이 되어야 합니다.

18장 영안이 열린 삶을 살아가게 된다.

(고전 2:10)"오직 하나님이 성령으로 이것을 우리에게 보이셨으니 성령은 모든 것 곧 하나님의 깊은 것까지도 통달하시느니라"

성도가 성령의 강력한 불을 받고 성령의 불로 지배와 장악이 되어 성령의 인도를 받으면 영안이 열린 삶을 살아가도록 역사하십니다. 성령께서 영안이 열리도록 역사하시는 것입니다. 영적인 세계에 관심을 가짐과 동시에 영적인 궁금증이 생깁니다. 능력은 어떻게 받을까? 환상은 어떻게 열릴까? 영적인 세계에 무엇이 존재할까? 영안은 어떻게 열릴까? 성령은사는 어떻게 해야 받을 수 있을까? 영들은 어떻게 분별할까? 방언 기도는 어떻게 받게 될까? 이런 궁금증을 해결하기 위하여 책도 읽고 집회도 참석하여 영의 눈이 뜨이게 됩니다.

세상에서 불신자로 살아갈 때는 영이 육에 눌려서 기능을 제대로 발휘하지 못합니다. 한마디로 갑갑한 인생입니다. 복음을 전도 받고 교회에 나와 예수 믿고 성령으로 세례를 받으면서 처음으로 느끼는 영적인 체험을 하는 것입니다. 인간이 본능적으로 세상을 살아가다가 말씀을 통하여 성령이 운행하시어 빛이 비치고 영적인 눈이 열리며 깨닫기 시작하는 것입니다.

많은 분들이 예수를 믿고 교회에 와서 처음 성령으로 세례를 받으면서 회개의 눈물을 흘립니다. 처음 하나님을 만나는 단계입니다. 저도 처음으로 하나님을 만나 회개의 눈물을 1박2일 동안 흘렸습니다. 정말 주체 못 할 정도로 회개의 눈물을 흘렸습니다. 순간 영이 깨어남으로 지금까지 체험하지 못한 신비한 것들이 보이게 됩니다. 이즈음에 내가 꿈속에서 보니 내 배가 자꾸 불러 오는 것입니다. 아 내가 임신을 했구나~ 아기를 어디로 낳지 하고 걱정을 하는데 갑자기 내 배가 갈라지면서 검은 치타가 죽어서 나오는 것입니다. 그것이 무엇이겠습니까? 혈기입니다. 성령을 체험하니 혈기가 죽어서 나오는 것입니다. 아직 그래도 세상에서의 행동하던 육성이 펄펄 살아있는 시기입니다. 아무것도 모르면서 아는 척을 잘 하는 시기이기도 합니다.

그러나 땅의 사람이 하늘의 사람으로 바꾸어지는 첫 경험이므로 여러 영적인 신비한 체험들이 마음속에 강하게 자리하게 됩니다. 이때에 주의해야 할 것은 나쁜 영의 전이가 된다는 것입니다. 영들의 전이에 대한 자세한 지식은 제가 집필하여 출간한 "하나님의 복을 전이 받는 법" "영들을 보는 눈을 개발하라" 책을 읽어보시면 상세하게 알 수 있을 것입니다. 이 책에는 하나님의 복을 전이 받는 법과 성령의 권능을 받는 법이 상세하게 수록되어 있습니다. 그리고 영들이 어떻게 전이 되는지와 일대일 사역자에게 자주 나타나는 영적손상과 대처 방법에 대하여 제시하고 있습니다.

예수 믿고 교회에 들어와 성령으로 불세례를 체험하고 사람속에 있던 신령적인 요소가 깨어납니다. 이때부터 성령께서 인도하십니다. 영의 눈이 열리니 영적인 것에 관심을 가지기 시작

합니다. 툭하면 자기에게 나타난 영적인 현상을 가지고 상담을 하려고 합니다. 신비한 음성을 들으려고 합니다. 기도 할 때 무엇인가 보이고, 또 보려고 하고, 영물들이 보인다고 자랑도 하기 시작합니다. 영혼이 혼탁하여 혼란스러운 꿈을 많이 꾸기도 하는 시기입니다. 꿈에 뱀이 나타나기도 하고 무당이 보이기도 합니다. 어느 분은 자신이 기도할 때 환상으로 보니 입에서 뱀이 나왔는데 이것이 무엇이냐고 물어보는 사람도 있습니다. 이는 자신의 심령상태를 보여준 것입니다. 자신이 아직도 마귀의 영향 하에 있다는 것을 환상으로 보여준 것입니다. 저도 이 시기에 말로 표현하기 힘든 영적인 현상을 체험했습니다.

기도할 때 얼굴이 일그러진 사람이 나타나 하! 하! 하! 하면서 달려들기도 했습니다. 중이 목탁을 탁탁 치면서 기도를 방해하기도 했습니다. 여자가 머리를 풀어 젖히고 흐느끼면서 울기도 했습니다. 어느 목사님은 호흡을 깊게 하면서 기도를 하니 몸이 뒤틀리는데 이것이 무슨 현상이냐고 질문하기도 합니다. 이는 자신 안에 있는 악한 영의 역사가 성령의 역사에 의하여 밖으로 드러나면서 나타나는 현상입니다. 자기 교회에서 목요일 밤에 기도를 하는데 눈을 감고 기도하면 곡하는 소리가 들린다는 것입니다. 눈을 뜨고 보면 아무도 곡하면서 기도하는 사람이 없었다는 것입니다. 그래서 권사가 하나님에게 기도하니 천사가 기도를 도우면서 기도하는 소리라는 것입니다. 이것은 곡하는 사람 속에 있는 귀신이 곡하면서 기도하는 것입니다.

많은 분들이 이 시기에 이런 경험을 합니다. 자신의 나름대로 판단하여 기도할 때 영물들이 보이고, 환상도 보이니 자신이 제일 믿음이 좋은 사람이라고 스스로 판단하여 교만하게 행동하는 시기입니다. 이는 옛 사람이 죽지 않고 그대로 있기 때문에 자연스럽게 나타나는 현상입니다. 교회에 나와 나름대로는 불같은 성령도 체험했고 열심히 믿음 생활한다고 해도 아직 육신에 속하여 환경을 의식하며 살아가는 것입니다. 예수를 믿어도 자신의 자아와 혈기가 남아서 자기 힘으로 어떻게 해보려고 열심히 노력하는 것입니다. 예수를 이용하여 육적인 만족을 얻으려고 합니다. 그러다가 자신의 뜻대로 되지 않는 인생을 깨닫고 자신의 능력으로 세상을 이기기는 역부족하다는 것을 알게 됩니다. 그래서 능력이 있다는 사람을 추종하고 찾는 단계입니다. 능력이 있다는 사람을 분별도 하지 않고 의지합니다. 성도는 빨리 이 단계를 넘어서야 합니다. 일부 성도들은 이 단계에 머물러서 예수를 믿으면서도 오만가지 문제로 고생을 합니다.

성도는 교회에 나와서 축복만 받으려고 하지 말고 말씀과 성령으로 영의 눈을 열어 하나님이 원하시는 수준에 도달하려고 노력해야 합니다. 성령님은 성도를 하나님이 원하시는 영적인 수준이 되게 하려고, 영적인 일에 관심을 갖도록 인도합니다. 저의 경우 성령께서 영적인 궁금증을 주셨습니다. 영적세계를 알아야 한다는 성령의 감동이 저를 주장했습니다. 영적세계에 대하여 연구하고 몰입을 하다가 보니 영적인 세계에 대한 이론이 정립되고 영적세계가 열렸습니다. 영분별을 어떻게 할까! 영분별을 할 수 있도록 하기 위하여 기도했습니다. 영분별 세미나도 참석했습니다. 이렇게 영분별을 하려고 몰입하고 집중하다가 보니 영을 분별할 수 있게 되었습니다.

영안은 어떻게 하면 열릴 수가 있을까 고민하면서 기도하다가 보니 영안의 이론이 깨달아지고 영안이 서서히 열어졌습니다. 깨달은 것으로 책을 집필하여 두 권을 출간했습니다. 어느날 기도하니까, 내 마음 속에서 영들의 전이가 어떻게 이루어질까! 잘못된 영의 전이가 이루어지면 무슨 현상이 나타날까! 하는 감동이 저를 주장했습니다. 영들의 전이에 대하여 관심을 갖다가 보니까, 영적전이에 대한 이론이 정립되고 영들의 전이에 대하여 깨달아지기 시작했습니다. 우리는 성령께서 관심을 갖도록 인도하시는 분야에 전문가가 되려고 의지적인 노력을 해야 합니다. 그 분야에 대한 책도 읽고 체험도 하면서 성령의 인도에 적극성을 보여야 합니다. 성령은 자신의 인도에 적극성을 보이면 전문가가 되도록 감동하시고 훈련을 하십니다. 성령의 인도로 차츰 하나님이 원하시는 수준에 도달하게 되는 것입니다. 성령의 인도하시는 분야에 적극적인 관심을 갖다가 보면 생명의 말씀과 성령으로 영적 민감성이 개발되기 시작을 합니다.

영적으로 민감하다는 것은 영적인 일에 관심이 남다르게 많다는 것을 의미합니다. 관심이 많아야 발전이 있는 법입니다. 세상의 일에도 관심과 흥미를 가지고 있어야 성공할 수 있는 것입니다. 관심과 흥미가 있으면 그 일에 깊이 관여하게 되고 그에 따라서 여러 형태의 도움을 받을 수 있게 됩니다. 무슨 일이든 전문가가 되기 위해서는 먼저 관심과 흥미로부터 시작하는 것처럼 영적 성장 역시 관심과 흥미로부터 시작하는 것입니다.

관심이 있게 되면 그 일에 모든 것을 걸게 됩니다. 관심과 흥미가 있게 되면 오로지 그 일만 생각하게 됩니다. 세상에서도 관심과 흥미가 그 일에 깊이 빠지게 만들고, 그렇게 해서 해당분야 전문가가 되는 것입니다. 이처럼 영적인 일에도 마찬가지로 관심과 흥미가 있어야 영적 발전이 이루어지는 것입니다. 그런데 이렇게 민감해지면 우리 마음속에 스스로를 통제하려고 하는 생각이 일어나게 됩니다. 이런 생각이 드는 것은 절제하고 균형을 유지하기 위한 것이라고 봅니다. 너무 지나친 것 역시 바람직하지 못하기 때문입니다. 관심과 흥미를 가지는 것은 좋지만 너무 지나치면 해로울 수 있기 때문입니다. 우리는 이런 교육을 항상 받고 자랐습니다. 모든 일을 절제하고 적당히 해야지 너무 깊이 빠지는 것은 위험하다는 식의 교육을 받고 있기 때문에 한 가지 일에 너무 깊숙이 빠져 드는 것은 바람직하지 못하다고 생각하는 것입니다.

그런데 이런 일반적인 생각은 평범한 사람들에게 해당하는 말입니다. 일반인들은 자신이 하는 일이 따로 있습니다. 그래서 어떤 일에 빠지게 되면 자신이 하는 일을 소홀히 하게 됩니다. 그래서 적당한 수준에서 절제를 하는 것입니다. 그러나 전문가가 되고자 하는 사람은 이런 편견에서 벗어나야 합니다. 하나님에게 쓰임을 받으려면 영적인 일에 깊숙하게 빠져 들어가야 합니다.

영적으로 깊어져서 하나님과 친밀하게 지내려면 평범한 수준을 넘어서야 합니다. 세상에서도 자신이 하는 일에 완전히 빠져들지 않으면 절대로 전문가가 될 수 없습니다. 영적인 일에 깊은 자가 되려면 오로지 영적인 일에 관심을 가지고 자나 깨나 그 일에만 골몰해야 합니다. 자나 깨나 오로지 영적인 일에 정신을 집중하고 그 변화에 민감해야 합니다. 사람들이 무어라 해도 신경쓸 필요가 없습니다. 사람들의 눈치를 보고 그들의 말에 신경을 쓰는 것은 아직 육신적인 성도이기 때문입니다. 영적인 성도가 되어 하나님의 선물을 받으려면 오로지 성령의 인도에만 관심을 갖아야 합니다. 적당히 하라, 너무 깊이 들어가지 말라는 것은 마귀의 소리입니다. 모세가 바로에게 이스라엘 백성을 이끌고 삼일 길쯤 광야로 가서 제사 드리겠다고 하였으나, 바로가 너무 멀리 가지 말라고 합니다(출8:27-28).

영의 눈을 뜨기 위해서는 반드시 성령으로 세례를 받아야 합니다. 그런데 성령으로 세례를 받게 되면 이해하지 못할 두려움이 자신을 주장하게 되는 경우가 많습니다. 우리가 신앙생활을 하면서 가장 극복하기 어려운 부분이 영적 두려움일 것입니다. 우리는 알지 못하는 세계에 대해서 막연한 두려움을 지니고 있습니다. 특히 영적 세계는 일반적으로 잘 알려져 있지 않기 때문에 모든 것이 생소하고 낯설기만 합니다. 특별하게 성령체험은 더욱 생소하고 두렵고 불안하게 합니다. 그러므로 자연적으로 막연한 두려움을 가지고 있는 것입니다. 많은 사람들이 이런 막연한 두려움 때문에 성령으로 세례를 받아 영적 변화를 얻기를 달갑지 않게 생각합니다. 영적인 것을 깨닫고 싶어서 집회에 가려다가 잘못되면 어쩌나 하고 가지 않습니다. 막연하게 두려워하며 가지 않기 때문에 영적 변화를 체험하지 못하는 것입니다.

변화란 성장을 의미하며 성장이란 새로운 세계에 들어가는 것을 말합니다. 영적인 사람으로 변화하기 위해서는 먼저 두려움을 이기는 법을 배워야 합니다. 두려움을 이기는 길은 담대하게 부딪치는 것입니다. 담대하게 뛰어 들어가지 않으면 죽을 때까지 영적으로 변하지 않습니다.

영적인 일은 많은 오해를 불러올 수 있습니다. 영적인 일은 생소하기 때문입니다. 왜냐하면 다수가 영적이지 못하기 때문입니다. 우리는 영적이란 말을 자주 종교적이라는 말과 혼동합니다. 세속적인 일이 아닌 종교적인 일을 하는 것을 영적인 일이라고 표현하지만, 사실 엄격하게 말하면 그 말은 틀립니다. 종교적인 일과 영적인 일은 근본적으로 다릅니다. 전혀 영적이지 않은 사람들도 종교적인 일을 할 수 있습니다. 거듭나지 않고 영적 감동과 흥미를 전혀 느끼지 못하는 사람이라 할지라도 종교적인 일은 얼마든지 할 수 있습니다. 열심만 있으면 종교적인 일은 얼마든지 할 수가 있습니다. 그러나 영적인 일은 성령을 받지 않고는 할 수 없는 일이며, 성령의 움직임을 파악하지 못하고는 전혀 할 수 없는 일입니다. 영이신 하나님에게 쓰임을 받아야 하기 때문입니다.

영적 세계에는 하나님만 계시는 것이 아니라 무수한 악령이 존재합니다. 그러므로 이런 악령에 대해서 두려움을 가지고 있습니다. 악령에 대한 지식이 부족한 사람들은 막연한 두려움을 가지고 있습니다. 이들은 세속적인 지식으로 인해서 마귀에 대해 거부감과 두려움을 지니게 됩니다. 그래서 영적인 눈이 열리지 않게 됩니다. 예수를 믿으나 성령의 역사를 이해하지 못하는 육신적인 신앙인이 되는 것입니다.

두려움은 무지에서 비롯됩니다. 성장과 변화에 대한 올바른 지식이 없기 때문에 자신에게 이상한 변화가 나타나면 두려워합니다. 혹시 잘못되는 것이 아닌가 하고 의심합니다. 다른 사람이 자신들과 다른 행동을 하게 되면 색안경을 쓰고 봅니다. 영적 지식이 부족하기 때문에 자신에게나 주변에서 나타나는 변화를 제대로 이해하지 못하고 두려워합니다. 한국 교회 성도들이 영적인 일에 지식이 부족하기 때문에 막연하게 두려워하는 것입니다. 영적인 일과 영적 세계는 보이지 않기 때문에 목회자와 성도들의 관심밖에 있기 때문입니다. 예수님이 어두운 바다를 걸어서 제자들이 타고 있는 배로 다가왔을 때 제자들은 두려워하면서 떨었습니다.

영적인 변화는 예고하고 찾아오는 것이 아닙니다. 성령님은 처음 성도를 장악하실 때 비인격적으로 역사하십니다. 성도가 어느 정도 장악이 되면 인격적으로 역사하십니다. 그래서 우리가 생각하지 못한 이상한 변화는 언제라도 우리 가운데 나타날 수 있습니다. 그러므로 우리가 경험하지 못한 것에 대한 지식들을 풍성하게 갖추는 것이 두려움을 이기는 비결입니다. 많은 영적 지식들은 자신의 삶 속에서 다가오는 영적 변화를 자신 있게 맞이할 수 있게 해 줍니다.

우리는 많은 사람이 가는 길이 안전하다고 여깁니다. 다수결의 원칙은 진리처럼 여깁니다. 다수의 선택은 항상 안전하다는 그릇된 상식을 가지고 삽니다. 이것은 우리의 두려움이 만들어낸 잘못된 결론입니다. 성경은 소수의 진리를 자주 언급합니다. 그리고 그 소수의 진리 편에 설 용기를 얻기를 권합니다. 영적인 일은 소수의 편에 서는 일입니다. 그러므로 모험이 따릅니다. 베드로가 물 위에 발걸음을 옮겨놓는 일은 전적으로 모험입니다. 상식을 초월하는 일을 오로지 모험으로 행동했습니다. 영적인 일에는 이런 모험이 절대로 필요하기 때문에 두려움이 없어야 합니다.

하나님의 능력을 덧입는 일은 두려움을 극복했을 때 가능해집니다. 모든 사람들이 불가능하다는 일을 믿음으로 도전하여 성취시키는 일이 능력을 행하는 일입니다. 성공에 대한 아무런 보장이 없습니다. 그렇기 때문에 용기가 필요한 것입니다. 결과를 예측할 수 없는 일을 하는 것은 어리석은 행동임에는 분명합니다. 그러나 이런 일을 할 수 있는 것은 믿음이 있기 때문입니다. 믿음은 두려움을 극복하는 힘이지만 그 믿음을 얻기까지 넘어야 할 산이 많습니다. 두려움을 극복하여 믿음의 길로 나가는 데에는 우리의 노력으로는 사실 불가능합니다. 두려움을 이기기 위해서는 오로지 하나님의 은혜가 필요합니다. 하나님의 은혜는 그냥 얻어지는 것이 아니라 극심한 시험을 통해서 얻어지는 것입니다. 성령의 인도를 받으면서 훈련하며 극복해야 가능합니다.

두려움을 통과하지 않고서는 절대로 영적 성장이 이루어질 수 없습니다. 영적 변화는 사람들에게서 오해도 받을 수 있고, 자신 스스로도 두려워하게 됩니다. 두려움을 이기지 않고서는 성장할 수 없기 때문에 하나님은 우리를 강제로 막다른 길로 이끌어 가지 않으면 안 되게 하시는 것입니다. 그러므로 우리 스스로 영적 변화에 대해서 담대할 필요가 있습니다. 이미 경험한 지도자들의 경험을 자신의 것으로 해서 담대함을 만들어내야 합니다. 선배들의 영적 지식은 담대함을 얻게 하는데 많은 도움이 됩니다. 성도는 체험과 진리를 깨달은 목회자를 잘 만나야 영적인 눈이 빨리 열리게 됩니다.

하나님은 성도와 목회자의 담대함을 기르기 위하여 꿈이나 환상이나 실제 체험을 통하여 영적인 존재들이 실제로 존재하고 있다는 것을 깨달아 알게 하십니다. 이를 위하여 하나님은 성령으로 세례를 받음과 거의 동시에 성령으로 인도하시면서 영적인 눈을 열어 가십니다. 필자의 체험으로는 성령께서 귀신의 공격에 대하여 알게 하십니다. 귀신의 공격을 알게 함과 동시에 천사들이 돕고 있다는 것도 알게 합니다. 제가 하나님의 부름을 받고 신학을 할 때 이런 꿈을 꾸었습니다. 제가 어느 비포장 길을 가는데 길에 빨간 지렁이가 길에 쫙 깔려있어서 발을 내 딛을 수가 없었습니다. 발 거름을 옮기지 못하고 머뭇거리자, 천사들이 몰려와서 지렁이를 모두 집어 먹어버렸습니다. 그때 제가 깨달은 것은 제가 하나님의 뜻을 이루기 위하여 성령님을 따라가는 길에 어떤 장애물이 나타나도 모두 천사가 도와주니 갈수 있다는 것을 보여주신 것이라고 믿었습니다. 그 꿈을 꾸고 하나님의 뜻을 이루기 위하여 가는 길에 어려움이 찾아오더라도 하나님이 천사를 동원하여 보호하여 주신다는 담대함을 가질 수 있었습니다.

어느날 꿈에 진흙창 길을 자전거를 타고 가는데 자전거가 나가지를 않는 것입니다. 자전거 페달을 아무리 강하게 발로 돌려도 자전거가 나가지를 않는 것입니다. 힘이 너무 들어서 길 옆을 보니까, 콘크리트로 만든 배수로가 보였습니다. 배수로를 보니까, 시커먼 뱀이 머리를 내밀면서 혀를 날름거리를 것입니다. 그래서 막대기로 끄집어냈습니다. 길로 잡아내 가지고 발로 아무리 밟아도 죽지 않고 점점 커지는 것입니다. 그래서 습관적으로 찬사들이 나를 도와라, 하니까! 키가 늘씬하게 큰 천사 넷이 군대 지프를 몰고 와서 지나가니까, 그렇게 크던 미물이 납작하게 되는 것입니다. 미물이 납작하게 됨과 동시에 진흙창 길이 단단하고 평탄한 길로 변하는 것입니다. 자전거를 타고 가는데 너무나 쉽게 잘 나가는 것입니다. 제가 그 꿈을 꾸고 깨달은 것은 내가 하나님을 따라가는 길이 어렵고 힘이 듣는 것은 악한 마귀 귀신이 방해하기 때문이라는 것을 알게 되었습니다. 당신도 하나님의 뜻을 따라가는 길이 어렵고 힘이 드는 것은 마귀 귀신이 방해하기 때문입니다. 성령으로 세례 받아 권능을 개발하고 천사를 동원하여 방해하는 마귀 귀신을 몰아내기를 바랍니다.

제가 하루는 새벽에 기도하다가 비몽사몽이 되었는데 얼굴이 일그러진 험악하게 생긴 놈이 저에게 이렇게 말하는 것입니다. 야! 강 목사, 자네가 그렇게 병을 잘 고친다면서 하더니 내 병도 고쳐보아라, 하면서 달려드는 것입니다. 내가 습관적으로 내가 예수님의 이름으로 명하노니 더러운 귀신은 물러갈지어다. 하고 대적하니 순간 없어지는 것입니다. 이는 성령께서 저의 담대함을 기르기 위해서 훈련하는 것이라고 생각을 했습니다.

어느날 꿈에 뱀과 지하실에서 싸우는 것입니다. 한창 싸우다가 뱀을 지하실 밖으로 내던졌습니다. 그러자 뱀이 밖으로 내동댕이쳐지고, 저는 지하실에서 나왔습니다. 그 일이 있은 후부터 귀신을 축귀하는 것이 쉬워졌습니다.

어느날은 꿈속에서 사람들과 같이 잠을 잤습니다. 꿈을 깨고 일어나려는데 보니까, 뼈만 앙상하게 남은 죽은 사람의 뼈가 내 옆에 누워 있는 것입니다. 꿈속에서도 제가 놀랐습니다. 성령님은 우리의 담대함을 기르기 위하여 꿈속에서 훈련을 하십니다.

성령의 권능이 부족한 채 영적인 사역을 하면 귀신에게 당한다는 것도 깨달아 알게 하십니다. 제가 '남묘호랭개교'를 믿던 집사를 오후에 불러서 3시간 축귀를 했습니다. 성령의 임재가 되니까, 목구멍이 아주 크게 확장이 되면서 황소울음을 17번을 하면서 귀신이 떠나갔습니다. 축귀를 하고 피곤하여 저녁 9시부터 강단 앞에 침대위에서 잠을 자려고 했습니다. 막 잠이 들려고 하는데 시커먼 놈 둘이 저에게 와서 목을 눌렀습니다. 가위눌림을 당한 것입니다. 어떻게 강하게 누르던지 숨을 쉴 수가 없었습니다. 왹왹하고 소리를 지르니까, 뒤에서 자던 사모가 무슨 일이냐고 소리를 지르는 것입니다. 그러자 떠나가는 것입니다. 그 일을 당한 후 저는 이렇게 생각을 했습니다. 성령의 강한 무장 없이 축귀를 하면 더 강한 귀신들에게 당할 수가 있구나, 깨달아 알았습니다. 그 후 더 기도를 많이 하고 사역을 하니 그런 일을 당하지 않았습니다. 성령께서는 성령의 강한 무장 없이 축귀를 하면 귀신에게 당할 수 있다는 것도 깨달아 알게 하여 대비하게 하십니다.

19장 귀신들을 지배하는 삶을 산다.

(요 14:12-14)"내가 진실로 진실로 너희에게 이르노니 나를 믿는 자는 내가 하는 일을 그도 할 것이요 또한 그보다 큰일도 하리니 이는 내가 아버지께로 감이라. 너희가 내 이름으로 무엇을 구하든지 내가 행하리니 이는 아버지로 하여금 아들로 말미암아 영광을 받으시게 하려 함이라. 내 이름으로 무엇이든지 내게 구하면 내가 행하리라"

크리스천이 성령의 강력한 불을 받으면 그때부터 귀신들을 지배하게 됩니다. 성령의 강력한 불로 지배와 장악이 되어 성령의 인도를 받으면 성령께서 카리스마를 가지고 귀신들을 지배하며 살아가도록 역사하시기 때문입니다. 주님으로부터 흘러나오는 카리스마를 사용해야 하나님의 나라가 견고해집니다. 마귀는 이 세상 임금으로 지금도 불순종하는 영 가운데 역사합니다. 마귀는 눈에 보이지 않지만, 사람들이 부패하고, 죄 짓고, 시험 들고, 타락하는 것을 보면서 마귀가 실재한다는 것을 알게 됩니다. 이렇게 마귀는 눈에 보이지 않지만, 그가 저질러 놓은 일들은 현저합니다. 모든 불의 배후에는 악의 실체가 존재합니다.

마귀는 눈에 보이지 않으나 실존합니다. 우리는 보통 70% 정도는 귀신이 병을 일으키는 원인이라고 말합니다. 없던 병이 갑자기 생기는 것은 귀신들이 실제로 역사하고 있다는 것이며, 그들을 부리는 마귀 또한 실존합니다. 그리고 귀신이 부부 사이를 갈라놓으니까, 의처증, 의부증이 생깁니다. 그것은 영적인 문제입니다. 성경에도, 이미 그 조직이 통치자와 권세와 하늘의 주관자들과 어둠의 주관자들과 하늘의 악령들이라고 그 종류까지 다 말해 놓았습니다. 우리 주 예수께서도 사단의 나라라고 했습니다. 실재하고 있는 나라입니다. 영이라 보이지는 않지만 실재하고 있는 나라이기 때문에 실제 살아서 역사하시는 성령의 권능으로 쫓겨나가는 것입니다.

첫째, 믿는 자는 예수님이 위임한 권능(카리스마)이 있다. 분명하게 성령으로 난 믿음의 위력을 가진 사람들은 이 마귀의 능력을 부인할 힘이 있다는 것을 지금 말하고 있는 것입니다. 우리가 귀신의 일을 꾸짖고, 그가 하는 일들을 중단하도록 쫓아버리는 능력이 바로 믿는 자에게 있는 카리스마 힘입니다. 마귀 귀신이 실존하는 것처럼 성령님께서도 영이시라 실재 보이지는 않지만 실존하는 권능인 것입니다. 그러나 반드시 성령으로 세례를 받은 크리스천이 예수님의 이름으로 명령할 때 귀신이 물러가는 것입니다. 우리는 그것을 성경에서 배웠습니다. 예수 이름 앞에서 귀신들이 자기의 일들을 다 포기하고 떠나는 것을 보았습니다. 누가복음 10장 19절에 "내가 너희에게 뱀과 전갈을 밟으며 원수의 모든 능력을 제어할 권세를 주었으니, 너희를 해할 자가 결단코 없으리라" 이것이 주님이 주신 권세입니다. 우리는 이 권세(카리스마)가 있기 때문에 마귀의 능력을 부인할 수 있는 힘이 있습니다. 마귀의 능력을 훼파할 권세가 있는 것입니다. 만약에 성령의 권능이 없는 자신의 힘으로 귀신아 떠나가라. 하면, 귀신은 떠나가지 않습니다. 귀신은 사람의 힘이나 능력으로 이길 수가 없기 때문입니다. 그러나 성령으로 거듭난 우리는 그런 카리스마가 있기 때문에 꾸짖는 것이고, 바로 이렇게 성령의 임재가운데 권위 있게 명령할 때에 귀신들이 우리 앞에서 복종하는 것입니다.

마귀의 힘을 부정할 수 있는 능력이 성령으로 난 믿음입니다. 성령으로 난 믿음의 위력을 가진 사람들이 당연히 마귀의 일을 꾸짖을 힘이 있습니다. 그러니까 마귀의 능력을 제어할 수 있는, 그것을 억압하고 꾸짖고, 물리칠 수 있는 힘을 믿는 우리에게 성령으로 주셨습니다. 그것이 성경이 계시하신 믿음입니다. 이제는 우리 자신이 그 힘을 드러내라는 것입니다. 다시 말하면 예수의 이름을 사용하라는 것입니다. 예수님이 주신 카리스마를 사용하라는 것입니다. 예수의 이름을 사용하라는 것은, 다시 말하면, 마귀의 능력을 부인할 힘을 드러내라는 것입니다.

"믿는 자에게는, 마귀의 능력을 부인할 힘이 있다!" 하나님의 말씀을 신뢰하는 순간부터 우리의 의지는 견고해집니다. 예수님이 위임한 권능(카리스마)를 사용해야 합니다. 지금 사람들이 자기 의지가 하나님의 말씀과 자꾸 갈등을 일으키니까 믿음이 없는 것입니다. 예수님께서 가지신 카리스마가 자신 안에 있다는 믿음이 있어야 합니다. 우리가 하나님의 말씀을 시인하고, 또 인정하고 그 말씀을 의지하면 나중에는 그 말씀과 우리의 의지가 결코 분리될 수 없습니다.

말씀을 많이 읽고 말씀을 많이 사용하면, 나중에는 그 말씀이 그대로 그냥 함께 나오는 것을 느낄 수 있습니다하면, 1단계는 믿는 자에게는 마귀의 능력을 부인할 힘이 있다! '믿는 자에게는 마귀의 능력을 부인할 힘이 있다' 곧 그 힘을 드러내는 것이 바로 예수의 이름을 사용하는 것입니다. 다시 한 번 정리 하면, 1단계는 믿는 자에게는 마귀의 능력을 부인할 힘이 있다! 다음 2단계로는, 예수 이름을 사용해서 그 힘을 드러내라는 것입니다.

능력(카리스마) 있는 신앙생활을 하기 위해서 우리는 이제부터 행동해야 하는데, 그것은 바로 성경대로 믿고 그대로 순종하는 것입니다. 성경대로 믿고 순종하는 것 이상으로 능력 있는 것이 없습니다. 지금 우리가 말씀을 못 들어서, 말씀을 많이 못 배워서 능력이 없는 것이 아닙니다. 이제 믿음이 마귀를 이기는 능력이라는 것을 알았다면, 그것을 알게 한 성경을 그대로 믿고 성령의 감동에 순종하는 겁니다. 성령님이 감동하시는 것에 대하여 순종하기를 겁낸다면 그 다음의 이적은 기대할 수 없습니다.

3단계는 성령의 카리스마 권능을 사용하는 것입니다. 성령의 감동에 순종할 때 카리스마가 나타납니다. 인간의 생각은 그 자체가 부정적이어서 귀신에게 이용당하기가 쉽습니다. 그래서 할 수 없다는 말을 많이 합니다. 그러나 주님의 말씀은 능치 못함이 없습니다. 그러니까 그 말씀이 이루어 질 때까지 우리는 순종하는 것입니다. 의심이 배어 있는 순종은, 처음부터 이적을 기대할 수 없습니다. 자기 마음에서 의심을 제거하고, 계속 순종하는 것입니다. 하나님께서 우리 손을 그의 권능의 지팡이로 쓰실 때까지 순종하라는 것입니다. 이것이 세상을 이기는 믿음입니다. 마귀가 더 이상 그 능력을 우리 앞에서 주장할 수 없도록, 순종하시기 바랍니다.

둘째, 예수 이름의 권세(카리스마)는 언제 누구에게 나타날까. 그럼 과연 예수 이름의 권세는 언제 누구에게 나타나는 것일까요? 먼저 생각할 것은 "우리가 이 땅에서 예수 그리스도의 이름을 부르는 의미를 알라" 기도는 나를 위한 것이 아니라 하나님을 위한 것임을 잊지 말아야 합니다. 즉 예수 이름을 사용하는 목적이 나를 위함이 아니라, 하나님의 영광을 위함이어야 한다는 것입니다. 예수의 이름은 내가 하나님을 이용하도록 주신 것이 아니라, 하나님께서 나를 사용하시기 위해 주신 이름이라는 말씀입니다. 그럼, 우리가 언제 어떻게 하나님을 영화롭게 할 수 있을까요? 1)그의 나라와 의를 구하는 것이며, 2)우리가 이 땅에서 믿음으로 예수 그리스도의 이름으로 선포할 때입니다. 이 땅에서 우리가 예수의 이름으로 어둠을 몰아내고 질병을 물리치고 귀신을 쫓아내고 하나님나라를 이룰 때, 아들의 이름을 통해 아버지가 영광을 받으신다는 것입니다. 요14:14에 예수님은 우리가 예수 이름으로 기도할 때 친히 보증하시고 응답해주시겠다고 약속하셨습니다. 그 이유는 그 일을 통해 아버지께 영광을 돌리기 원하시기 때문입니다.

따라서 우리가 예수의 이름으로 기도를 하는 것은 하늘에서 그 나라가 이루어지는 것같이 이 땅에서도 이루어질 수 있도록 하여 아버지를 영화롭게 하는 기회를 드리는 일입니다. 그런데 예수님의 이름으로 권능을 행사하려면 자신 안에 하나님의 나라가 이루어져야 합니다. 하나님은 분명하게 "그런즉 너희는 먼저 그의 나라와 그의 의를 구하라 그리하면 이 모든 것을 너희에게 더하시리라(마 6:33)" 하셨기 때문입니다. 자신 안에 하나님의 나라 권능으로 귀신들이 물러가기 때문입니다.

우리는 마귀가 장악하는 세상에서 자신의 열심이나 행위로 직접 하나님의 의를 이룰 수 없습니다. 자신은 예수를 믿을 때 죽었습니다. 자신의 힘으로는 마귀가 물러가지 않습니다. 자신의 권위가 마귀의 권위보다 한 차원 약하기 때문입니다. 그러나 예수를 믿고 성령으로 세례를 받고 성령의 임재가운데 명령하면 마귀보다 한 차원 높기 때문에 귀신들이 물러가는 것입니다. 그래서 성경에 성령으로 기도하며 예수님은 내 이름을 사용하라 하신 것입니다. 따라서 우리가 이 땅에서 살며 하나님 아버지를 위해 할 수 있는 일은 바로 예수 그리스도의 이름을 사용하여 열매를 맺어 하나님을 영광되게 하는 것입니다.

본문에서 예수님은 분명히 나는 인간이 죄를 대신 지고 죽지만 우리가 그분을 곧 다시 볼 수 있으며, 그때는 놀라운 기쁨이 있을 것이라는 말씀입니다. 더 구체적으로 "내가 너희를 고아와 같이 버려두지 아니하고 너희에게로 오리라(요14:18)" "그 날에는 내가 아버지 안에, 너희가 내 안에, 내가 너희 안에 있는 것을 너희가 알리라(요14:20)" 이 말씀은 삼위일체 되신 성령님의 내주는 곧 예수님과 함께 사는 것임을 알려 주신 것입니다. 그러므로 우리는 능력의 주님이 육신의 눈으로는 보이지 않지만, 각자 마음 속에 있는 성전에 성령으로 함께하심을 볼 수 있는 것입니다. 문제는 영적으로 충만하지 못하여 육신대로 살기 때문에 내주하시는 성령님을 통해 알게 되는 예수님을 만나지 못하는 것입니다.

예수님을 만나는 것은 2천 년 전이나 지금이나 동일합니다. 예수님이 십자가에 못 박히신 후 부활하신 예수님을 경험할 때 기쁨이 충만했던 것처럼, 우리도 우리 안에 내주하신 성령님을 만나는 것은 곧 그리스도를 만나는 것으로 큰 기쁨을 누리게 됩니다. 제자들은 옆에 계신 주님을 보았고, 우리는 내 안에 계신 주님을 믿음으로 보는 차이밖에 없습니다. 제자들은 성육신하신 예수님께 모든 것을 요청했다면 우리는 나의 심령 속에 부활하신 예수님을 만날 때 별도로 요청할 필요 없이 우리가 직접그리스도의 이름을 사용하여 하나님께 직접 요청할 수 있다는 것입니다. "지금까지는 내 이름으로 아무것도 구하지 아니하셨으나 구하라 그리하면 받으리니"라는 말씀의 뜻이 이것입니다. 우리가 육신의 눈으로는 예수님을 만나볼 수는 없지만, 성령을 통해 예수님을 만날 수 있습니다.

그리고 성육신하셨던 시절에는 예수님이 직접 활동하셨다면, 지금은 내주하신 성령님이 우리를 통해 일을 하신다는 것입니다. 앞으로 세워질 하나님 나라는 우리가 어떻게 예수 이름을 사용하느냐에 달려 있습니다. 우리가 가진 재산은 예수 이름뿐입니다. 그런데 예수 이름을 어떻게 사용하고 있는가요? 예수 이름의 능력이 나를 통해 나타나고 있는가요? 믿음을 가지십시오.

하나님은 우리를 사랑하셔서 주신 예수 이름의 선물로 영혼구원과 이 땅에 마귀를 멸하고, 저주를 제압하며, 하나님의 나라(뜻)을 이루는데 사용할 줄 알아야 합니다. 강조합니다. 예수 이름을 기도 끝날 때 사용하는 관용구 정도로 사용하지 말라는 것입니다. 예수 이름의 능력과 권세를 알지 못하면 쓸 수도 없고, 외친다고 할지라도 아무런 일도 일어나지 않을 것입니다.

많은 사람들이 문제를 해결받기 위해서 예수님의 이름으로 주님의 뜻을 구하고, 응답을 간청합니다. "하나님 아버지 당신이 살아 계시고 나를 불쌍히 여기시고 나의 일에 간섭하신다면 무슨 일이든지 좀 해 보세요" 그러나 대부분 응답 받지 못하고 물러납니다. 그러면서 기도에 대해 불신을 합니다.

여기서 우리가 붙들어야 할 말씀이 있습니다. 그것은 예수님이 2천 년 전 십자가에서 "다 이루시고 운명하셨다(요19:30)"는 것과 "무엇이든지 너희가 땅에서 매면 하늘에서도 매일 것이요 무엇이든지땅에서 풀면 하늘에서도 풀리리라(마18:18)"는 약속입니다. 예수님께서 다 이루시고 그 대가로 우리에게 주신 것이 바로 이 땅에서 승리할 수 있는 지상 최대의 무기인 예수 이름을 주셨다는 사실입니다. 우리는 늘 하나님이 어떤 일을 행하시길 기다립니다. 하지만 실제로 기다리시는 분은 하나님이십니다.

문제와 상황에 대해서 무엇인가 조치를 취해야 할 사람은 바로 자신입니다. 우리에게 이미 예수 그리스도의 이름을 허락하셨기 때문입니다. 이제 우리가 할 일은 하나님이 무엇을 해 주시기를 기다리는 것보다 우리가 예수의 이름을 사용하여 무언가를 이루는 것이 옳습니다. 주변의 환경에 대하여 예수 이름으로 명령하십시오. 성령님이 도움을 요청하십시오. 자신 안에 있는 카리스마를 내놓으십시오. 그러면 이루어집니다.

셋째, 비정상적인 것들을 행하여 카리스마를 사용하라. 우리가 바르게 알아야 합니다. 예수님이 육신을 입고 살아계실 때는 예수님께서 직접 말씀으로 바다를 잔잔하게 하시고, 죽은 자를 살리고, 병든 자를 고쳐주시고, 나병환자를 치유하여 주시고, 눈먼 자를 보게 하시고, 귀신들을 쫓아내셨습니다. 지금은 우리 안에 계신 성령님의 감동을 받아 예수 이름으로 자신이 직접 명령할 때 초자연적인 역사로 기적이 일어나는 것입니다. 그렇기 때문에 성령의 감동에 순종하지 않으면 기적을 체험할 수가 없는 것입니다. 자신 앞에 일어나는 비정상적인 일들이 하나님의 일이며 성령의 감동을 예수이름으로 선초하면 해결이 된다는 믿음이 중요합니다. 성령으로 난 믿음이 없이는 예수님의 카리스마를 나타내지 못하는 것입니다. 자신은 예수를 믿을 때 죽었습니다. 지금은 예수님이 자신을 대신하여 사시는 것입니다. 그래서 믿음이 없으면 자신이 가진 권능(카리스마)를 사용하지 못하는 불신자나 다름이 없는 자가 되는 것입니다. 성령의 감동에 따라 자신 앞에 일어나는 비정상적인 것들을 향하여 담대하게 선포할 때 성령의 역사로 기적이 일어나는 것입니다. 성령의 임재가운데 예수님의 권능(카리스마)를 사용할 때 성령의 역사로 환경을 장악할 수가 있는 것입니다.

우리가 하나님께 부르짖을 때와 이 땅에 하나님의 뜻을 이루기 위해 선포할 때가 따로 있습니다. 예를 들어 설명합니다. 하나님께서 모세에게 "모세에게 너는 어찌하여 부르짖느뇨 이스라엘 자손을 명하여 앞으로 나가게 하고 지팡이를 들고 손을 바다 위로 내밀어 그것으로 갈라지게 하라 이스라엘자손이 바다

가운데 육지로 행하리라(출14:15-16)" 이 말씀을 비밀을 안다면 마16:19와 18:18의 비밀을 알게 됩니다. "내가 천국 열쇄를 네게 주리니 네가 땅에서 무엇이든지 매면 하늘에서도 매일 것이요 네가 땅에서 무엇이든지 풀면 하늘에서도 풀리리라(마16:18)" 중요한 것은 예수 이름의 특권과 권능은 예수 이름의 실체를 아는 자만이 제대로 쓸 수 있는 이름입니다.

각 사람의 이름이나 지명에는 다 뜻이 내포되어 있는 것처럼 예수 그리스도라는 이름에는 그 분의 속성이 내포되어 있습니다. 우리가 예수 이름으로 선포하면 그것은 그 이름의 실체가 지닌 속성을 나타내게 됩니다. 따라서 예수 이름을 제대로 사용하려면 우리는 예수님에 대해 제대로 이해해야 합니다.

과연 예수님의 권세와 하신 일은 어디까지입니까? "하늘에 있는 자들과 땅에 있는 자들과 땅 아래 있는 자들로 모든 무릎을 예수의 이름에 꿇게 하시고(빌2:10)" "우리가 그리스도 예수 안에서 그의 은혜의 풍성을 따라 그의 피로 말미암아 구속 곧 죄사함을 받았으니(엡1:7)" "그리스도께서 우리를 위하여 저주를 받은바 되사 율법의 저주에서 우리를 속량하셨으니(갈3:13)" "친히 나무에 달려 그 몸으로 우리 죄를 담당하셨으니 이는 우리로 죄에 대하여 죽고 의에 대하여 살게 하려 하심이라 저가 채찍에 맞음으로 너희는 나음을 입었나니(벧전2:24)" "죄를 짓는 자마다 마귀에게 속하나니 마귀는 처음부터 범죄함이라 하나님의 아들이 나타나신 것은 마귀의 일을 멸하려 하심이니라(요일3:8)"

우리가 예수 이름으로 기도한다는 것은 예수 이름의 권세를 힘입어 기도한다는 것을 의미합니다. 그렇다면 우리는 예수 권세의 실체를 이해할 뿐 아니라 그분과 개인적인 관계를 맺어야 합니다. 1) 생명의 나눔이 없이는 그 이름을 사용할 수 없습니다. 자신은 예수님과 어떤 관계입니까? 내 안에 예수의 영이 있습니까?(롬8:9) 2)말씀에 순종입니다. 혹 약속한 말씀의 능력을 제한하고 있지는 않는가? 내 방법대로 살지 않습니까? 평소 그분과 친밀한 관계입니까? 3)주님의 뜻을 생각할 줄 알아야 합니다. 내가 아니라 주님이 나를 어떻게 생각하실까를 생각(자문)해보시기 바랍니다. 4)성령세례를 통하여 내가 죽어야 합니다. 반드시 성령으로 세례를 받아야 합니다. 자존자가 아니라 의존자로 살 때, 그분이 나의 심령뿐 아니라 나의 혼과 육을 다스리는 역사가 시작되는 것입니다. 우리는 성령의 감동에 순수하게 순종하는 것입니다. 순종할 때 성령께서 역사하시어 기적을 일으키시는 것입니다.

예수님은 언제 어떻게 아버지를 영화롭게 할 수 있었습니까? 아버지의 뜻에 따라 순종하시고 담대히 기도하고 선포하실 때였습니다. 이제 예수님은 아버지를 영화롭게 해 드리기 위해 우리를 통해 일하기 원하십니다. 주님이 하라는 대로 순종하는 자입니다. 우리가 할 일은 주님을 믿고 성령의 감동을 받아 대사로서 행세하는 것입니다. 모세가 바로 앞에 서서 일하듯…. 예수님께서 성령의 감동에 담대하게 순종하기를 원하십니다. 그렇다면 자신의 신분을 확실히 하십시오, 자신의 삶에 대해 자신감을 가지십시오. 듣기만 하면 아무 소용없습니다. 성령 안에서, 말씀대로 믿고 선포하고 행동하십시오. 담대히 예수 이름의 권능을 선포하는 그곳에 하나님의 나라가 이루어짐을 볼 것입니다. 지금 선포하십시오.

넷째, 법적인 대리권 행사를 하라. 예수님께서 위임한 권능(카리스마)을 사용하여 환경을 장악하고 변화시켜서 하나님의 살아계심을 증명해야 합니다.

1) **구원을 얻는데(행 4:12,10:43) 예수님의 이름을 사용하세요**. 3천 군대 귀신에 사로 잡혀 청춘과 인생을 잃고 버림받은 청년을 예수님께서 즉시 즉각 치료하십니다. 영혼이 회복되어 온전해지고 정신이 회복되며 가치관이 회복됨으로써 삶이 소생되는 기적을 얻습니다. 예수님의 은총은 상한 갈대를 꺾지 아니하시고 꺼져가는 등불과 같은 사람들을 회복시켜주십니다. 예수께서 십자가에서 죽으시고 남의 무덤에서 장사 되었지만 사흘 만에 부활하시고 마가 다락방의 제자들에게 성령을 부어주셔서 이 지구상에 500만개의 교회와 25억의 인류가 예수님을 믿고 구원을 받았습니다. 이 천하보다 소중하다는 말은 천하에 있는 금과 보화를 다 쏟아 부은 다해도 사람의 영혼을 구원할 힘을 만들 수 없습니다.

2) **성령으로 세례 받는데(행 3:38) 예수님의 이름을 사용하라.** 성령을 선물로 주셨습니다. 최첨단 문명 시대라지만 인간의 힘으로 접근할 수 없는 것이 있습니다. 마음의 평안입니다. 심령의 평안을 잃고 지친 나머지 정신의 질병을 앓고 있는 사람들이 셀 수가 없습니다. 성령으로 세례는 오직 주님의 이름으로 베풀어집니다.

우린 회개기도, 순종 전도의 생활을 철저히 함으로써 성령의 충만함을 덧입고 주님께 영광 드리는 승리의 삶을 살 수 있습니다.

3) **치료받는데(막 16:17-18) 예수님의 이름을 사용하라**. 육신의 고향은 지상이지만 영혼의 고향은 천국입니다. 사람의 심령 곳곳엔 천국을 알 만한 요소들로 가득 채워있습니다. 또한 천국의 백성임과 동시에 이 땅에 오신 예수님을 따라 영혼 구원의 길을 갈 사명을 지니고 있습니다. 오병이어의 기적이 일어난 사건 속에 예수님의 뜻을 좇아 소량의 음식과 고기를 주님께 봉헌했을 때 오천명이 빈들에서 배불리 먹고 12광주리가 남게 되었습니다.

주님과의 관계는 풍요의 관계입니다. 사랑의 관계입니다. 회복과 변화의 관계입니다. 이러한 행복을 파괴하고 인간을 병자나 죄인, 정신병, 조현병, 방랑자, 우상 숭배자로 만드는 것이 사탄의 행위입니다. 주님을 따를 대 영혼이 회복되고 주께서 지켜주심을 통하여 귀신이 떠나며 질병이 사라지과 육신적 정신적 영적 평화가 도래합니다. 주님은 치유와 사랑의 권능이며 회복의 권능이며 은혜의 권능을 허락하십니다.

4)생활전반에 걸쳐 구할 권리(요14:13-14)가 있습니다. 주님은 주님의 죽음으로써 전 인류의 죄를 구속하셨으며 주님의 핏값으로 성도의 영혼에 대한 속전을 지불하셨습니다. 영적 생활을 더하여 나아가면 더욱 더 선명하게 하나님의 섭리와 은총을 볼 수 있습니다. 교회에 적은 두었지만 마음은 주님과 멀어진 상태로 세속의 향락과 명예 불의한 돈을 쫓아가는 사람은 주님의 이름을 짓밟습니다.

20장 세상에서 예수님을 누리며 살아간다.

(요삼1:2)"사랑하는 자여 네 영혼이 잘됨 같이 네가 범사에 잘되고 강건하기를 내가 간구하노라"

성도가 성령의 강력한 불을 받으면 성령께서 성도의 전인격을 장악하시고 지배하시기 시작을 하십니다. 성령의 불로 지배와 장악이 되어 성령의 인도를 받으면 삶에서 예수님을 누리게 됩니다. 삶에서 예수님이 주인이 되심으로 전인적인 축복을 받게 되는 것입니다. 예수님께서 성령으로 역사하시면서 전인적인 축복을 받아 하나님께서 원하시는 일을 하도록 하십니다. 그렇기 때문에 예수를 믿은 것은 축복 중에 축복입니다. 우리가 어떤 복을 받는가 알아보려면 에덴동산을 생각하면 됩니다. 에덴동산은 지상천국이었습니다. 하나님께서는 천상천국을 본 따 지상천국인 에덴동산을 만드셨습니다. 에덴동산에는 죄가 없었습니다. 그러므로 죄로 인한 부끄러움과 하나님과의 교통의 단절이 전혀 없었습니다. 아담과 하와는 항상 하나님과 함께 동거, 동행 했습니다. 만물의 생기발랄함과 아름다움은 형언할 수없이 영광으로 충만했습니다. 하나님조차도 보시기에 심히 좋았더라고 말씀하셨습니다. 사람이 보아서 얼마나 아름답겠습니까? 에덴에는 죽음이란 그림자도 없었습니다. 아담 부부도 모든 생명체도 영원히, 영원히 살도록 만들어졌습니다. 그런데 이 지상천국에 상상을 초월한 재앙이 다가왔습니다.

그것은 아담 부부가 하나님의 말씀을 거역하고 배반하여 범죄 했기 때문인 것입니다. 그 때문에 죄와 사망의 재앙이 임하여 하나님과 사람 사이에 교통이 끊어져 버리고 말았습니다. 사망은 저주를 가져왔고 온 땅은 저주를 받아 황무하고 서로 죽이는 살벌한 세상이 되어 버리고 말았습니다. 그리고 죄 때문에 육체도 늙고 병들고 죽어 지옥에 떨어지게 되었습니다. 그때 이후로 지금까지 인간은 태어날 때부터 삼대 재앙을 걸머지고 태어납니다. 어머니 탯줄이 끊어질 때부터 벌써 인생은 삼대재앙을 걸머지고 인생을 살게 되어 있는 것입니다. ①영적으로 버림을 당한 죄인이요, ②환경으로 저주를 받아 가시와 엉겅퀴를 헤치고 살며, ③육체적으로 늙고 병들며 죽어서 자옥을 피할 수 없는 운명을 걸머진 것입니다. 그리고 한 평생 이 재앙에서 벗어나려고 발버둥 치다가 일생을 마치게 되는 것입니다.

첫째, 하나님의 은혜는 전인축복이다. 성경에 보면 하나님의 은혜는 전인축복입니다. 하나님의 은혜는 영혼만 축복을 해주시는 것이 아닙니다. 하나님의 은혜는 영혼이 잘됨같이 범사에 잘되며 강건한 전인축복을 언제나 말씀하고 있는 것입니다. 이스라엘 백성이 430년 종살이 하다가 모세의 인도를 통해서 홍해수를 건너 광야에 들어왔을 때 그들이 수르광야에서 사흘 길을 걸어가나 마실 물을 얻지 못했습니다. 목이 말라 죽어갈 지경이었습니다. 그런데 연못물을 발견했는데 물이 써서 마실 수 없었습니다. 그때 모세가 부르짖어 기도하니 하나님이 한 나무 가지를 지시하시는지라. 그 나무 가지를 꺾어서 물에 던지니 물이 달아졌습니다. 이것은 상징적인 의미가 깊습니다. 쓴물은 우리 영혼을 의미하는 것입니다. 죄악으로 말미암아 죽은 쓴 연못물이 되어서 온갖 더러운 벌래가 득실거리게 된 것입니다. 우리 영혼 그 자체는 쓴 연못물이 되어서 쓸모없게 되어 버리고 만 것입니다. 마실 수 없습니다. 그런데 나무 가지를 꺾어 던지니 달아졌습니다. 이 나뭇가지는 십자가를 상징하는 것입니다.

예수님의 십자가를 끌어안으면 우리 쓴 연못물 같은 영혼이 변화 되어서 달아 지고 마는 것입니다. 새롭게 중생하게 되는 것입니다. 하나님과 교통하게 되고 영생을 얻게 되는 것입니다. 그리고 그 자리에서 하나님께서는 이스라엘 백성들에게 치료의 언약을 주었습니다. 내가 하나님 말씀을 귀를 기울이고 하나님 말씀을 행하면 애굽에서 내린 모든 질병도 하나도 내리지 않게 해주겠다고 말한 것입니다(출15:26).

치료하는 하나님의 영광을 나타내 보여 주시고, 그 다음에 그들이 간곳은 사막 가운데 있는 오아시스 엘림에게 간 것입니다. 오아시스에 사막바람 불고 물도 없고 생명체도 없는데 그 가운데 오아시스가 있습니다. 하나님이 엘림이라는 오아시스를 이스라엘 백성들을 위해서 예비하시고 거기로 이끌어 주셨습니다. “그들이 엘림에 이르니 거기에 물 샘 열둘과 종려나무 일흔 그루가 있는지라 거기서 그들이 그 물 곁에 장막을 치니라”(출15:27).

이것은 주님께서 상징적으로 광야를 지난 이스라엘 백성들에게 보여준 것입니다. 하나님은 같이 계시면 쓴 연못물을 달게 하시고 병은 고치시고 그들과 같이 계시면 항상 하나님이 엘림을 예비해 놓으신다는 것입니다. 우리 인생들이 광야 같은 이 세상을 지날 때 하나님이 그리스도를 보내셔서, 우리 영혼의 쓴물을 단물로 변화시켜 주시고, 우리의 육체를 치료해 주시고, 우리의 삶에 항상 오아시스를 예비해 줄 것은 보여주신 것입니다. 그러므로 이스라엘 백성이 광야를 지나더라도 하나님이 같이 계시면 영혼이 잘됨같이 범사에 잘되며 강건함을 기대하고 갈 수 있는 것처럼, 우리가 이 광야 같은 인생을 살 때에 언제나 주님 십자가의 대속을 통해서 쓴 영혼이 달아 지고 우리의 환경에 주님이 오셔서 치료해 주시고 우리에게 사막과 같은 광야의 길을 걸어가더라도 오아시스를 예비해 주신다는 것을 보여주신 것입니다. 하나님의 구원은 전인축복인 것입니다. 잊지 말아야 될 하나님의 은총이 있습니다.

시103: 1~ 5에 "내 영혼아 여호와를 송축하라 내 속에 있는 것들아 다 그의 거룩한 이름을 송축하라 내 영혼아 여호와를 송축하며 그의 모든 은택을 잊지 말지어다" 사람들은 건망증에 잘 걸립니다. 자꾸 잊어 버려요. 하나님은 하나님이 주시는 그 모든 은택을 잊지 말라고 한 것입니다. 한두 가지만 잊지 말라고 하지 않습니다. 모든 은택을 다 잊지 말라. 그 모든 은총이 무엇입니까? "그가 네 모든 죄악을 사하시며 네 모든 병을 고치시며 네 생명을 파멸에서 속량하시고 인자와 긍휼로 관을 씌우시며 좋은 것으로 네 소원을 만족하게 하사 네 청춘을 독수리 같이 새롭게 하시는 도다"라고 말씀한 것입니다. 이 은총을 잊지 말라고 하셨습니다. 하나님게서 축복하여 사용하려고 부르신 것입니다.

출23:25~26에 "네 하나님 여호와를 섬기라 그리하면 여호와가 너희의 양식과 물에 복을 내리고 너희 중에서 병을 제하리니 네 나라에 낙태하는 자가 없고 임신하지 못하는 자가 없을 것이라 내가 너의 날 수를 채우리라" 여기에서 주 하나님을 섬기라는 것은 영혼이 잘되는 길을 말하는 것입니다. 하나님을 주인으로 모시면 영혼이 잘되지 아니할 수 없습니다. 마귀를 이기고 세속을 극복하고 하나님과 동행하니 영혼이 잘될 것이고, 또 물과 양식에 복을 내린다는 것은 범사에 잘되는 것을 말합니다. 하나님이 같이 계셔서 물과 양식에 복을 내려서 진실한 웰빙을 허락하여 주시고 그 다음에 병을 제하겠다는 것은 강건하게 해주겠다는 것입니다.

그러므로 하나님이 우리에게 주신 구원은 영혼의 구원만 아닙니다. 육체와 세상은 악한 것이니 벗어 던져 버리고 배낭하나매고 천국만 향해서 가거라. 그렇게 말씀하는 것이 절대로 아닙니다. 하나님의 구원은 전인구원입니다. 영혼을 구원하시고, 환경을 구속하시고, 육체를 치료하시는 영혼이 잘되고 범사에 잘되며 강건하고 생명을 얻되 풍성하게 얻는 것이 하나님의 구원의 역사인 것입니다.

둘째, 예수님은 삼대재앙에서 전인축복을 주신다. 예수님은 아담, 하와가 가져온 삼대재앙에서 우리를 구출하사 전인축복을 주셨습니다. ①아담과 하와는 에덴에서 쫓겨나올 때 영원이 죄로 말미암아 죽었으니 영적인 재앙이요, ②환경의 저주를 받아 가시와 엉겅퀴를 내고 이마에 땀을 흘려야 먹고 사는 가난과 저주의 생활이니 환경적인 재앙이요, ③육체가 병들고 늙고 죽고 영원히 지옥에 떨어지게 되었으니 육체적인 재앙인 것입니다. 아담과 하와는 이 땅에 삼대재앙을 가져와서 자손들에게 그것을 유산으로 남겨 준 것입니다. 그러나 예수님은 십자가에서 이 삼대재앙을 다 짊어졌습니다. 영적인 모든 죄악을 다 담당하시고 육체의 질병을 짊어지시고 저주를 담당하시고 십자가에서 몸 찢고 피 흘려서 이를 다 청산해 버리고 만 것입니다. 그러므로 예수 그리스도 안에서는 이제 삼대재앙이 제하여지고 전인축복을 우리에게 주시게 된 것입니다. 주님께서는 우리를 죄악에서 대속시켜 준 것입니다.

롬 3:23~25에 "모든 사람이 죄를 범하였으매 하나님의 영광에 이르지 못하더니 그리스도 예수 안에 있는 속량으로 말미암아 하나님의 은혜로 값없이 의롭다 하심을 얻은 자 되었느니라 이 예수를 하나님이 그의 피로써 믿음으로 말미암는 화목제물로 세우셨으니 이는 하나님께서 길이 참으시는 중에 전에 지은 죄를 간과하심으로 자기의 의로우심을 나타내려 하심이니"다고 말한 것입니다.

옛날 이스라엘 백성은 모세의 율법을 지켜야 의롭다함을 얻었습니다. 그렇기 때문에 율법을 지킬 사람이 없어서 율법 아래서 의롭다함을 얻은 사람이 한 사람도 없습니다. 그러나 이제는 새롭게 의를 얻는 길을 열어 놓으신 것입니다. 예수님이 오셔서 영원히 인간이 율법을 범한 죄를 대신 청산하시고 이제는 그리스도를 믿음으로 말미암아 용서받고 의롭게 되는 길을 열어 놓은 것입니다. 우리는 이제 죄를 짓고 불의하고 추악하고 버림을 받아야 마땅함에도 불구하고 죄 있는 그대로 못난 그대로 예수 앞에 나와서 예수님을 구주로 모셔 들이면 그 보혈로 말미암아 죄가 씻음을 받고 용서받고 주께서 의롭다 하는 선물을 우리에게 주시는 것입니다. 의로운 행위로 구원받는 것이 아니라 예수를 믿음으로 말미암아 의로움을 선물로 받아서 구원을 얻어 영혼이 잘되게 만들어 주신 것입니다.

예수님의 십자가 보혈은 우리 영혼이 잘되게 하는 것입니다. 우리 영혼이 아무리 흉악한 죄악에 묶여있다 할지라도 보혈은 용서하지 못할 죄가 없고 해방시키지 못할 죄가 없는 것입니다. 보혈로 나오면 우리는 자유와 해방을 얻게 되고 새사람이 되어 버리고 마는 것입니다. 그뿐 아니라 예수 그리스도의 십자가의 보혈의 은혜는 병을 치료해 주시는 것입니다. 주님은 십자가에서 병을 대속했습니다.

벧전 2:24에 "친히 나무에 달려 그 몸으로 우리 죄를 담당하셨으니 이는 우리로 죄에 대하여 죽고 의에 대하여 살게 하려 하심이라 그가 채찍에 맞음으로 너희는 나음을 얻었나니"라고 말씀한 것입니다. 그러므로 우리가 살펴보면 예수님이 2천 년 전에 이미 로마의 뜰에서 채찍에 맞아 우리 질병을 청산해 버린 것입니다. 질병의 부채를 다 갚아 버렸으므로 우리는 2천 년 전부터 법적으로 고침을 받은 사람들인 것입니다. 사실 오늘날 우리가 병든 것은 마귀의 불법인 것입니다. 이것은 우리가 마땅히 물리쳐야 될 병인 것입니다. 우리는 예수 그리스도의 십자가 형틀을 통해서 병에서 자유와 해방을 얻은 것입니다.

예수님은 십자가에 달리기 전에 채찍에 맞아서 우리 육체의 병을 대속하시고 또 십자가에서 우리 연약한 것을 친히 담당하시고 병을 짊어지고 가신 것입니다. 이렇기 때문에 이 땅에 사는 동안 이 육체를 가지고 있는 동안에 육체는 병에서 해방 되어야만 되는 것입니다. 치료받아야 되는 것입니다. 주님께서 이 땅에 사는 우리들을 치료하기 위해서 채찍에 맞으신 것을 우리는 잊어서는 안 될 것입니다.

예수님은 또한 저주에서 십자가에서 우리를 속량하여 주셨습니다. 성경에는 저주받은 자는 나무에 매달으라고 했습니다. 예수님이 왜 저주를 받았나요? 하나님의 아들이 저주받을 이유가 있나요? 우리들의 저주를 대신 짊어지고 나무에 매달려 저주당한 것입니다. 성경 갈 3:13~14에 "그리스도께서 우리를 위하여 저주를 받은바 되사 율법의 저주에서 우리를 속량하셨으니 기록된바 나무에 달린 자마다 저주 아래에 있는 자라 하였음이라. 이는 그리스도 예수 안에서 아브라함의 복이 이방인에게 미치게 하고 또 우리로 하여금 믿음으로 말미암아 성령의 약속을 받게 하려 함이라"라고 하셨으니 예수님이 우리 저주를 대신 짊어지고 십자가에서 청산했으므로 예수 안에서 우리는 아브라함의 복을 받은 사람인 것입니다. 법적으로 말하면 2천 년 전에 이미 우리들은 아브라함의 복을 받은 사람들인 것입니다. 복을 받은 사람이 복을 못 누리면 안 됩니다. 자신은 복 받은 사람이므로 저주를 물리치고 복을 누리게 되시기를 주의 이름으로 축원합니다.

예수님께서는 십자가에서 삼대재앙을 재하시고 우리에게 전인축복을 주시기 위해서 몸 찢고 피 흘려주신 것을 우리가 잊어서는 안 될 것입니다. 삼대재앙에서 이제 전인축복의 생활을 하는 것이 우리 신앙입니다. 고후 5:17에 "그런즉 누구든지 그리스도 안에 있으면 새로운 피조물이라 이전 것은 지나갔으니 보라 새 것이 되었도다" 이전 아담의 자손으로써 상속받은 삼대재앙은 지나가 버렸다. 이제 우리는 예수 그리스도 안에서 전인축복을 받은 새사람이 된 것입니다. 예수님을 통해서 내 자신을 바라보고 내 자신이 새롭게 된 것을 알게 되시기를 주님 이름으로 축복합니다. 그러므로 이제 우리가 사는 것은 마 6:33처럼 "그런즉 너희는 먼저 그의 나라와 그의 의를 구하라 그리하면 이 모든 것을 너희에게 더하시리라" 우리가 하나님을 중심으로 모시고 하나님을 섬기고 하나님의 나라와 주님의 의를 먼저 구하고 살면 하나님께서 우리에게 예수 그리스도의 십자가 보혈을 통해서 영혼이 잘되고 범사에 잘되며 강건하고 생명을 얻되 풍성하게 얻는 역사를 베풀어 주시는 것입니다.

셋째, 영원한 천국을 사모면서 살아야 한다. 우리가 장차가서 살 천국은 오늘날 세상에서 누리는 전인축복의 완성된 곳입니다. 지금 전인축복이란 모형이요, 그림자인 것입니다. 완성된 곳은 천국입니다. 천국에 올라가면 우리가 세상에서 그리스도를 믿어서 영혼이 잘되고 범사에 잘되며 강건하게 산 이 삶의 본처로 들어가는 것이요, 본부로 들어가는 것이요, 그 완성된 곳으로 들어가는 것입니다. 계21: 3~ 4에 보면 "내가 들으니 보좌에서 큰 음성이 나서 이르되 보라 하나님의 장막이 사람들과 함께 있으매 하나님이 그들과 함께 계시리니 그들은 하나님의 백성이 되고 하나님은 친히 그들과 함께 계셔서 모든 눈물을 그 눈에서 닦아 주시니 다시는 사망이 없고 애통하는 것이나 곡하는 것이나 아픈 것이 다시 있지 아니하리니 처음 것들이 다 지나갔음이러라"고 말씀하고 있는 것입니다. 천국은 우리가 영적인 낙원인 것입니다.

천국은 계22: 3에 있는 것처럼 "다시 저주가 없으며 하나님과 그 어린 양의 보좌가 그 가운데에 있으리니 그의 종들이 그를 섬기며"라고 했습니다. 하나님의 보좌를 중심으로 해서 예수 그리스도와 하나님 아버지를 섬기며 사는데 하나님 아버지와 예수 그리스도는 생명과 영광의 근원이 되시므로 우리가 얼마나 주님 앞에서 기뻐하고 즐거워하겠습니까?

시16: 9에 "이러므로 나의 마음이 기쁘고 나의 영도 즐거워하며 내 육체도 안전히 살리니"라고 말했습니다. 11절에 "주께서 생명의 길을 내게 보이시리니 주의 앞에는 충만한 기쁨이 있고 주의 오른쪽에는 영원한 즐거움이 있나이다"

천국이 왜 좋습니까? 천국은 기쁨의 근본이 되는 것입니다. 하나님이 기쁨의 근원이 되시는 것입니다. 하나님 앞에는 기쁨이 충만하고 우편은 즐거움이 넘칩니다. 항상 기쁘고 즐거우면 행복하지요. 내 마음에 기쁨이 충만하면 내 생활이 행복하고 가정에 웃음이 가득하고 기쁨이 넘치면 가정이 행복하고 교회가 기쁨이 충만하면 성도들이 모두다 행복한 것입니다. 기쁨이 있어야 행복한 것입니다. 천국은 기쁨이 넘치는 곳이기 때문에 천국에 들어가면 모두다 행복에 겨워하고 행복에 넘치는 삶을 살게 되는 것입니다. 그러므로 영적인 낙원이 바로 천국인 것입니다. 천국이 멀지 않습니다. 우리는 아랫동네에 살고 천국은 윗동네에 사는 것입니다.

우리의 육신 장막 집 무너지면 우리는 예수님의 인도로 윗동네 낙원으로 들어가는 것입니다. 윗동네에도 주님을 모시고 살고 아랫동네도 주님을 모시고 삽니다. 윗동네 아버지가 아랫동네 우리의 아버지가 되는 것입니다. 하나님 앞에는 아랫동네도 살아있고 윗동네도 살아있는 것입니다. 바울선생이 말하기를 "내가 이 육체를 떠나 그리스도와 함께 있을 욕망이 더 좋다."고 말씀한 것입니다. 그러므로 영적으로도 낙원이요, 환경적으로도 낙원인 것입니다.

계 21: 2에 "또 내가 보매 거룩한 성 새 예루살렘이 하나님께로부터 하늘에서 내려오니 그 준비한 것이 신부가 남편을 위하여 단장한 것 같더라" 참 놀라운 말입니다. 아마 결혼식 때 예쁘지 않은 신부를 본적이 없으실 것입니다. 얼마나 화장을 정성들여하고 진하게 했든지 납작코도 높아 보이고, 적은 눈도 크게 보이고, 나쁜 피부도 아름답게 보이도록 화장을 한 것입니다. 신부들이 모두 다 예쁩니다. 성경에 우리가 살 새 예루살렘이 얼마나 좋든지 도저히 설명할 말이 없기 때문에 신부가 신랑을 위해서 단장한 것 같더라. 우리들이 천국에 들어가면 좋다, 좋다 해도 이렇게 좋은 줄은 몰랐다. 감탄할 것입니다.

계22:1~ 3에 "또 그가 수정 같이 맑은 생명수의 강을 내게 보이니 하나님과 및 어린 양의 보좌로부터 나와서 길 가운데로 흐르더라. 강 좌우에 생명나무가 있어 열두 가지 열매를 맺되 달마다 그 열매를 맺고 그 나무 잎사귀들은 만국을 치료하기 위하여 있더라. 다시 저주가 없으며 하나님과 그 어린 양의 보좌가 그 가운데에 있으리니 그의 종들이 그를 섬기며"다고 말한 것입니다. 이렇기 때문에 우리 예수 믿는 사람들에게는 이 땅에 사는 것보다 더 아름다운 낙원이 있고 거기에 들어가고 그 환경이 형언할 수 없기 아름다운 곳이기 때문에 죽음이 두려울 것이 아무것도 없습니다. 부활의 영생의 낙원인 것입니다. 우리가 지금 낙원에 들어가서 주님과 함께 거하다가 주님이 강림하실 때 데리고 오셔서 살아남은 자는 변화되고 우리는 부활의 몸을 입게 되는 것입니다. 그때는 모두다 약한 몸이 강한 몸으로 추한 몸이 영화로운 몸으로 죽을 몸이 영생할 몸으로 있고 완전한 구원에 이르게 되는 것입니다. 살전 4:16~17에 "주께서 호령과 천사장의 소리와 하나님의 나팔 소리로 친히 하늘로부터 강림하시리니 그리스도 안에서 죽은 자들이 먼저 일어나고 그 후에 우리 살아남은 자들도 그들과 함께 구름 속으로 끌어 올려 공중에서 주를 영접하게 하시리니 그리하여 우리가 항상 주와 함께 있으리라" 영혼이 잘됨같이 범사에 잘되며 강건한 전인축복, 전인구원의 완성된 단계가 바로 천국인 것입니다.

13세기 이탈리아의 유명한 탐험가였던 마르코 폴로는 그 당시 미지의 세계였던 중국으로 건너와서 17년을 살았습니다. 그 뒤 조국으로 돌아가서 유명한 「동방견문록」이라는 책을 썼는데, 그의 임종 시에 친구들이 찾아와서 이렇게 말했습니다. "자네는 그 책에서 도무지 우리가 믿을 수 없는 이야기들만 잔뜩 기록해 놓지 않았나? 이제라도 그 책의 모든 내용이 자네 상상에 의해서 꾸며졌다는 사실을 밝혀주면 좋겠네." 그때 마르코 폴로는 "아니야, 내가 책에 쓴 것은 모두 진실일세. 사실 나는 내가 보고 겪었던 것의 절반도 채 기록하지 못 했네"라고 대답했습니다.

천국도 마찬가지입니다. 요한계시록에서 사도 요한은 천국에 대해 "그 성의 빛이 지극히 귀한 보석 같고 벽옥과 수정같이 맑으며, 문들은 진주로, 길은 정금으로" 되었다고 말했지만 실상은 천국에 그 영광을 반의, 반의, 반의, 반도 기록하지 못한 것입니다. 인간의 말로써 어떻게 형언하겠습니까? 바울선생은 셋째 하늘에 올라갔다 내려온 사실을 기록할 때 도저히 사람의 말로써 말할 수 없는 영광을 보았다고 말한 것입니다. 인간의 상상력이나 인간의 언어로써 표현할 수 없는 것이 우리가 장차갈 천국의 영광인 것입니다. 예수님께서는 삼대재앙으로 타락해서 비참하게 된 인생을 구출하기 위해서 십자가에 몸 찢고 피 흘려 죽으심으로 그 보혈을 통해서 이 땅에 사는 동안 천국의 조그마한 부분을 맛보게 하신 것입니다.

우리 영혼을 구원해서 하나님 성령으로 충만하고 하나님과 교통하여 의와 평강과 희락을 체험하게 해주시고 이 땅에 사는 동안에 저주를 제하시고 하나님의 축복이 함께 하시고 이 땅에 사는 동안에 병을 고치시고 연약한 가운데서 강하게 하사 장수하다가 주님 품에 안길 수 있도록 해주신 것입니다. 그러나 우리가 이 땅은 영원히 살 곳이 못됩니다. 주님께서 이제 때가오면 강림하시면 주님이 새 하늘과 새 땅과 새 예루살렘을 만드시고 우리가 그곳에 가서 주와 함께 영원히 살 때 그때는 진짜로 영혼이 잘되고 범사에 잘되며 강건하고 생명을 얻되 넘치게 얻는 곳에 들어가서 우리가 살게 되는 것입니다. 그 영광스러운 고장의 지극히 적은 부분을 우리가 지금 체험하고 있는 것입니다. 지금 우리가 세상에서 맛보는 주님의 구속의 은혜는 천국의 지극히 적은 맛보기에 불과합니다. 아주 적은 면에서 전인구원의 은총을 체험하나 주님 오시는 그날에 우리는 완전하게 될 것입니다. 이러한 거대한 은총과 약속을 우리가 갖고 있으므로 내일은 오늘보다 다음 달은 금번 달보다 명년은 금년보다 더 좋아지는 것입니다.

현 시대를 인생백세 시대라고 합니다. 저는 이렇게 노래를 부르는 것을 들었습니다. 70이면 너무 빠르니 데리러 오지 마세요. 80은 아직 일찍 이니 그만 두세요. 90은 천천히 갈 테니까 그렇게 아세요. 100세는 천천히 가십시다. 아마 이 땅에 굉장히 살고 싶은 사람이 지은 노래인 것 같습니다. 그러나 우리는 70이 되든, 80이 되든, 90이 되든 주님께서 부르시면 아랫동네에서 윗동네로 옮기면 되는 것입니다.

21장 천국으로 변화된 삶을 살아가게 된다.

(골2:14-15)"우리를 거스리고 우리를 대적하는 의문에 쓴 증서를 도말하시고 제하여 버리사 십자가에 못 박으시고 통치자와 권세를 벗어버려 밝히 드러내시고 십자가로 승리하셨느니라."

성도가 성령의 강력한 불을 받으면 성령께서 성도의 전인격을 장악하시고 지배하시기 시작을 하시기 때문에 지금 하늘나라 천국을 누리게 됩니다. 성도가 지금 하늘나라 천국을 누리지 못하는 것은 귀신들이 삶에서 영향을 끼치기 때문입니다. 성령의 불로 지배와 장악이 되어 성령의 인도를 받으면 성령께서 귀신들을 지배하고 장악하게 됩니다. 예수님께서 성령으로 역사하시면서 삶에서 하늘나라 천국을 누리도록 하시는 것입니다. 하나님은 지금 천국을 누리면서 살아가기를 소원하십니다.

우리가 잘못이해하고 있는 것이 있습니다. 예수를 믿으면 천국에 가는 것입니다. 그래서 불신자들에게 전도할 때 예수님 믿고 천국가세요! 합니다. 여기서 우리가 바르게 알아야 할 것이 있습니다. 죽어서 천국 가는 예수님만 믿으면 안 된다는 것입니다. 예수님은 지금 이 땅에 천국을 만드시려고 오셨습니다. 예수님이 천국이시기 때문에 예수님을 믿으면 천국은 보장되는 것입니다. 그래서 천국가려고 예수를 믿지 말고 예수님을 삶의 주인으로 모시기 위해서 예수를 믿어야 합니다.

아담과 하와가 하나님이 지으신 에덴동산에서 하나님을 경외하고 섬기고 살았으면 좋았겠는데, 이 마귀의 궤계에 빠져서 하나님을 반역하고, 그래서 자기와 후손과 이 땅과 그 가운데 있는 모든 영광을 마귀의 통치자와 권세아래 집어넣어서 종이 되고 말은 것입니다. 아담과 하와의 후손으로 태어난 모든 인류는 배속에서부터 종으로 잉태되고 태어날 때부터 마귀의 지배 하에서 태어나는 것입니다. 마귀는 모든 인류에게 무거운 짐을 지워줍니다. 마귀의 정부와 마귀의 권세 밑에 사는 사람들은 죄 짐을 벗을 수가 없습니다. 죄는 하나님의 법을 어기는 것입니다. 그러므로 죄란 하나님에 대한 정면 도전입니다. 사람들은 모두다 죄 짐을 짊어지고 죄를 짓고 하나님께 도전하고 하나님의 법을 짓밟고, 그래서, 하나님께 심판과 정죄를 받고 영원히 버림받게 하는 것이 마귀의 궤계인 것입니다.

아담과 하와가 마귀에게 속음으로 그 후손 모두가 혈통의 죄를 범했습니다. 모든 사람이 다 죄를 범했습니다. 한 사람도 하나님의 영광에 이르지 못하게 한 것입니다. 그 뿐 아니라 사람들의 마음속에 하나님에 대한 불신앙을 가져오고 반역을 가져오고 무신론을 가져옵니다. 세속으로 채워놓고 이 세상과 세상의 풍속대로 살고 하나님은 생각도 말고 하나님은 그의 생애 속에 완전히 쫓아내 버리고 말도록 만들었습니다. 그리고, 그들 속에 미움으로 꽉 채워놓아서 사람들은 물고 찢고 싸우고 피 흘리는 전쟁으로 인류역사를 피로 물들여 놓게 만들은 것입니다.

영도 마음도 몸도 여러 가지 병들어서 고통을 당하도록 만들어 놓았으며 가난과 저주의 쇠사슬로 묶어 놓아서 인도와 같이 거대한 대륙의 그 가난은 슬픔으로 가득합니다. 인도의 군중들의 삶을 바라보면 사는 것이 아니라 생존을 위한 거대한 몸부림이라고 설명 할 수 있습니다. 그들은 매일 매일 몸부림을 칩니다. 그것은 살아있기 위한 것입니다. 이런 것이 하나님의 뜻이 아닙니다. 이 가난과 이 저주, 이것은 마귀가 인류를 도적질하고, 죽이고, 멸망시키는 수단으로 사용하는 것입니다. 그리고 난 다음 사망과 지옥은 인류의 궁극적인 운명이 되고 말았습니다. 육체가 죽고 하나님 모르는 영혼은 지옥으로 떨어져서 영원한 버림을 받게 된 것입니다.

이것이 옛 통치자와 권세 밑에서 지옥 같은 생활을 하던 인류의 모습입니다. 도적질 당하고 죽임을 당하고 멸망을 당한 슬픔 가운데 살았으니 인류들은 이와 같은 운명에서 벗어나려고 온갖 몸부림을 쳐오고 있었습니다. 그들은 과학을 발전 시켜보기도 하고, 지식을 발전시키고, 사회 제도를 개혁하고, 국가 제도를 개혁하고, 주의와 주장을 만들고 몸부림쳐 왔습니다. 인류는 그렇게 몸부림쳐 왔지마는 죄의 사슬에서 벗어 날 수도 없고, 삶의 허무와 무의미와 맹랑한 삶에서 벗어날 수도 없었습니다.

죽음과 절대 무에서 해방을 얻지도 못했습니다. 인류는 그러므로 스스로 구원할 수 없다는 사실을 너무나 분명하고 깨끗하게 알게 된 것입니다. 그래서 모든 사람의 가슴속에 탄식하고 고통을 하고 있었습니다. 우리는 스스로 구원을 할 수가 없습니다. 하나님의 능력을 날마다 의지하는 모두가 되시기를 축원합니다.

이런 세상을 하나님의 나라(천국)를 건설하시려고 예수님을 보내신 것입니다. 하나님께서 이러한 인류를 불쌍히 여기사 인류를 구원하기 위해서 이천 년 전에 그 아들 예수님을 세상에 보내신 것입니다. 왜 예수님을 보내셨을까요? 천사를 보낼 수도 있었고 이 세상에 위대한 종교인을 일으켜 세울 수도 있었는데 왜 그 아들 예수를 동정녀 마리아를 통해서 이 땅에 사람으로 보냈을까요? 그것은 우리 인류를 참으로 구원하기 위해서는 마귀의 정부와 마귀의 권세가 점령한 이 땅에 하나님의 나라를 세워서, 하나님의 아들의 정부와 그 권세에 사람들을 건져내기 위한 것입니다. 그러므로 마귀의 나라에서 하나님의 아들 나라로 사람을 옮기기 위해서 하나님의 아들을 보내신 것입니다. 왜냐? 하나님의 아들은 하늘나라의 임금이기 때문입니다.

나라가 있으려면 임금이 있어야 됩니다. 요사이는 대통령이 있는 것처럼 임금이 있어야 정부를 세울 수 있고, 성령이 그 권세를 가지고 천사들이 권세가 되어서 하늘나라가 이루어지고 그래서 마귀 나라를 쳐부수고 하늘나라를 세우셔서 그곳에 하늘나라의 백성들을 모아서 살게 만들어 주시는 것입니다.

이렇기 때문에 하늘의 임금이 와야지 천사가 와서는 소용이 없습니다. 하나님의 나라가 설립되지 않습니다. 세상 어떠한 사람을 세우면 그는 종교가나, 철학가나, 윤리나, 도덕가는 될 수 있을지 몰라도 임금은 될 수 없습니다. 하나님 아들 예수님만이 하늘나라의 임금이십니다. 그러므로 하늘나라를 세우기 위해서 예수님을 보내신 것입니다.

새로 세워진 통치자와 권세는 예수님이 세우신 것입니다. 예수님이 이 땅에 오셔서 먼저 외친 것은 회개하라. 그리고 기독교를 믿으라. 그렇게 말 안했습니다. 회개하라. 율법을 지키라. 그렇게도 말하지 않았습니다. 회개하라. 종교의식과 형식을 집행하라. 그렇게도 말씀하지 않았습니다. 주님이 외친 것은 "회개하라. 천국이 가까이 왔다. 하늘나라를 세우러 내가 왔다. 마귀의 나라 가운데 하나님의 나라를 세우러 왔다." 그리고 난 다음 마귀와 통치자와 권세를 깨뜨리기 시작한 것입니다. 마귀의 통치자, 마귀의 정부를 깨뜨리고 마귀의 권세를 깨뜨립니다. 마귀를 쫓아내고, 귀신을 내 몰아쳐 쫓아내고, 병든 자를 고쳐내고, 죽은 자를 살려버리고, 굶주린 자에게 먹이시고, 천국을 전파하니 처처에 마귀의 통치자와 권세가 박살이 났습니다. 마귀가 쫓겨나갔습니다.

하늘나라가 사람들의 심령 속에 받아들여지고 하늘나라의 권세가 나타났습니다. 인산인해로 사람들이 예수님 중심으로 모이고 예수님을 하늘나라의 왕으로서 그들이 모시려고 했습니다. 그러니 마귀가 이제 가만히 있겠습니까? 자기나라가 이제 무너지게 되었습니다. 자기의 통치자와 권세가 무너지고, 예수 그리스도의 통치자와 권세가 서게 될 것이기 때문에 그들은 결사적으로 로마사람을 충동하고 유대인들을 충동해서 그래서 예수님께 일전을 선포한 것이 바로 갈보리의 대 전쟁인 것입니다.

갈보리 산의 전쟁은 우주적인 전쟁입니다. 하나님에 대한 마귀의 도전입니다. 하나님이 인류를 구하기 위한 마귀와의 일전입니다. 바로 갈보리 산에서 그리스도와 마귀가 대적한 것입니다. 하늘나라와 지옥의 권세가 대적한 것입니다. 그곳에서 하늘의 통치자와 권세와 마귀의 통치자와 권세가 부딪친 것입니다.

눈에는 안보이지만 그곳에 하늘나라의 천사가 동원되었습니다. 마귀의 모든 귀신과 타락한 천사들이 동원되었습니다. 예수님은 마귀의 손에 잡혀서 로마의 법에 의해서 사형선고를 받고 유대인들의 모든 충동 속에서 십자가에서 몸이 찢기고 피를 흘리셨습니다.

십자가 전쟁에서 마귀가 외면적으로 볼 때, 이긴 것 같았습니다. 그러나 우주의 주제가는 하나님입니다. 절대 주권자는 하나님인 것입니다. 그런데 마귀가 불의하게 자기에게 속하지 않은 그리스도를 자기가 심판해서 십자가에 못 박았습니다. 불의한 자가 의인을 십자가에 못박은 것은 우주에 있을 수가 없는 것입니다. 마귀가 하나님의 아들을 잡아서 십자가에 못박은 것을 하나님은 그대로 둘 수가 없었습니다. 왜냐하면 이것은 우주의 정의의 법을 어기는 것입니다. 어떻게 죄가 의를 심판합니까? 어떻게 마귀가 하나님의 아들을 심판합니까? 자기나라에 속하지 않은 사람을 자기나라 법으로서 어떻게 벌합니까?

그러므로 하나님께서 십자가상에서 마귀를 심판 하셨습니다. 그래서 마귀는 예수님을 십자가에 죽였고, 그 죽임을 통해서 하나님의 심판을 받아 자기의 통치자와 권세가 다 깨어져 버리고 말은 것입니다.

그러므로 십자가 전쟁의 계산속을 들여다보면 마귀는 예수님을 십자가에 못 박고 삼일동안에 그들이 기뻐하고 즐거워하고 뛰었습니다. 이제 하나님의 아들을 죽였으므로 하늘나라는 이 땅에 서지 못한다. 하늘나라의 임금이 죽었으므로 하늘나라 정부도 사라지고 권세도 사라지므로 마귀가 온 천하를 다스릴 수 있다고 그들은 공중에서 권세 잡은 마귀와 그 정부와 그 군대들이 모여 박수를 치고 기뻐하고 즐거워하고 환호를 외쳤을 것입니다.

삼일동안에 온 천하를 석권하고 마귀는 잡았다고 생각했는데 그 삼일동안에 예수 그리스도는 그 고통을 통해서 아담과 하와가 하나님 앞에 빚진 죄악을 다 하나님 앞에 청산하고, 사망의 세력을 다 멸하고, 삼일만에 하나님의 능력과 권세로 부활하심으로 말미암아, 예수 그리스도는 그 흘린 피 값으로, 죄 없이 흘린 피 값으로 아담과 하와 이후 모든 인류의 죄를 다 청산하심으로 십자가에서 율법을 철폐해 버리고 말은 것입니다.

율법이라는 것은 사람의 죄를 잡아 죽이는 것이 율법입니다. 그러므로 너는 살인했다. 너는 간음했다. 너는 도적질했다. 너는 네 이웃을 거짓 증거했다. 너는 이웃을 탐했다. 너는 하나님을 믿지 안고 있다. 너는 우상에 절했다. 하나님의 이름을 망령되이 불렀다. 너는 안식일을 지키지 않았다. 모든 죄를 잡아 죽이는 것이 율법입니다.

그러므로 마귀는 이 율법을 가지고서 모든 사람을 죄로 꽁꽁 묶어서 하나님을 대적하게 하고 하나님께로부터 멀리 멀리 떠나게 만드는 것입니다. 그런데 예수님은 우리의 일생의 죄를 다 청산해 버렸기 때문에 율법이 이제는 폐지되고 말은 것입니다. 십자가에서 주님께서는 우리를 거역하고 우리를 대적하는 의문에 쓴 정서를 다 도말 하시고 제하여 버렸습니다. 법을 제하여 버렸습니다.

우리가 빚을 지고 있을 때 빚 문서를 가지고 와서 자꾸 우리에게 강조하지마는 빚을 다 갚아버린 다음에는 빚 문서가 소용이 없습니다. 그것은 아무런 힘이 없습니다. 빚졌을 때 빚 문서가 소용이 있지 빚을 갚아버리고 난 다음에는 빚 문서는 찢어버려야 되는 것입니다. 우리가 죄악의 빚을 졌을 때 하나님의 법으로서 우리를 심판하고 마귀가 우리를 굉장하게 고통당하도록 몰아부치는 것이지마는 예수께서 우리의 일생의 죄를 다 청산해 버린 다음에는 죄를 정죄하는 율법은 철폐되어 버리고 마는 것입니다. 그러므로 오늘날 우리가 율법을 지키므로 구원받는 것이 아니라 이제는 오직 믿음으로 구원을 받게 되는 것입니다.

죄를 지었음에도 불구하고, 못났음에도 불구하고, 버림을 당해야 마땅함에도 불구하고, 죄지은 그대로 빈 손든 그대로 예수를 믿기만 하면 남녀 노 유, 빈부귀천 할 것 없이 다 구원을 받게 되는 것입니다. 그러므로 마귀는 여기에서 자기의 무기인 율법을 잃어버리고 말은 것입니다.

율법은 십자가에서 폐지되어 버리고 말은 것입니다. 부활하심으로 예수 그리스도는 마귀의 통치자를 해제해 버리고 무장을 해제해 버렸습니다. 마귀는 십자가에서 정부가 무너지고 그리고, 그 무장이 해제되었음에도 불구하고, 불신자들의 사이에 충동해서 불법적인 게릴라 운동을 하고 있는 것입니다. 그런데 예수님은 십자가를 통해서 당당하게 하나님의 아들 나라를 이 땅에 세우고 있는 것입니다.

이러므로 예수 그리스도의 나라가 이제는 이 땅에 임하게 된 것입니다. 십자가를 통하여 그리스도는 왕으로서 부활하셨고, 그리고 성령이 임하셔서 권세가 나타나고 천사들이 와서 우리를 옹위하게 된 것입니다. 이렇기 때문에 예수 그리스도의 나라는 임금님이 예수고 권세는 성령과 천사들인 것입니다. 이래서 하나님의 나라가 오늘날 우리 가운데 임하게 되는 것입니다.

우리가 예수 그리스도를 구주로 모시면 예수 그리스도는 우리 속에 하늘나라의 정부로써 들어오시고 그 다음 하늘나라의 권세인 성령이 임하시고 그 다음 하늘나라의 권세인 천사들이 우리를 둘러 진 치게 되는 것입니다.

이러므로 지금 우리 눈에 안보이지만 우리가 모인 이 자리가 바로 하늘나라인 것입니다. 예수님이 임금으로 계시고 성령이 권세로 임하시고 천사들이 군대로써 우리를 둘러 진 치고 있는 것입니다. 한 사람 한 사람의 가슴속에 예수를 구주로 모실 때 여 마음 속에 임금님이 오시고 성령의 권세가 임하고 천사들이 믿는 자들을 보호함으로 말미암아 크리스천 한 사람 한 사람이 하늘나라가 되는 것입니다. 이러므로 하늘나라가 여기 있다. 저기 있다고도 못하리니 천국은 너희 안에 있느니라고 말씀하고 있는 것입니다.

이러므로 우리는 연약하지 안 습니다. 하나님의 아들이 나타나신바 되었으니 마귀의 일을 멸하려 하심이라 말하신 것입니다. 우리는 하늘나라가 우리 속에 와 있습니다. 우리가 하늘나라 안에 들어와 있는 것입니다. 이것은 종교가 아닙니다. 철학이 아닙니다. 나라와 나라의 전쟁이 십자가에서 일어나서 갈보리 산에서 예수 나라가 마귀의 나라를 정복하고 파괴하고 무장 해제해 버린 신 것입니다. 이젠 예수 그리스도의 이름과 그 말씀의 권세와 성령의 권세와 천사의 능력을 의지해서 우리는 가는 곳마다 마귀의 나라를 제하고 마귀의 일을 멸하고 하늘나라를 전파하고 하늘나라를 나타내고 하늘나라 속에 들어서 살도록 만드는 것입니다.

그렇기 때문에 성경은 말씀하기를 하나님께서 우리를 흑암의 권세에서 건져내사 그 사랑의 아들나라로 옮기셨노니라고 말씀하고 있는 것입니다. 우리는 하나님의 사랑의 아들나라에 들어오신 것입니다. 이것은 종교가 아닙니다. 이것은 나라가 바뀌어진 것입니다. 국적이 새로워진 것입니다. 우리는 하늘나라가 우리 속에 와 있고 우리가 하늘나라 안에 들어와 있고 하늘나라 속에서 삽니다.

그러므로 우리는 이제 하늘나라 법칙을 통해서 삽니다. 예수님의 통치를 받으며 성령님의 권세와 천사들의 능력을 의지해서 살아가기 때문에 우리는 당당하게 마귀의 모든 일을 멸하고 살아야 될 것입니다. 성령의 권능으로 마귀 권세를 부수고 날마다 승리하시기를 축원합니다.

예수 안에서 이 땅에 하나님 나라(천국)가 이루어집니다. 하나님의 나라를 주님께서는 어떠한 일이 일어나겠다고 선포하셨습니까? 누가복음 4:18-19에 보면 예수께서 나사렛 회당에 오셔서 당신이 세운 나라 가운데 어떤 일이 일어날 것을 말했습니다. 주의 성령이 내게 임하셨으니 이는 가난한 자에게 복음을 전하게 하시려고 내게 기름을 부으시고 나를 보내사 포로 된 자에게 자유를 눈먼 자에게 다시 보게 함을 전파하여 눌린 자를 자유케 하고 주의 은혜의 해를 전파하게 하려 하심이라고, 말씀하십니다.

이와 같이 주님께서 지상에 가져온 나라 속에는 이와 같은 자유와 해방과 치료의 역사와 운동이 일어날 것을 말씀하는 것입니다. 그래서 하늘나라를 자꾸 영역을 넓혀가다가 주님 강림하시는 그 날에 주님께서 하늘나라에 다 데리고 올라가시는 것입니다. 이러므로 이 땅에 지금 하늘나라가 임하여서 역사하고 있는 것입니다. 그러면 그 하늘나라의 역사를 우리가 알고 우리 스스로가 그것을 체험하고 그것으로 무장해서 가는 곳마다 마귀의 통치자와 권세를 깨뜨리고 하늘나라의 통치자와 권세를 세워야 되는 것입니다.

하늘나라는 가난한 자에게 영육 간의 복음적 좋은 소식이 전해지는 것입니다. 하나님을 버리고 떠난 인간들은 마음에 의도 평강도 희락도 소망도 없었는데 예수를 믿고 하늘나라가 임하자, 그 마음속에 의와 평강과 희락과 영광이 가득하고 믿음, 소망, 사랑이 들어와서 영적인 가난에서 해방됩니다. 영적인 기쁨과 삶의 평안과 의미가 충만하게 됩니다. 그뿐 아니라 가난한 생활에서 해결되는 것입니다. 주님께서 우리에게 가난을 제하시고, 저주를 제겨버립니다.

그리고, 하늘나라에서 주님이 예비한 축복 속에 들어와서 살게 하는 것입니다. 아브라함의 축복, 젖과 꿀이 흐르는 가나안 땅을 주님께서 우리에게 주시는 것입니다. 이것은 가난한 자에게 복된 소식을 증거 하는 것이 하늘나라의 역사인 것입니다. 가난과 저주는 하늘나라에는 없습니다. 그것은 마귀와 아담이 만들어 놓은 것이지 하나님이 만든 것은 아닙니다. 또, 포로 된 자에게는 자유를 주겠다고 말씀했는데 이 하늘나라의 역사는 자유의 역사인 것입니다.

죄와 마귀의 포로가 된 사람을 따라서 가고, 거짓말을 믿고 따라가고, 더러운 가운데서 마귀가 득실거리는 삶을 살던 인생들에게 하늘나라가 임하여서 저들을 불의에서 의롭게 씻어주시고, 거짓을 제하고, 참 그리스도의 진리를 따라 살게 하고, 그리고, 더러움을 제하여 버리며 득실거리는 마귀와 귀신들을 내 쫓아버리고 거룩하게 성령으로 충만하게 살도록 만들어 주시는 것입니다. 그렇기 때문에 죄와 마귀의 포로에서 해방시키는 것이 하늘나라의 역사인 것입니다.

그리스도를 모시고 하늘나라가 들어오면 알코올 중독자가 고침을 받고, 마약 중독에서 해방을 얻고, 음란하고 방탕한 생활에서 새롭게 되고, 사람이 의와 거룩함과 진리를 따라 살게 변화시켜지는 이유가 그것인 것입니다. 하늘나라는 이와 같은 권세가 그 속에 나타나는 것입니다.

그리고 하늘나라에 들어온 우리들은 하늘나라의 역사로서 눈먼 자가 다시 보게 됩니다. 아담과 하와가 에덴동산에서 지음 받을 때는 영 안을 가지고 성부, 성자, 성신 삼위일체 하나님을 바라보고 하늘나라를 바라보고 동행했습니다마는 그들이 하나님을 반역하고 죄를 짓자 영적으로 죽어버리매 영 안을 잃어버렸습니다.

하나님을 바라보지도 못하고 하나님을 알지 못함으로 사람들은 완전히 눈에 보이는 육신의 정욕, 안목의 정욕, 세상자랑만 취하고 육신으로서 부귀, 영화, 공명만 취하고 살다가 죽어버리고 버림받고 마는 것입니다. 오늘날 세상 사람들을 보십시오. 왜 세상 사람이 하나님을 완전히 그들 생애 속에서 쫓아내 버렸습니까? 왜냐하면 하나님을 모르니까, 모르는 하나님을 어떻게 믿습니까? 안 보이는 하나님을 어떻게 믿습니까? 그러므로 그들 생애 속에 하나님을 보는 눈이 없기 때문에 완전히 하나님 없는 물질 중심으로 탐욕 중심으로만 살고 있습니다.

그러나 하늘나라에 들어오면 주의 능력으로 눈이 다시 뜨여지기 시작합니다. 영 안이 열려서 하나님을 알게 되는 것입니다. 하나님 아들 예수님을 구주로 깨닫게 되고 성령님의 능력을 깨닫게 됩니다.

힘으로도 되지 아니하고, 능으로도 되지 아니하고 하나님의 성령으로 되는 것입니다. 이와 같은 성령의 능력이 임하시고, 그리고, 하나님 나라가 임하시는 것입니다. 이와 같이 영적인 눈이 열려지면, 하늘나라를 밝히 깨달아 알 수 있게 되는 것입니다.

물론, 하늘나라에 들어가면 육신의 눈도 밝아지지요. 하늘나라에 들어오면 영안이 밝아져서 영원히 살 수 있도록 천국을 바라보게 만들어 주시는 것입니다. 그리고 하늘나라에는 눌린 자가 자유를 얻습니다. 사도행전 10:38에 보면 하나님이 나사렛 예수에게 성령과 능력을 기름 붓듯 하셨으매 저가 두루 다시시며 착한 일을 행하시고 마귀에게 눌린 모든 자를 고치셨다고 말한 것입니다. 마귀가 눌러서 병이 됩니다. 돌멩이 밑에 눌린 풀은 노랗게 떠갑니다.

돌멩이를 옮겨 버리면 파랗게 살아납니다. 사람들이 심장이 마귀에게 눌리고, 위장이 눌리고, 폐가 눌리고, 몸이 눌리면 심장병, 폐병, 신경통, 온갖 병이 생깁니다. 그러나, 예수 그리스도 나라(하나님의 나라 천국)에 들어오면 하나님의 성령의 능력과 권세로 귀신이 쫓겨나가고 눌린 자가 자유케 되고 하나님의 은혜를 받아서 다 건강하게 되어 버리고 마는 것입니다. 그러므로 하늘나라에는 치료가 동반합니다. 치료가 없는 하늘나라는 하늘나라가 아닌 것입니다.

마지막으로, 주의 은혜의 해가 전파되는 것이 하늘나라인 것입니다. 주의 은혜란 무엇입니까? 은혜란 선물로 받아서 사는 것을 말하는 것입니다. 내가 일하고 수고하고 행위로서 구원받는 것이 아니라 예수 그리스도께서 십자가에서 날 대신하여 죄를 다 갚아 주었기 때문에 이제는 선한 행위가 없어도 오직 믿음으로 말미암아 값없이 주님의 신세를 지고 구원을 받는 은혜의 해를 전파하겠다고 말씀한 것입니다.

4부 성령의 강력한 불을 누리며 살아가는 삶

22장 영적인 생각과 사고로 전환함으로

(마9:20-22)"열두 해 동안이나 혈루증으로 앓는 여자가 예수의 뒤로 와서 그 겉옷 가를 만지니, 이는 제 마음에 그 겉옷만 만져도 구원을 받겠다 함이라. 예수께서 돌이켜 그를 보시며 이르시되 딸아 안심하라. 네 믿음이 너를 구원하였다 하시니 여자가 그 즉시 구원을 받으니라."

성도가 성령의 불을 받지 못하는 원인이 있습니다. 인간적인 생각과 이론으로 성령님을 이해하기 때문입니다. 성령님은 살아계시면서 초자연적으로 역사하시는 분입니다. 성도가 성령으로 지배와 장악이 되지 않고 성령의 인도를 받는 삶을 살지 못하는 것은 인간적인 생각을 가지고 신앙생활을 하기 때문이라고 보면 정확합니다. 성령님을 살아있는 분으로 의식하는 것이 무엇보다도 중요합니다. 크리스천들이 변화되지 않는 것은 교우들을 의식하며 믿음생활을 하는 것도 한목을 차지합니다. 거기다가 수치심과 부끄러움을 가지고 교회에서 믿음생활을 하기 때문에 변화되는데 장애가 됩니다. 하나님 앞에 어린 아이가 되면 교우들의 시선이나 수치심이나 부끄러움이 아무것도 아닐 것입니다. 그런데 아직 예수님을 믿고 죽고, 다시 예수님으로 태어난 성령의 사람이 아니기 때문입니다. 믿음생활을 하는데 사람을 의식하는 것은 커다란 장애물입니다. 하나님만을 의식하는 믿음으로 성장해야 합니다.

예수를 믿으면서 변화된 삶을 살지 못하고 영육의 고통을 달고 사는 것은 옛 사람이 없어지지 않아서 수치심과 부끄러움을 버리지 못하기 때문입니다. 예를 든다면 예수를 믿고 교회에 다니면서 영육의 문제를 가지고 있으면 믿음이 부족하기 때문이라는 잘못된 생각으로 인한 것입니다. 영육의 고통과 문제를 생명의 말씀과 성령으로 치유하려고 하지 않기 때문에 믿음생활을 20년을 해도 영육의 문제를 달고 사는 것입니다. 이로 인하여 목사가, 장로가, 권사가, 안수집사가, 집사가 영육의 문제가 있는 것을 수치심이나 부끄러움 때문에 밖으로 발성하지 못하고 혼자만 끙끙 앓고 살아간다는 것입니다.

그러나 이는 지극히 잘못된 이론입니다. 절대로 예수를 믿었다고 완벽할 수가 없는 것입니다. 육체를 가지고 사는 이상 모두 문제를 가지고 살아가고 있다고 인정해야 자신이 영육이 건강하게 지낼 수가 있습니다. 예수를 믿고 목사가 되고, 장로가 되고, 권사가 되고, 안수집사가 되고, 집사가 되었어도 육체를 가지고 있기 때문에 영육의 문제 있을 수가 있는 것입니다. 있는 것이 당연한 것입니다. 이를 인정하고 자신에게 일어나는 영육의 문제를 하나님에게 드러내고 시인해야 치유가 되는 것입니다. 만일 부끄럽고 수치스럽다고 드러내지 않고 숨기면서 하나님께서 해결하여 주시기만 바라고 기도한다면 영원한 천국에 갈 때까지 해결 받지 못하고 치유되지 않을 수가 있습니다. 하나님은 마음을 열고 자신의 영육의 문제와 질병과 영적인 문제를 드러내고 시인해야 해결하시고 치유하시기 때문입니다.

우리가 밝히 알고 대처해야 할 것은 혈통을 따라서 위로 올라가보면 누구나 우상을 숭배했을 수가 있고, 무당을 초청하여 굿을 했을 수가 있고, 제사도 지냈을 수가 있고, 잡신도 섬겼을 수가 있고, 마음에 상처도 받았을 수가 있습니다. 자신은 완벽하다고 생각하거나 자랑하는 성도는 교만한 것입니다. 문제가 없다고 마음을 열지 않으니 성령의 역사가 일어나지 않아 자신을 정확하게 보지 못하는 것입니다. 예수님은 누가복음 5장 31-32절에서 "예수께서 대답하여 이르시되 건강한 자에게는 의사가 쓸 데 없고 병든 자에게 라야 쓸 데 있나니 내가 의인을 부르러 온 것이 아니요, 죄인을 불러 회개시키러 왔노라" 말씀하셨습니다. 자신에게도 문제가 있을 수 있다고 생각하고 겸손해야 합니다. 목회자와 성도는 너나나나 할 것 없이 육체를 가지고 있는 한 누구나 완벽하지 못하고 영육의 문제가 있을 수가 있습니다. 그렇기 때문에 자신의 영육의 문제를 드러내어 해결하려고 해야 합니다. 혹에라도 목사가, 장로가 권사가 안수집사가 집사가 귀신이나 마음의 상처나 질병으로 고생한다고 흉을 잡아 입방아를 찧고 다니는 성도가 되어서는 안 됩니다. 하나님은 자신이 인정하고 드러내고 입술로 시인하는 부분만 치유하여 주십니다. 많은 목회자와 성도들이 잘못알고 있는 것은 교회에 다니면서 예배드리고 기도하고, 능력자에게 안수 받으면 오만가지 문제가 자동으로 해결되는 것으로 알고 있습니다. 그러나 하나님은 그렇게 역사하시지 않습니다. 마음을 열고 인정하고 드러내고 시인하는 부분만 치유하여 주십니다. 하나님의 역사가 일어나게 하려면 인간적인 노력을 하면 할수록 방해가 된다는 것입니다. 인간적인 열정이나 노력으로 문제가 해결이 되고 질병과 상처가 치유된다면 밤을 새워가며 기도하면 자신이 원하는 대로 해결이 될 것 아닙니까? 절대로 그렇게 되지 않습니다.

분명하게 자신은 예수를 믿을 때 죽었고, 다시 예수님으로 태어나 예수님의 인생을 사는 것입니다. "그리스도의 사랑이 우리를 강권하시는 도다. 우리가 생각하건대 한 사람이 모든 사람을 대신하여 죽었은즉 모든 사람이 죽은 것이라. 그가 모든 사람을 대신하여 죽으심은 살아 있는 자들로 하여금 다시는 그들 자신을 위하여 살지 않고 오직 그들을 대신하여 죽었다가 다시 살아나신 이를 위하여 살게 하려 함이라(고후 5:14-15)" 그러므로 자신의 옛 사람이 없어져야 성령님이 역사하셔서 자신을 장악하시는 것입니다. 자신을 성령님이 장악하고 지배를 해야 능력도 강하게 나타나고, 문제도 해결되고, 질병이나 상처도 치유가 되는 것입니다. 성경에 보면 주변사람들의 시선을 의식하지 않고 수치심이나 부끄러움에 개의치 않고 예수님께 나와서 새로운 삶을 살게 된 사례들이 있습니다.

첫째, 열 두해 혈류 증을 앓던 여인의 구원사건이다. 마태복음 9장에 보면 이스라엘 나라에 열두해를 혈루병으로 앓은 한 여인이 있었습니다. 병이라는 것이 1, 2년도 지긋지긋한데 열두해를 피를 흘리면서 산다는 것은 정말 지긋지긋하고 고통스러울 것입니다. 오래 사는 것도 좋지만 건강하고 오래 살아야지 병들어서 오래 사는 것은 오히려 욕이 되고 고통스러운 것입니다. 이렇게 되니까 온가족 식구들이 이 여인을 고치겠다고 남편이나 자녀들이나 시집 식구들 할 것 없이 있는 힘을 다해서 그 당시에 있는 의학을 총동원했습니다.

약을 다 사다먹고 온갖 의원에게 온갖 고통을 다 당했으나 병은 낫지 아니하고 점점 더 병은 깊어지고 그리고 가산을 탕진해 버렸습니다. 요사이도 속담에 무병 삼년에 못살 사람이 없다고 말했는데 뭐! 병으로 자꾸만 경비를 지출하니 가산 탕진했어요! 그리고 또 혈루병은 유대인의 전통에서는 부정한 병입니다. 혈루병 걸린 사람이 앉은 자리에 앉아도 부정하고 그 옷에 손을 대도 부정하기 때문에 그러한 부정한 몸으로 성전에 나가서 섬길 수 없습니다. 이러므로 문둥병 환자나 혈루병 환자는 일반 사람들에게서 분리해서 혼자 살아가야 됩니다. 이 여인은 몸은 병들어서 쇠약할 대로 쇠약하고 고통스럽고 자기로 말미암아 온 가정이 다 가난하게 되고 재산을 탕진했으니 죄책이 마음에 한이 없습니다. 거기에다가 사랑하는 가족들이 다 분리되고 혼자서 외로운 나날을 지내면서 죽음의 날을 기다립니다. 그에게는 짖은 절망 밖에는 아무 것도 없었습니다.

그런 절망으로 짓눌리고 어둡고 캄캄한 이 여인에게 살겠다는 희망을 주고 꿈을 줄 수 있는 한 계기가 왔습니다. 어떤 사람이 예수 그리스도의 복음을 전해 주었습니다. 그가 와서 하는 말이 "나사렛 예수께서 일어나셔서 처처에 가는 곳마다 복음을 증거하여 죄인은 용서하고 귀신은 쫓아내고 병든 자는 고치고 죽은 자는 살리고 배고픈 자에게는 먹여주고 천국의 복음이 전파된다." 이 말에 눈앞에 번쩍했습니다.

나도 살아갈 수 있겠구나! 어둡고 캄캄한 그 가슴속에 섬광과 같은 희망의 빛이 비췄습니다. 그리고 또 다시 건강을 회복하고 가족들이 한 자리에 모여서 행복을 나누며 살아갈 수 있다는 꿈이 마음속에 뭉게구름처럼 피어올랐습니다. 그리스도의 복음이 이 여자의 가슴속에 꿈을 심어 주었습니다. 희망을 심어 주셨습니다. 그래서 그는 매일 같이 그리스도의 그 복음을 생각하고 그 꿈을 반추했습니다.

마음속에 병이 낫고 다시 건강해지고 다시 사랑하는 남편 자녀들과 함께 같이 오손도손 살아갈 수 있는 그 꿈이 뭉게구름처럼 피어올랐습니다. 그는 꿈속에 살았습니다. 이젠 울음을 그쳤습니다. 이제는 탄식을 그쳤습니다. 이제는 절망을 그쳤습니다. 꿈이 그 여인을 점령해 버렸습니다. 꿈은 그에게 소망을 주었습니다. 그는 기쁨이 있었습니다.

그리고 하루는 그 꿈이 전율해서 그는 마음속에 결단을 내렸습니다. 이제는 나는 믿겠다. 내가 예수 그리스도께서 우리 동에 오시면 뒤따라가서 그 옷자락에 손만 대어도 나을 것이다 나는 믿는다. 그는 마음에 결정을 내렸습니다. 나는 믿는다. 세상 사람은 무어라고 말해도 나는 그리스도의 옷자락에 손만 대면 나는 나을 것을 믿는다! 그 꿈과 믿음 속에 사는 어느날 갑자기 소문이 왔습니다. 예수께서 자기 동네를 지나간다는 소문이 왔습니다. 그는 일어났습니다. 오랫동안 혈루병으로 피를 흘렸기 때문에 어지러워 머리를 들 수가 없습니다. 현기증으로 천지가 빙빙 돕니다. 밝은 햇살에 나가니까 눈을 뜰 수가 없습니다. 그럼에도 불구하고 그는 그의 꿈과 믿음이 이루어질 날이 온 것을 알았습니다. 그때가 왔습니다. 그때를 놓칠 수가 없습니다. 그는 그의 꿈과 믿음을 실천해야만 합니다.

수많은 군중들이 예수님을 에워싸고 있는데 군중들 사이로 들어가다가는 넘어지고 군중들에게 밀치고 그러나 다시 일어나고 다시 일어나서 그는 손을 내밀고 손을 내밀면서 예수님을 따라갑니다. 결사적으로 따라갑니다. 허둥지둥하면서 따라가다가 기어코 예수님의 옷자락에 손이 닿자마자 하나님의 놀라운 능력이 그 몸속에 임하고 말은 것입니다. 그의 모든 혈루 근원이 말랐습니다. 어지러움이 사라지고 몸에 냉기가 사라지고 다시 심장이 힘차게 피를 뿜어내고 온몸에 생기가 가득 차고 건강이 넘쳐나고 행복이 가득했습니다. 그의 꿈이 이루어졌습니다. 그의 믿음이 이루어졌습니다.

그러자 예수님이 가는 발걸음을 멈추시고 뒤를 돌아보시면서 누가 내 옷에 손을 대었다. 제자들이 웃었습니다. 주님! 무슨 말씀을 그런 말씀을 하십니까? 여기 지금 한두 사람이 아닙니다. 수백명이 주님을 밀치고 주님 옷에 손을 대었는데 누가 손을 대었다고 합니까? “아니야! 나의 능력이 내 몸에서 나갔다. 꿈을 가지고 믿음을 가지고 담대하게 그것을 실천한 어떤 사람이 내 능력을 요구했고, 내 능력이 나갔다.” 그때 여인이 떨면서 나와서 말했습니다. ‘주님! 내가 주님! 옷자락에 손을 대어서 혈루병이 나았습니다.’ 예수님이 그 여인을 보시고 여자여 안심하라! 네 믿음이 너를 구원하였으니 평안하게 가라고 말했습니다.

둘째, 사마리아 우물가의 여인이다. 저는 요한복음 4장에 나오는 소위 말하는 수가성 우물가의 여인입니다. 나는 소위 남편을 다섯이나 바꾼 여자지요. 결혼하고 한번 잘못된 것이니 두 번째 다시 가정을 이루어 보았습니다. 그러나 그것도 잘못되어 또 가정이 파괴되고 그것이 세 번, 네 번, 다섯 번을 연속하고 나니, 그 다음에는 지칠 대로 지쳐버리고 말았습니다. 사는 것이 재미가 없었습니다. 이제는 앞날에 희망이 없었습니다. 여섯째는 될대로 되라고 여섯째 남자와 육정에 끌려서 살고는 있었지만, 부끄럽고 창피하여 사람들의 얼굴을 마주치기가 싫어서 대낮에 사람 없을 때, 우물에 물 길러 왔다가 예수님을 만나게 되었습니다. 예수님은 나를 정죄하지 않았습니다. 나쁜 여자, 음란한 여자, 죄 많은 여자라고 말씀하지 않았었습니다. 예수님은 나에게 진실로 사는 의미가 무엇인지 보여주셨습니다. 예수께서 당신이 구세주인 것을 알게 해 주시자, 내가 예수님을 믿자 말자, 하나님의 임재하심을 내 속에 느꼈었습니다. 하나님이 나에게 임재하시는 것을 느끼자 말자, 내 속에는 말로 다할 수 없는 기쁨이 넘쳐났습니다.

마침 시편기자가 “하나님 앞에는 기쁨이 충만하고 그 우편에는 즐거움이 넘치나이다"라고 한 것처럼, 내 마음속에 생전 처음으로 그런 기쁨과 즐거움은 느꼈습니다. 평화가 강물같이 넘쳐났습니다. 나는 물동이를 그대로 내버려두고 그 길로 우리 동내 사람들이 사는 시내로 뛰어 내려가서 '와 보라 이 분이 구주가 아니냐'고 전도했고, 수많은 사람이 따라 나와서 내 말을 듣고, 예수를 믿고 똑같은 구원을 받았지요. 그 날 이후로 나의 생애는 달라져 버리고 말았습니다. 나는 예수님과 함께 살므로 내 마음속에 넘치는 이 기쁨과 이 평안을 세상 그 무엇과도 바꿀 수가 없습니다.

셋째, 문둥병자의 구원사건이다. 저는 마태복음 8장에 나오는 문둥이였습니다. 내가 문둥병이 걸리자 나는 가정에서 쫓겨났고 처자들을 볼 수 없게 되었습니다. 나는 사람이 드문 산이나 들에서 살았었습니다. 움막을 치고 살았고 토굴 속에 살았었습니다. 겨울에는 혹독히도 추웠고 여름에는 더웠었습니다. 벌레들에게 물렸고 온 몸은 고름주머니가 되었습니다. 사는 것이 고통이요 저주였었습니다. 나는 너무나 마음이 고통스럽고 괴로웠었습니다. 몸은 고통스럽고 괴롭고 마음은 가족이 그리워 견딜 수가 없어도 어디 가족을 만나 볼 수가 있나요. 우리 같은 문둥이는 성한 사람이 오면 '부정하다, 부정하다' 외쳐서 성한 사람이 곁에 오지 못하도록 해야 합니다. 만일 문둥병자인 제가 성한 사람 곁에 갔다가는 돌로 맞아 죽습니다. 나는 천벌을 받고 이 처절한 절망가운데 있을 때 하루는 예수님께서 무리들과 함께 산에서 내려오는 것을 보았었습니다. 나는 그때가 기회인 줄 알았습니다. 이제 살든지 죽든지 생사결단을 내려야겠다고 생각했습니다.

이 모습 이 대로 살아서야 무엇을 하겠습니까? 그래서 담대하게 성한 사람 있는 곳으로 뛰어 들어갔었습니다. 성한 사람들이 기겁을 하고 놀라서 손에 돌을 들었지만 나는 예수님 앞에 무릎을 꿇었습니다. '주여! 원하시면 나를 깨끗하게 하실 수 있나이다' 나의 외마디 부르짖음이었었습니다. 그 때 예수님께서 나에게 손을 내미시고 고름이 질퍽한 내 머리 위에 손을 대시더니 "내가 원하노니 깨끗함을 받으라"고 하셨습니다. 예수님의 말씀이 선포되자 말자 하늘에서 불이 떨어지는 것 같았습니다. 내 온몸이 불타는 것 같더니 순식간에 문둥병은 사라지고 나는 이와 같이 새 사람이 되고 말았습니다. 예수님으로 말미암아 문둥병자 이였던 제가 소망을 얻었지요. 그 어둡고 캄캄한 문둥병이라는 절망에서 나는 찬란한 소망을 얻었습니다. 나는 우리 집으로 돌아갔고 지금 부모를 모시고 처자와 함께 삽니다. 이 얼마나 소망 찬 일인 것입니까? 예수님으로 말미암아 얻은 이 소망은 아무도 빼앗을 수가 없습니다.

넷째, 중풍병자의 구원사건이다. 마태복음 9장에 보면 가버나움에 절망적인 사람이 있었습니다. 그는 꽤 살림도 있고 명망도 있는 사람이었는데 중풍이 걸리고 말았습니다. 무슨 큰 죄를 지었는지 모르겠지만 그는 늘 마음속에 고민을 하고 억압을 당하고 살았는데 갑자기 하루는 고혈압으로 쓰러졌습니다. 그리고는 그만 말도 못하게 되고 몸을 움직이지 못하고 침상에 드러누워 산송장으로 죽어가고 있었습니다. 오늘날도 중풍은 어려운 병입니다. 하물며 2000년 전이야 중풍이면 그로서 끝난 것입니다. 모든 의원과 약이 아무 소용이 없었습니다. 그는 그 절망 중에 있을 때 예수님께서 가버나움에 들어왔다는 소식을 들었었습니다. 예수님께서 가버나움에 들어왔다는 소식을 듣자 이 사람의 마음은 희망으로 뛰기 시작했었습니다. 심장이 뛰었었습니다.

이 기회를 놓치면 나에게는 영원히 기회가 없다고 생각했습니다. 그래서 중풍병자는 자기 동료 네 사람을 불렀었습니다. "제발 나를 들것에 싣고 예수님께 좀 데려다 달라. 예수님께 가기만 하면 나는 새사람이 된다. 나는 새로운 소망을 얻는다. 나는 살아난다. 종교를 얻으려고 가는 것은 아니다. 예수님께 가면 내 운명이 변화될 수 있다. 새생명을 얻을 수 있다." 친구들은 이 사람의 간청을 듣고 들것에 실어서 네 사람이 들고서 예수님이 계신 곳에 가니까 벌써 사람이 장사진을 치고 인산인해로 그 대문밖에 얼씬할 틈도 없이 사람들도 꽉 들어 찼습니다. 아무리 사정을 해도 사람들이 길을 비켜주지 않습니다. 그러자 이 환자는 친구들에게 말했습니다. 이 집주인을 만나게 해다오. 그리고 내가 이 집에 올라가서 지붕을 뚫고서 예수님께 달아 내리도록 해다오. 이 집의 지붕을 뚫으면 아마 집주인이 집값을 내라고 할 것이다.

후히 내가 집값을 지불하겠다. 필요하다면 이 집을 사버리겠다. 또 필요하다면 이런 집을 지어주겠다. 나는 기어코 예수님을 만나야 되겠다. 나는 이제 후퇴할 수가 없다. 그래서 집주인과 상의해서 허락을 받고, 그들은 사다리를 타고서 지붕에 올라가서 맷돌로 지붕을 깨뜨렸습니다. 온 집이 흔들리는 소리가 나고 먼지의 사태를 일으켰습니다. 그러나 지붕에 구멍을 뚫고 난 다음 이 사람을 줄에 달아서 예수님 앞에 내리니 성경은 말씀하시기를 예수님이 이 사람의 믿음을 보셨다고 말씀하셨습니다.

눈에 보이는 신앙을 가지고 나오면 주님은 그 눈에 보이는 신앙을 따라서 기적을 베풀어주시는 것입니다. 성경은 말씀하시기를 "네 믿음대로 될지어다"라고 말했는데 그 믿음이란 바로 눈에 보이는 믿음인 것입니다. 이 중풍병 환자는 예수님이 보시기에도 눈에 보이는 믿음을 가지고 있었습니다.

예수께서 이 사람을 보고 네 죄 사함을 받았다고 말하니까 거기에 앉아 있던 율법사나 서기관들이 속으로 불평을 말했습니다. "이 사람이 어찌 이렇게 말하는가 참람하도다 오직 하나님 한 분 외에는 누가 능히 죄를 사하겠느냐"고 말했습니다. 그러자 예수님이 그 생각을 아시고 곧장 말씀했습니다. "어찌하여 이것을 마음에 의논하느냐 중풍병자에게 네 죄 사함을 받았느니라 하는 말과 일어나 네 상을 가지고 걸어가라 하는 말이 어느 것이 쉽겠느냐 그러나 인자가 땅에서 죄를 사하는 권세가 있는 줄을 너희로 알게 하려 하노라 내가 네게 이르노니 일어나 네 상을 가지고 집으로 가라"고 하자, 이 사람은 즉시로 고침을 받고 침상에서 일어나서 저벅 저벅 걸어서 나가니까, 그렇게 안 비켜주던

길이 환하게 트여서 그는 뛰고 울며 감사하며 찬미하며 나아가게 된 것입니다. 이 사람이 들어올 때는 들것에 들려왔지만 그가 불 퇴진의 믿음으로 눈에 보이는 믿음을 갖자, 예수님에게 죄 사함을 받고 병 고침을 받고 나아갈 때는 자신의 발로 걸어서 나간 것입니다. 이렇게 행함이 있는 믿음으로 행동에 옮겨 예수님을 만나자, 그의 막힌 길이 환하게 트여지고 말았던 것입니다.

오늘날도 마찬가지입니다. 우리가 참 살아있는 믿음을 가지고 교우들의 시선을 의식하지 않고 수치심과 부끄러움을 개의치 않고 예수님을 간절히 찾으면 예수님은 우리의 죄를 용서해 주시고, 우리의 병을 치료해 주시고, 우리의 앞길을 환하게 열어주셔서, 눈물이 기쁨으로, 절망이 소망으로, 죽음이 삶으로, 변화되게 만들어 주시는 것입니다.

결론적으로 예수를 믿고 교회에 들어와 믿음생활을 해도 영-혼-육이 완벽할 수가 없는 것입니다. 목사, 장로 권사, 안수집사, 집사가 영육의 문제가 있다는 것이 수치심이나 흉이 될 수가 없습니다. 그러내어 해결하려고 해야 합니다. 절대로 부끄러움이나 흉이 아니고 극히 정상적인 것입니다. 육체를 가지고 있는 한 영원한 천국에 갈 때까지 성화되어야 합니다. 질병이 있다고, 귀신에게 고통을 당한다고, 수치스럽게 여기거나 부끄러워 말을 못하는 것은 귀신의 장난입니다. 밝히 드러내야 성령의 역사로 문제가 해결되고 질병이나 상처나 귀신역사가 치유되는 것입니다.

23장 성령의 이끌리며 깊게 기도를 함으로

(유 1:20)"사랑하는 자들아 너희는 너희의 지극히 거룩한 믿음 위에 자신을 세우며 성령으로 기도하며"

성도가 성령의 강한 불을 받지 못하고 성령의 지배와 장악이 되지 않고 성령의 인도를 받는 삶을 살지 못하는 것은 성령으로 기도하지 않기 때문입니다. 하나님은 성령으로 기도하기를 원하십니다. 필자가 지난 20년 이상을 개별 성령치유 사역을 행하면서 체험한 바로는 믿음이 자라지 않고 변화되지 않는 분들이 하나같이 모두 기도를 바르게 하지 않더라는 것입니다. 분명하게 하나님은 성령으로 기도하라고 하셨습니다. 그런데 여전하게 세상에서 하던 기도방식대로 기도를 한다는 것입니다. 성령의 역사가 일어나야 잠재의식이 정화가 될 것인데 하나님과 상관이 없는 기도를 하니 변화가 일어날 수가 없는 것입니다.

성도들의 기도가 바뀌어야 합니다. 무조건 많이 한다고 잘하는 기도가 아닙니다. 성령으로 바르게 해야 합니다. 기도가 바르지 못하니까, 10년 동안 믿음 생활을 해도 변화되지 않는 것입니다. 변화되지 않으니 영-혼-육의 문제를 달고 사는 것입니다. 성령으로 바르게 기도를 하면 변화되지 말라고 해도 변화될 수밖에 없습니다. 왜 30년 믿음생활을 열과 성의를 다하여 열심히 하고, 천일을 철야하고, 영육의 문제 해결을 받으려고 10년 이상 30군대 이상을 다니고, 정신적이고 육적이고 영적인 질병을 치유 받으려고 성령의 역사가 강하다는 15년 동안 30군대를 교회를 다니고, 권능을 받으려고 20년을 성령 사역하는 곳을 다녀도 변화가 없고 치유되지 않고 능력이 나타나지 않는 것일까요? 기도를 바르게 하지 못하기 때문입니다. 교회나 성령 사역하는 곳에 가서 말씀 듣고 기도합시다. 하면 자신이 지금까지 하던 식으로 기도를 하기 때문입니다. 이렇게 기도하니 성령의 역사가 자신 안에서 일어나지 않기 때문에 변화가 일어나지 않는 것입니다. 성령의 역사가 자신 안에서 일어나야 치유도 되고 능력도 나타나고 문제도 해결이 되는 것입니다. 이를 방지하기 위하여 우리 충만한 교회같이 기도할 때 담임목사가 돌아다니면서 기도를 교정하여 성령의 역사가 성도의 마음 안에서 일어나게 해야 합니다. 성도의 마음 안에 있는 성전에서 분출되는 기도가 되도록 안수하면서 교정하여 주어야 합니다. 자기가 종전에 하던 습관적인 기도를 몇 시간씩 해도 변화되지 못합니다. 자신 안에 있는 상처가 습관적인 기도에 적응이 되어있기 때문입니다. 그렇게 하지 않으면 절대로 변화를 체험하지 못합니다. 그래서 모든 크리스천은 기도를 클리닉 해보아야 합니다. 이렇게 성령으로 기도하면 변화되지 말라고 해도 변화가 되고 치유가 됩니다.

우리는 기도를 바르게 알아야 합니다. 기도는 하나님과 사귀는 것입니다. 하나님과 가까이 하는 것입니다. 하나님과 함께 시간을 보내는 적극적인 행위입니다. 하나님과 사랑을 나누는 시간입니다. 하나님께 사랑을 고백하고 감사하는 시간입니다. 우리의 삶에서 가장 깨어있는 시간, 하나님의 음성을 듣는 시간입니다.

자신을 치료하는 시간입니다. 예수를 믿는 성도가 하는 기도는 세상 사람들이 하는 기도와 다릅니다. 자신이 매일 철야하며 새벽기도를 해도 영육이 변화되지 않고, 건강한 삶을 살아가지 못하고, 환경이 어려운 것은 세상적인 기도를 하기 때문입니다.

필자가 성령사역을 하다가 보면 기도는 참으로 많이 했는데 성령의 역사가 일어나지 아니하고 잠재의식이 치유되지 않고, 변화되지 않는 분들이 있습니다. 이분들은 처음 기도할 때에 성령으로 바른 기도를 바르게 배우지 못하고 무조건 세상에서 하던 기도를 마구잡이로 했기 때문입니다. 죽기 살기로 기도하기 때문입니다. 기도는 많이 했는데 성령의 역사가 일어나지 않으니 기도가 잠재의식에서 나오는 기도로 습관이 되어버린 것입니다. 기도하는 것을 보면 구하고, 아뢰는 기도가 주류를 이룹니다. 이렇게 하여 주시옵소서, 중얼중얼… 어쩌고저쩌고… 어제도 계시고 오늘도 계신 하나님… 하면서 중언부언하는 기도를 합니다. 이렇게 기도하기 때문에 20년을 믿어도 성령으로 세례받지 못하고 예수님의 인격이 나타나지 않는 것입니다.

분명하게 성경에는 성령으로 기도하라고 하셨습니다. “사랑하는 자들아 너희는 너희의 지극히 거룩한 믿음 위에 자신을 세우며 성령으로 기도하며”(유 1:20). 성령으로 기도하라는 것은 성령의 영성과 성령의 지성과 성령의 감성으로 기도하라는 것입니다. 좀 더 쉽게 설명하면 성령께서 자신의 생각과 입술과 말을 장악하고 기도하는 것입니다. 성령님께 자신의 입술을 맞기고 기도하는 것이 성령의 기도입니다. 그런데 자신의 머리를 사용하고 자신의 생각을 동원하고 자신의 입술을 사용하고 자신의 목을 이용하고 습관적인 용어로 기도하니 성령님과 관계없는 기도가 되는 것입니다. 성령님이 기도할 수 있는 공간이 없는 것입니다. 기도가 아니라 독백이 되는 것입니다. 한마디로 성경에 나오는 바리새인의 기도입니다. 본인이 알아 차려야 합니다.

그래서 예수를 믿기 전에 이성과 육체에 역사하던 세상신이 잠재의식을 장악하여 기도를 하여도 세상신이 함께 기도를 하는 것입니다. 이는 체험해 보지 않은 분들은 이해할 수가 없습니다. 체험하여 보아야 인정할 수 있는 영적인 활동입니다. 문제는 정작 본인은 느끼지를 못하는 것입니다. 자신은 기도를 많이 했으니 자신이 제일 믿음이 있다고 자찬하는 것입니다. 보이는 면과 행위를 치중하니 알지 못하는 것은 당연한 것입니다. 자신을 보는 눈은 성령으로 열리는 것입니다.

성경은 "오직 하나님이 성령으로 이것을 우리에게 보이셨으니 성령은 모든 것 곧 하나님의 깊은 것까지도 통달하시느니라. 사람의 일을 사람의 속에 있는 영외에 누가 알리요, 이와 같이 하나님의 일도 하나님의 영외에는 아무도 알지 못하느니라. 우리가 세상의 영을 받지 아니하고 오직 하나님으로부터 온 영을 받았으니 이는 우리로 하여금 하나님께서 우리에게 은혜로 주신 것들을 알게 하려 하심이라. 우리가 이것을 말하거니와 사람의 지혜가 가르친 말로 아니하고 오직 성령께서 가르치신 것으로 하니 영적인 일은 영적인 것으로 분별하느니라."(고전 2:10-13). 말씀하시는 것입니다. 성령으로 기도해야 자신의 진면모가 보입니다.

그런데 보이는 면과 행위가 굳어져서 성령님이 장악을 하지 못하는 것입니다. 원래 영적으로 변화되는 것은 자신이 알아차리고 변화되려고 관심을 가져야 가능한 것입니다. 영-혼-육의 질병도 성령께서 관심을 갖게 해야 치유가 됩니다. 자신이 기도를 많이 하니까, 성령으로 충만하다고 자찬하니 자신을 보는 눈이 열리지를 않는 것입니다. 그렇게 계속기도를 하니까, 자신을 성령께서 장악을 하시지 못하는 것입니다. 필자가 성령사역을 하다가 보니까, 제일 성령께서 장악을 하지 못하는 분들은 신학박사들입니다. 자신이 박사라고 강단에서 전하는 목사님의 말씀을 순수하게 받아들이지 못하기 때문입니다. 두 번째가 여기저기 돌아다니면서 지식적으로 들은 것이 많은 목사님들과 직분자들입니다. 이분들이 강단에서 말씀을 전하면 순수하게 받아들이지 못하고 정수해서 받아들이기 때문에 성령께서 장악을 하시지 못하는 것입니다. 정수는 이해가 되는 말만 듣는 것입니다.

그럼 이런 분들이 어떻게 해야 성령으로 장악이 되겠습니까? 그것은 자신이 기도에 문제가 있다고 인정해야 합니다. 그리고 자신이 하던 기도를 일단 중단하고 부르짖는 기도를 하여 막힌 영의 통로를 뚫어야 합니다. 그런데 문제가 있습니다. 이런 분들이 호흡을 들이쉬고 내쉬면서 주여! 호흡을 들이쉬고 내쉬면서 주여! 하다가 어느 정도 성령의 역사가 일어나려고 하면 종전에 하던 기도가 잠지의식에서 자신도 모르게 나오는 것입니다. 그래서 주여! 를 지속적으로 하지 못하게 방해합니다. 이는 무슨 현상이냐 하면 지금까지 잠재의식에서 자신의 기도를 따라하던 영적인 존재가 조금 더 기도하여 성령으로 충만해지면 떠나가야 하니 기를 쓰고 방해하는 것입니다. 본인이 알고 의지를 가지고 성령의 인도를 받는 기도를 해야 영의통로가 열려 성령으로 기도하는 자가 될 수가 있습니다. 기도는 성령으로 해야 합니다. 성령으로 기도하려면 자신의 생각이나 말과 목으로 기도하지 말아야 합니다. 순수하게 자신의 아랫배에 의식을 두고 아랫배에서 나오는 소리로 기도하려고 의지적인 노력을 해야 합니다. 필자가 성령사역을 하다가 보니 잠재의식에서 나오는 기도로 고정된 분들이 기도가 바뀌는데 3개월이 걸리는 분들도 있습니다. 정말로 성령으로 기도하는 것이 중요합니다. 기도를 처음부터 바르게 배우고 하는 습관이 되어야 합니다. 잠재의식에서 나오는 기도로 고정되면 기도하는 것만큼 변화되지 않고 오만가지 문제로 고생을 합니다. 고치는데 시간이 많이 걸립니다. 권능 있는 삶을 살아가지도 못합니다. 하나님은 "세월을 아끼라 때가 악하니라."(엡 5:16). 하십니다. 영적인 활동은 바르게 배우고 바르게 해야 합니다.

내면이 치유되는 기도를 하려고 해야 합니다. 하나님은 성령으로 기도하고 성령의 인도를 받으라고 말씀하십니다. 많은 성도들과 목회자들이 어떤 장소와 목회자에게 가면 금방 하나님의 원하시는 수준에 도달하는 줄로 착각합니다. 그래서 이곳으로 저곳으로 돌아다닙니다. 그러다가 잘못되는 경우도 있습니다. 절대로 하나님은 순간 영적인 사람이 되도록 역사하시지 않습니다. 하나님은 분명하게 이렇게 말씀하셨습니다. "그 때에 사람이 너희에게 말하되 보라 그리스도가 여기 있다 혹은 저기 있다 하여도 믿지 말라. 거짓 그리스도들과 거짓 선지자들이 일어나 큰 표적과 기사를 보여 할 수만 있으면 택하신 자들도 미혹하리라. 보라 내가 너희에게 미리 말하였노라. 그러면 사람들이 너희에게 말하되 보라 그리스도가 광야에 있다 하여도 나가지 말고 보라 골방에 있다 하여도 믿지 말라. 번개가 동편에서 나서 서편까지 번쩍임 같이 인자의 임함도 그러하리라(마 24:23-27)" 성령의 인도와 진리를 따라가면서 하나님의 원하시는 수준에 도달합니다.

그런대도 많은 성도들과 목회자들은 어떤 특별한 곳이 있는 줄로 착각하고 방황을 합니다. 다시 말씀드리자면 자신이 하나님께서 원하시는 수준으로 변화되는 것은 성령의 역사와 진리로 변화되는 것입니다. 그러니까 특별한 장소가 있는 것이 아니고, 지금 있는 장소(교회)가 성령의 역사가 있고 진리가 증거 되면 족하다는 것입니다. 그곳에 뿌리를 내리고 마음 중심을 하나님께 향하고 성령의 인도를 따르면 서서히 하나님의 원하시는 수준이 되어가는 것입니다.

하나님은 기도를 성령으로 하라고 하십니다. 기도를 바르게 하지 않기 때문에 오랜 시간 기도를 해도 영-혼-육에 변화가 나타나지 않는 것입니다. 우리나라 성도님들과 목회자들의 특성이 기도하면 몸을 흔들고 진동을 하면서 해야 성령이 충만한 것으로 여기는 것입니다. 애를 써가며 외적으로 나타나는 면에 치중을 합니다. 내면의 성전에서 성령의 역사가 분출되는 기도를 하면 무엇인가 부족한 기도라고 생각을 합니다. 그래서 방언기도를 하더라도 따다다…. 따다다…. 따다다…. 하면서 목에 핏대가 서도록 해야 직성이 풀리는 성도들도 있습니다. 그런데 성령의 역사와 내면세계를 깨닫고 보면 그렇게 핏대가 서도록 하는 방언기도를 아무리 많이 오래해도 이성과 육체가 성령의 지배를 받지 못하여 내면의 상처가 치유되지 않으니 자신의 고질병이 치유되지 않고 심성에 변화가 일어나지 않습니다. 절대로 해대는 방언기도를 아무리 오래해도 내면치유는 되지 않습니다. 마음 안에서 성령의 역사가 일어나는 기도를 할 때 이성과 육체가 성령의 지배를 받게 됨으로 잠재의식이 정화되는 것입니다.

손을 흔들면서 기도하기도 하고, 악을 쓰면서 장의자를 손바닥으로 치면서 기도하는 성도도 있습니다. 이는 자신의 인간적인 힘으로 분을 푸는 기도가 되기 때문에 하나님과는 무관한 기도가 될 수가 있습니다. 아무리 목에서 피가 나오도록 기도해도 하나님과 무관한 기도가 될 수가 있습니다. 마음의 상처를 치유하고 내면이 성령으로 충만해지는 기도는 배꼽 아래에 의식을 두고 마음으로 기도해야 성령의 역사가 이성과 육체에 영향을 미쳐서 내면이 정화되는 것입니다. 자신의 노력이나 힘을 빼고 머리를 백지로 한 다음에 성령님을 찾는 기도를 해야 합니다. 기도를 머리로 하지 말고 배로 하라는 것입니다. 우리가 바르게 알아야할 것은 예수를 믿기만하면 전인격이 성령의 지배를 받는 것이 아닙니다. 기도를 하다가 성령으로 세례를 받고 성령의 인도를 받으면서 회개하고 용서하면서 자신 안에 하나님의 영역을 넓히는 것입니다. 자신 안에 하나님의 영역을 성령으로 기도하면서 성령의 인도에 따라 회개하고 용서하면서 육적인 부분이 영적인 하나님의 영역으로 바뀌어 가는 것입니다.

말씀을 성령으로 깨달아 아는 만큼씩 영역이 넓어지는 것입니다. 하나님의 영역이 넓어지는 만큼씩 치유도 되고 권능도 강해지는 것입니다. 그렇기 때문에 내면이 안정한 심령이 되지 못하고 영적 정신적인 문제가 발생하여 불안하고, 초조하고, 두려워서 잠을 자지 못하고, 가위눌림을 당하고, 헛것이 보이기도 하고, 간질을 하고, 발작을 하면서 괴성을 지르고, 귀에서 윙하고 소리가 나고, 머리가 깨질 것과 같이 아픈 분들은 기도를 바르게 해야 합니다.

영적 정신적인 문제가 있는 분들은 배꼽아래에 의식을 두고 마음 안에서 성령으로 분출되는 기도를 하여 사기가 뭉쳐진 영역을 성령의 영역으로 바꾸는 기도를 해야 내면이 천국이 되어 평안으로 바뀌는 것입니다. 이렇게 영적 정신적으로 문제가 있는 분들이 따다다…. 따다다…. 따다다…. 하면서 방언기도를 해대고, 혼 심을 다하여 헐떡거리며 발광하는 것과 같은 기도를 하면 내면에서 성령의 역사가 일어나지 않아서 더 증세가 심해질 수가 있습니다. 왜냐하면 영적 정신적인 문제를 일으키는 실제적인 존재가 반항을 하기 때문입니다. 절대로 내면에서 성령의 역사가 일어나는 기도를 해야 성령께서 장악하시는 영역만큼 치유가 되는 것입니다.

박이라는 목사님이 이명증으로 치유를 받으러 오셨습니다. 필자가 기도하는 것을 보니 방언으로 해대는 기도를 했습니다. 아주 온 힘을 다하여 기도하고 있었습니다. 빨리 이명증아 떠나가라 하는 식으로 기도를 했습니다. 그래서 기도를 바꾸도록 알려드렸습니다. 숨을 들이쉬고 내쉬면서 내면의 기도를 깊게 하라고 했습니다. 순종하였습니다. 결과 하루 동안 기도를 하고 나니 마음이 평안하고 이명 소리가 들리지 않는다고 말했습니다. 성령님이 장악하시어 마음이 안정되니 이명이 치유가 되어가는 것입니다. 필자가 이명증은 몸이 허약해지면 생기니 고단위 비타민을 먹어서 체력을 올리라고 말해드렸습니다. 최대한 내면의 기도로 내면을 정화하여 스트레스를 받지 않도록 하셔야 이명이 들리지 않는다고 조언하였습니다.

인간의 노력이나 기교로는 내면을 정화할 수가 없습니다. 성령께서 장악을 하시는 만큼 평안을 찾게 되고 따라서 영적 정신적인 질병이 치유가 되는 것입니다. 영적 정신적인 질병은 자신이 내면에서 성령의 역사가 일어나는 만큼씩 치유가 되는 것입니다. 한 번에 치유하려고 아무리 인간적인 수단과 방법을 동원하여 기도해도 육체에 역사하는 사기가 떠나가지 않습니다. 기도에 성령의 역사가 일어나서 이성과 육체가 성령의 지배를 받도록 해야 내면이 정화되는 것입니다. 아무리 인간적인 욕심을 가지고 강력하게 기도해도 자신은 바뀌지 않습니다. 인간적인 욕심이기 때문입니다. 자신의 욕심과 힘을 빼고 성령으로 기도해야 성령의 역사로 자신의 내면이 변화가 되기 시작하는 것입니다. 자신의 변화와 치유는 전적으로 성령으로 됩니다.

일부 크리스천이나 목회자들이 숨을 들이쉬고 내쉬면서 기도하는 것에 대하여 의문을 가지고 대하는 분들이 있습니다. 숨을 들이쉬고 내쉰다는 것은 호흡을 할 때 마음이 열리기 때문입니다. 예수님께서도 "이 말씀을 하시고 그들을 향하사, 숨을 내쉬며 이르시되 성령을 받으라(요 20:22)" 숨을 내쉬면서 성령을 받으라고 말씀하신 것입니다. 성령께서 예수님 안에 계시면 숨을 통하여 분출되기 때문입니다. 크리스천들도 마찬가지입니다. 하나님은 성전인 자신 안에 주인으로 계십니다. 자신 안에서 성령의 역사가 분출되어야 합니다. 그래서 숨을 들이쉬고 내쉬면서 기도하라는 것입니다. 성령께서 사람이 마음을 열어야 역사하실 수가 있기 때문입니다. 이상하다고 거부하면 성령께서 자신 안에서 역사하실 수가 없을 것입니다.

기도하는 장소를 바르게 해야 합니다. 필자가 어느 날 새벽에 기도하니까, 성령하나님께서 이렇게 감동하시는 것입니다. "왜 무당들이 유명한 산에 올라가 장구치고 북치고 하면서 기도하는지 알고 있느냐" 잠시 생각을 해보니까, 유명한 산에 역사하는 산신령을 접신 받으려고 유명한 산을 찾아 기도한다는 생각이 떠올랐습니다. 그래서 "산에 역사하는 산귀신을 접신 받으려고 산에 가서 기도하는 것입니다." 했더니 성령께서 "그렇다. 산에 역사하는 산신령을 접신 받으려고 산에 가서 기도하는 것이다. 성도는 자신 안에 하나님께 하는 것이다." 말씀하시는 것입니다.

그러면서 목회자들이나 성도들에게 알려주어 기도 장소의 계념을 바르게 알고 기도하도록 하라고 말씀하셨습니다. 크리스천은 기도는 하나님이 주인으로 계시는 성전인 자신 안에 집중하여 기도하게 하라는 것입니다. 기도는 자신 안에 계신 하나님께 기도하시기를 바랍니다. 우리 성도들의 의식이 기도하려면 "능력자에게 기도받으러 기도원가야 한다. 산에 가야한다. 교회에 가야한다." 로 고정되어 있기 때문에 자신의 심령 안에 관심이 두지 않습니다. 자신의 마음 안에 관심을 두지 않기 때문에 예수를 믿으면서도 변화되지 못하는 것입니다. 그렇다고 교회나 기도원에 가서 기도하지 말라는 말로 이해하면 안 됩니다. 교회에 가서 기도에 대하여 바르게 배우고 바르게 해야 합니다. 교회에 가서 성령으로 세례도 받아야 합니다. 기도도 바르게 배워서 자신 안에 계신 하나님께 관심을 가지고 기도하라는 것입니다.

기도는 자신 안에 계신 하나님께 기도하여 자신이 하나님의 입장이 되어 하나님의 길을 제대로 따라가고 있는지, 바르게 가고 있는지, 돌아가고 있는지를 보는 것입니다. 그리고 자신 앞에 있는 문제를 하나님께 기도하여 하나님의 해결 방법을 알아내는 것입니다. 그리고 알려주신 해결방법대로 순종하기 위해서 기도하는 것입니다. 기도는 하나님께 무엇을 얻어내려고 하는 것이 절대로 아닙니다. 자신의 상처를 치유하고, 성령으로 충만하며, 하나님과 대화하기 위하여 기도하는 것입니다. 지친 영혼의 쉼을 얻기 위하여 기도하는 것입니다. 기도는 영-혼-육이 쉼을 얻는 시간이라고 생각하며 성령으로 해야 합니다. 이 중요한 기도가 잘못되면 먼저 영혼이 만족을 누리지 못하는 것입니다. 다음은 혼이 만족을 누리지 못하니 정신이 안정되지 못하고 산란한 것입니다. 더 진전이 되면 육체의 질병으로 발생합니다. 따라서 예수를 믿으면서도 세상 사람들과 똑 같은 영육간의 고통을 당하고 사는 것입니다.

그렇기 때문에 크리스천들이 무조건 기도하면 되는 것이 아니라는 것입니다. 반드시 예수를 믿고 성령을 통하여 예수 이름으로 기도를 해야 합니다. 그냥 막연하게 교회나 기도원에 가서 자신의 문제를 해결하여 달라고 기도한다면 누가 기도를 듣고 응답을 해주겠습니까? 그래서 성경에 분명하게 성령으로 기도를 하라는 것입니다. 필자는 분명하게 이렇게 기도하라고 합니다. 성령으로 충만한 가운데 예수님을 생각하면서 기도하라고 합니다. 크리스천의 기도는 하나님께 일방적으로 요구하는 것이 아니라, 내가 가고 있는 길이 하나님께서 예비한 길인지, 내가 가야 할 목적지와 일직선상에 있는지, 하나님의 눈으로 내려다보는 연습입니다. 한마디로 하나님의 마음을 알고 순종하기 위하여 기도하는 것입니다. 한마디로 마음과 정성을 다하여 온몸으로 기도하는 것입니다.

그래서 무조건 무엇을 해달라고 아뢰려고 하지 말고, 예수님 사랑합니다. 예수님 어떻게 해야 합니까? 예수님을 찾으면서 기도하라고 합니다. 기도의 대상을 명확하게 마음으로 생각하며 기도해야 기도를 받으시고 응답하여 주시기 때문입니다. 기도는 바르게 해야 합니다. 사람은 모두 영적이면서 육적인 존재이기 때문입니다. 명확하게 기도하는 대상을 생각하면서 기도하지 않으면 귀신이 응답을 할 수도 있다는 것입니다. 세상은 하나님으로 충만하기도 하지만 악한 자에게 처해있기도 하기 때문입니다(요일5:19). 모든 크리스천은 기도를 바르게 훈련받고 기도하야 합니다.

24장 외형에서 내면 중심의 믿음생활로

(고후 4:18)“우리의 돌아보는 것은 보이는 것이 아니요 보이지 않는 것이니 보이는 것은 잠깐이요, 보이지 않는 것이 영원함이라”

성도가 성령의 불을 받지 못하고 성령의 지배와 장악이 되지 않고 성령의 인도를 받는 삶을 살지 못하는 것은 밖으로 보이는 면에 치중하는 신앙생활의 습관 때문입니다. 현대교회의 문제는 보이는 외형중심의 신앙생활을 중요시 하는 것입니다. 제일 문제는 많이 알고 열심 있게 믿음생활하면 성령이 충만한 것으로 알고 자찬하고 있는 것입니다. 보이는 면을 가지고 믿음의 수준을 평가한다는 것입니다. 필자는 내면을 치유하여 영-혼-육이 건강하게 믿음생활하며 하나님을 삶에서 누리면서 살아가는 사역을 20년 이상을 했습니다. 이렇게 내면을 치유하는 목회를 중점으로 하다가 보니까, 현대교회에 문제가 있다는 것을 발견했습니다. 목사, 권사, 장로, 안수집사의 직분을 받아 믿음 생활하는 분들이 보이는 성전중심의 믿음생활을 함으로 내면이 부실하다는 것입니다.

부실한 것만이 문제가 아니라, 자신이 성전이라는 것을 인식하지 못하고 믿음생활을 하고 있다는 것입니다. 하나님께서 자신 안에 주인으로 계신데 자신 안에 주인으로 계시는 하나님께는 관심이 없고 보이는 예배당에만 관심을 두고 믿음을 유지하려고 합니다. 그러니 내면이 부실하여 젊어서는 그런대로 살아가는데 나이가 들어가면 서서히 건강에 문제가 생기기 시작합니다. 건강에 문제가 생기면 해결할 방법을 하나님께 기도하여 해결하는 것이 아니고 세상 사람들과 동일하게 세상방법으로 해결을 하려고 합니다. 자연스럽게 예수를 믿는다고 힘주어 말하고 다녀도 예수님과 관계가 없는 믿음생활을 하는 것입니다. 그러면서도 자신의 행위와 열심을 가지고 신앙의 수준을 평가하는 것입니다. 내면을 중점으로 다루면서 치유하여 영적으로 바꾸는 사역을 중점으로 하는 필자는 참으로 안타까운 현실이 아닐 수가 없습니다.

분명하게 하나님은 이렇게 말씀하셨습니다. “우주와 그 가운데 있는 만물을 지으신 하나님께서는 천지의 주재시니 손으로 지은 전에 계시지 아니하시고, 또 무엇이 부족한 것처럼 사람의 손으로 섬김을 받으시는 것이 아니니 이는 만민에게 생명과 호흡과 만물을 친히 주시는 이심이라(행 17:24-25)” 분명하게 하나님은 손으로 지은 전에 계시지 않는다고 말씀하십니다. 그리고 “무엇이 부족한 것처럼 사람의 손으로 섬김을 받으시는 것이 아니니 이는 만민에게 생명과 호흡과 만물을 친히 주시는 이심이라” 말씀하고 계십니다. 모든 크리스천은 자신 안에 주인으로 계시는 하나님께 집중하는 신앙이 되어야 합니다. 하나님은 고린도전서 3장 16-17절에서 “너희는 너희가 하나님의 성전인 것과 하나님의 성령이 너희 안에 계시는 것을 알지 못하느냐? 누구든지 하나님의 성전을 더럽히면 하나님이 그 사람을 멸하시리라 하나님의 성전은 거룩하니 너희도 그러하니라." 분명하게 성도들이 성전이라고 말씀하시고 계십니다.

필자에게는 많은 수의 직분 자들이 자신의 영육의 문제나 자녀들의 문제나 배우자의 영육의 문제를 해결 받고자 찾아옵니다. 가끔 감사헌금을 올리는데 자신이 다니는 큰 교회의 감사헌금봉투를 사용하여 헌금하는 경우가 있습니다. 봉투를 보는 저의 마음에 여러 가지 생각이 듭니다. 제일 많이 떠오르는 생각이 이렇습니다. "과연 세상 사람들이 큰 교회인 아무개교회 목사님과, 작은 교회인 필자를 비교할 때, 어떤 목사님이 능력이 있다고 할 것인가, 분명하게 큰 교회 목사님이 더 능력이 있다고 생각할 것이다. 그런데 큰 교회 목사님이 왜 이런 문제도 해결하지 못해서 장로가 권사가 작은 필자의 교회를 찾아왔다는 말인가, 참으로 아이러니하다." 필자는 장로와 권사의 신앙의 수준을 세상 사람과 다르지 않다고 판단합니다. 그렇기 때문에 보이는 면을 과시하려고 자기네 교회 헌금봉투를 사용하는 것입니다. 영적인 눈이 열려서 하나님의 뜻을 좇아 믿음 생활하는 필자는 안타깝기 짝이 없습니다. 필자가 추구하는 신앙은 교회가 크거나 작은 것이 문제가 아니라, 현재 성령의 역사가 일어나느냐 그렇지 않느냐로 평가를 해야 한다고 생각합니다.

그래서 기독교 신앙의 본질은 근본적으로 외형적인 것이 아닙니다. 우리의 신앙은 복음을 복음답게 깨달아 간다면 샘솟는 감격에 찬 신앙이 될 것입니다. 또 하나의 기독교 신앙에 대한 오해는 점차 "외형적인 것을 마치 신앙의 본질" 인 것으로 간주하는 현상입니다. 만약 기독교 신앙의 본질을 세상에서의 보이는 성공에 둔다거나, 세상적인 기준에서의 사회정의에 둔다거나, 외형적인 교회의 크기에 두는 것은 기독교의 기독교 됨, 즉 세상을 이기신 그리스도의 절대적인 가치와 긍지를 상실하고 오히려 세상의 상대적인 철학과 세속적인 가치관에 동화된 서글픈 상황이 되는 것입니다.

사도 바울은 고린도 전서에서 고린도 교회의 문제 상황을 분석하면서, 고린도 교회 성도들이 "보이는 사람 중심의 파당과 분쟁"의 미숙함을 지적하고 있습니다. 그러한 교회생활의 미숙은 결국 "보이지 않는 영원한 하나님의 세계"를 보지 못하는 것임을 고린도 후서에서 다음과 같이 설명하고 있습니다. "우리의 돌아보는 것은 보이는 것이 아니요, 보이지 않는 것이니 보이는 것은 잠깐이요, 보이지 않는 것이 영원함이라(고후 4:18)"

위의 말씀은 우리의 신앙이 참으로 보이는 외형적인 차원에 초점이 있는 것이 아니라, 보이지 않는 영원하신 하나님의 세계를 목적삼고 있음을 강력하게 증거하고 있습니다. 영원한 세계는 자신 안에 주인으로 계시는 성령으로 이루어지는 것입니다. 우리는 신앙생활을 한다고 할 때 자칫하면 이미 "신앙"이라는 것은 어느 정도 이루어 진 것으로 생각하고, 그저 겉으로 드러나는 "생활"을 잘해야 하는 것으로 생각하기 쉽습니다.

진정한 신앙이라는 것은 일차적으로 하나님을 하나님답게 깨달아 감으로서 인격의 내면에서 이루어지는 일이므로 감각적인 눈으로는 보이지 않는 신령한 세계의 일입니다. 그것은 우리의 눈으로는 보이지 않는 하나님을 성령으로 진리의 말씀을 통해서 깨닫고, 그 하나님의 보이지 않는 은혜의 섭리를 성령으로 우리 삶의 전 영역을 통해 발견하고 느끼는 삶입니다. 그것은 평생토록 깊어질 내용입니다.

그런데 그런 내면의 신앙에 대한 진실한 고려와 관심보다는 외형적인 일이나 생활 자체로 무게 중심이 옮겨지고 있다면 그것은 참으로 염려스러운 일입니다. 중세 교회 당시 타락의 징후가 어떻게 드러났습니까? 하늘을 찌르는 웅장한 예배당 건물들, 드높아가는 사제들의 무소불능한 권위, 치밀한 조직적인 교회 제도의 운영, 이런 찬란한 외형적인 것들 안에 참된 내면의 신앙은 오히려 퇴색하고 영혼들은 억압을 받았습니다.

16세기의 종교 개혁은 그러한 외형적인 허구를 진리의 눈으로 꿰뚫어 보고 하나님과의 관계를 중시하는, 그래서 "하나님 앞에서의 내면적인 신앙의 세계"를 회복시키신 것입니다. 그렇다고 해서 외형적인 일이나 교회의 아름다운 제도의 운영을 무시하는 것은 결코 아닙니다. 16세기의 종교 개혁은 일차적으로 진리의 회복이면서 동시에 외형적인 교회 제도의 개혁으로 이어진 것입니다.

그러한 "외형적인 일이나 교회제도" 들은 어디까지나 "보이지 않는 신앙의 형성"만큼 따라 나오는 것이라는 점을 제가 여기서 강조하는 것입니다. 더욱 중요한 것은 우리의 외형적인 일과 생활, 그리고 교회의 제도적인 운영은 실상 우리의 신앙의 내면이 만들어 내는 결과이면서, 동시에 우리 신앙을 키우기 위한 교육적 방편이라는 점입니다. 즉 "하나님을 의지하고 경외하는 신앙"을 키우는 것이 궁극적인 목적이고, 그러한 "드러나는 일이나 교회 제도의 운영"은 그를 위한 수단에 불과합니다. 또한 직분이 무엇인가가 중요한 것이 아니고, 자신의 내면을 강하게 하여 성전인 자신의 영-혼-육을 견고하게 하는 일이 중요한 것입니다. 하나님께서 주인으로 계시는 것이 중요하다는 말입니다.

이 점은 기독교적 신앙의 본질을 파악하고 바르게 성장하는데 있어서 너무도 중요합니다. 하나님은 왜 우리로 하여금 복음을 전파하게 하고 교회를 세워가는 일을 하게 하십니까? 만약 우리가 외형적인 일중심의 사고방식에 매여 있다면 그것 자체가 우리 신앙의 지상목표가 되어 버립니다.

외형적인 일들, 즉 복음을 전파하는 일, 예배당을 짓는 일, 당회, 노회, 총회 등 교회의 제도를 운영하는 일등은 모두 그것 자체가 결코 궁극적인 목적이 아닙니다. 그리고 장로, 권사, 안수집사, 서리집사 등, 직분이 결코 중요한 것이 아닙니다. 만약 그것이 궁극적인 목적이라면 우리는 "하나님"보다 "일이라는 우상"을 섬기게 되는 오류에 빠지게 됩니다. 그것들은 모두 이 땅에서 하나님을 배우고 의지하게 하는 교육적 방편들 입니다.

하나님의 택한 자녀들을 사용하셔서 복음을 전파하게 하시고 교회를 세워가도록 섭리하시는 목적은 그 과정을 통해서 하나님의 무궁하신 영광을 드러내시어 우리 성도들로 하여금 하나님의 놀라우신 은혜를 깨닫게 하시고 신앙을 키우려는 것입니다. 그래서 하나님은 예수를 믿는 우리 성도들을 이 고난 많은 땅에 두시고 연단도 시키시고, 또한 교회 일들도 하게 하시는 것입니다.

우리는 삶의 과정에서 하나님을 배우고 경외하게 하시는, 즉 한마디로 신앙하게 하시는 섭리의 궁극적인 목적을 잃어버리면 이 땅의 보이는 일들을 목적으로 삼아 이른바 "외형적인 일이라는 우상"을 섬기며 살아가는 오류에 빠지게 됩니다. 예수님을 따라다니던 많은 무리들이 예수님께 하나님의 일의 성격에 대해서 물었습니다. "우리가 어떻게 하여야 하나님의 일을 하오리이까?(요한 6:28)" 예수님의 대답은 외형적인 어떤 일을 예상하던 그들의 기대와는 전혀 다른 차원에서 다음과 같이 말씀 하십니다. "하나님의 보내신 자를 믿는 것이 하나님의 일이니라(요 6:29)" 이는 진정 놀라운 말씀입니다.

하나님의 보내신 자를 믿는 것이 하나님의 일이라는 예수님의 가르침은 참으로 "드러난 일과 보이는 차원의 외형"에 매여 있기 쉬운 우리 인생들의 허탄한 사고방식을 근본에서부터 흔들어 놓는 비수와 같은 말씀입니다.

주일날 교회 잘 참석하고 헌금 열심히 하고, 심방하고 봉사하는 일, 교회의 각종 회의의 운영 등등. 그러한 일들은 신앙이 무르익어 가면서 참으로 자연스럽게, 그리고 자발적으로 이루어지는 일들일 것입니다. 그러나 하나님 앞에서 참으로 중요한 것은 그러한 외형적인 일 이전에 얼마나 하나님을 알아 하나님만을 의지하는 신앙의 인격이 가꾸어져 가고 있느냐 하는 것입니다.

위의 성경 말씀대로 하나님의 진정한 일은 이런 영-혼-육이 성전되는 신앙의 성숙입니다. 그러므로 기독교 신앙은 무슨 외형적인 일을 많이 하는 것이 우선이 아니라, 우리의 전인격이 말씀과 성령의 능력에 의하여 새롭게 변화하는 과정을 중시하는 것입니다. 신앙의 내면이 성숙되지 않고 이루어지는 외형적인 일들은 언제나 자기 자랑의 근거가 되거나 지체간의 갈등의 요인이 될 수밖에 없습니다.

즉 신앙의 내면이 어린아이와 같다면 어린아이와 같은 유치하고 미숙한 신앙생활을 할 수밖에 없습니다. 우리의 가장 소중한 신앙의 본질은 일차적으로 외형적인 일들 보다는, 우리의 신앙의 내면을 중시하고 건실하게 가꾸어 가는 일입니다. 이점이 분명하고 확고하지 않으면 우리의 신앙이 빗나갑니다. 하나님 앞에서의 당당함을 잃고 언제나 남의 눈치와 평가에 연연하는 고달픈 삶이 됩니다. 그러나 성경적 참된 신앙은 이를 극복할 수 있습니다.

하나님께서 소원하시는 건강하게 살아가면서 삶에서 하나님을 누리려면 예배당(교회) 중심의 신앙방식을 버리라는 것입니다. 영-혼-육의 건강은 성전인 자신이 하나님께서 주인으로 계시는 신앙으로 바뀌어야 합니다. 건강은 자신 안에서 흐르는 성령으로 되기 때문입니다.

필자가 자신이 성전 되는 신앙으로 바뀌어야 한다고 말을 하면 어떤 분들은 이해하고 깨닫지 못하고 이단이다, 사이비다. 라고 말을 할 수도 있습니다. 그러나 성령으로 진리의 말씀을 깨달으면 누구나 이해할 수 있는 것입니다. 필자가 예배당 중심의 신앙을 자신의 전인격이 성전되는 신앙으로 바뀌어야 한다는 말을 하지 않을 수 없는 이유는, 현대의 우리네 교회가 잠자는 교회도 많고, 행위중심의 관념적인 교회가 많이 있기 때문입니다. 교회(예배당)는 영원한 천국으로 가기 위하여 생명의 말씀과 성령으로 훈련하는 장소임에도 불구하고, 성령의 역사가 일어나지 않는 건물이 되어 버린 교회(예배당)이 있기 때문입니다. 예배당을 아무리 깨끗하게 청소하고, 아름다운 꽃으로 치장하며, 세련된 시설을 갖추었더라도, 주인인 성령님이 역사하시지 않으면 아무런 소용이 없지 않겠습니까?

그래서 왜 예수를 믿어도 영-혼-육이 건강하지 못한 원인을 성령께서 감동하시는 대로 서술하여 보겠습니다. 필자는 목사는 성도들을 깨우는 사람이라고 생각합니다. 잠자는 성도들을 깨우기 위하여 교회(예배당) 중심의 신앙의 문제를 조목조목 짚고 넘어가야겠다는 생각이 들었습니다. 교회란 '에클레시아'라는 헬라어인 '공동체'를 번역한 말입니다. 교회는 건물이 아니고 사람을 말하는 것입니다. 고린도전서 3장 16-17절에서 "너희는 너희가 하나님의 성전인 것과 하나님의 성령이 너희 안에 계시는 것을 알지 못하느냐? 누구든지 하나님의 성전을 더럽히면 하나님이 그 사람을 멸하시리라. 하나님의 성전은 거룩하니 너희도 그러하니라." 분명하게 성도들이 성전이라고 말씀하시고 계십니다.

좀 더 자세하게 말하자면 교회(예배당)는 하나님을 예배하는 자들의 모임이란 뜻입니다. 여기에서 예배란 교회에서의 예배의식에 참석하는 게 아니라, 삶의 현장에서 살아있는 제물이 되어 하나님을 기쁘시게 하는 예배의 삶을 사는 것을 말합니다. 좀 더 쉽게 보충하여 설명한다면, 성령이 내주하거나 성령의 내주를 사모하는 사람들의 모임입니다. 왜냐면 성령이 계시지 않는다면 예배의 삶을 살 수 없기 때문입니다.

또한 교회란 성령께서 제자를 양육하는 곳입니다. 예수님이 말한 제자의 자격은, 자기를 부인하고 자기 십자가를 지고, 소유를 모두 다 버리며, 생명까지도 아낌없이 버릴 수 있는 하나님의 자녀들을 말합니다. 그런 제자를 양육하려면 대량교육방식으로 길러지는 것이 아니라, 일대일이나 소수정예로 멘토와 멘티가 친밀하게 교제하면서 오랜 시간 피드백을 해야 가능합니다. 그렇게 양육하려면 교회가 대형화되어서는 불가능하고, 성령의 놀라운 능력과 양육에 탁월한 영적 스승이 필요합니다. 그런 스승은 늘 기도와 말씀으로 성령과 동행하는 삶을 실천하는 사람입니다. 스승이란 성령으로 깨닫고 성령으로 기도하는 체험적인 사람을 말합니다.

그런데 아쉽게도 우리네 교회(예배당)는 예수님의 제자를 양육하는 것에 전혀 관심이 없이, 오직 숫자적으로 불리고 교회의 규모를 키우는 데만 골몰합니다. 그래서 막대한 빚을 얻어서라도 교회건물을 웅장하고 아방궁과 같이 짓는 데 혈안이 되고 있습니다. 성도들은 자신이 성전 되는 일에 관심을 갖도록 하는 것이 아니라. 보이는 교회(예배당)를 건축하는 일어 진력하게 만듭니다. 자연스럽게 성도들의 마음 안에 주인으로 계시는 하나님과 관계없는 성도가 되어 영-혼-육이 부실한 성도가 되기 때문에 예수를 열심 있게 믿으면서도 건강치못한 성도가 되는 것입니다. 성도들을 부추겨서 교회(예배당) 건물을 아방궁과 같이 지으면 많은 교인들이 몰려와서, 그들의 헌금으로 빚도 갚고 교회를 운영하겠다는 계산이 깔려 있습니다. 필자는 교회를 짓는 것이 잘못된 것이 아니라, 건물을 짓는 일에 전념하는 목사가 문제라는 것입니다. 교회(예배당)는 필요하면 하나님께서 지으십니다. 교회 짓는 일에 집중하여 교인이 많아지면 부교역자를 두고 대량 방식의 예배와 각종 교육 프로그램이나 세미나를 통해 교육하겠다는 생각입니다. 성도들의 내면의 건강은 관심에도 없는 처사입니다. 아니 담임목회자 자신도 내면관리를 하지 않는 것이 보통입니다. 자신이 성전이라는 것과 자신 안에 하나님께서 주인으로 계신다는 것을 알지도 못합니다. 그러나 이 같은 신앙방식은 성경에서 요구하는 제자를 양육시킬 수 없습니다. 성전 된 크리스천을 양성할 수가 없는 것입니다. 마치 재벌처럼 거대한 교회만을 유지하려는 목회방식일 뿐입니다. 이 같은 교회는 번영신학을 바탕으로 하는 담임목사의 탐욕이 빚어진 결과물입니다.

이렇게 보이는 면에 관심을 집중하니 성도들의 내면이 강해지려고 해도 강해질 수가 없는 것입니다. 성도들이 보이는 면에 사고가 굳어있어서 자신의 내면관리에 관심을 두지 않으니 내면의 영향으로 영-혼-육의 문제가 발생하면 어떻게 해결해야 하는지를 알지 못하고 고통을 당하면서 살아갑니다. 정작 조치가 열심히 철야하며 기도하고 헌금 많이 하고, 열심 있게 봉사하면 치유가 된다고 근거 없는 감언이설로 속입니다. 그러나 아무리 열심히 해도 문제는 해결이 될 수가 없는 것입니다. 목회자가 성도를 속이고 사기 치는 것입니다.

교회는 안락하고 세련된 시설을 즐기며 대량 예배의식을 거행하는 곳이 아니라, 예수 그리스도를 위해 죽을 수 있는 예수님의 제자를 양육하는 곳입니다. 성도들이 성전 되어 가도록 성도들을 깨우는 곳입니다. 성령의 권능을 힘입고 세상과 싸우는 군사를 양성하는 곳입니다. 그런데 영혼이 갈급한 양들의 외침에는 아랑곳없이, 교회를 외형만 키우고 교인수를 불리려고 하는 교회는 이미 교회로서의 정체성을 잃어버린 것입니다. 당연히 그런 교회에는 하나님이 계실 리가 없습니다. 영-혼-육이 건강한 성도가 될 수가 없는 것입니다. 다만 탐욕스러운 삯꾼목자와 세속적인 교인들이 가득차서, 먹고 마시며 낄낄거리고 있을 뿐입니다. 영육의 문제를 치유 받으러 와서 자신은 이런 큰 교회 다니는 권사라고 은연중 거들먹거리려고 자기네 교회 헌금봉투를 사용하는 것입니다. 참으로 안타까운 현실입니다.

일전의 세월호의 사건에서 우리가 얻은 교훈은 무엇입니까? 침몰하는 배에서 나와 검푸른 바다로 뛰어내리지 않으면 몰살당한다는 것입니다. 담임목사의 탐욕을 만족시키는 교회는 외형을 키우기 위해 죄다 귀를 간질이는 설교로 빼곡하게 채웁니다. 구원은 당연시 하고 입만 열면 세속적인 축복을 엄청나게 퍼부어 줍니다. 이렇게 말의 성찬으로 도배하는 예배의식이 무한 반복 됩니다. 그런 설교에 입맛을 들인 교인들은 천국을 거저 들어가게 해준다는 주일성수를 돈(헌금)으로 바꾸고 있습니다. 탐욕스러운 목회자와 세속적인 교인들이 궁합이 맞아, 누이 좋고 매부 좋은 격입니다. 성도들이 은연중에 이런 교회를 찾기 때문에 교회가 이렇게 세속화 되어가는 것입니다.

그러나 그런 교회는 성령으로 말씀을 깨닫고 성령으로 기도하여 열린 영안으로 보면 하나님이 없고 귀신들만 바글바글합니다. 마음을 찢으며 기도하는 사람은 없고 럭셔리한 커피숍(비전센터)에 모여 먹고 마시고 친교 하는 모임으로 가득 차있습니다. 하나님은 그런 교회를 구해줄 계획이 없으시고, 그런 교회의 목회자를 바꿀 생각이 전혀 없으십니다. 그러므로 당신이 지옥으로 가는 배에 타고 있다면, 어서 뛰어내려야 합니다. 이런 교회가 자신과 맞아서 다니고 있는 성도가 성령으로 충만하여 영-혼-육이 건강할 이유가 없는 것입니다.

교회 건물에 모여 있어야 구원이 있으며, 교회에서 거행되는 예배의식에 참석해야 천국에 들어가고 세상의 축복을 받는다는 말은 새빨간 거짓말입니다. 성경에서 하나님은 사람이 지은 건물에 계시지 않는다고 하였으며, 콘크리트 건물이 아니라, 사람의 마음에 들어오는 분이라고 하였습니다. 분명하게 하나님은 이렇게 말씀하셨습니다. "우주와 그 가운데 있는 만물을 지으신 하나님께서는 천지의 주재시니 손으로 지은 전에 계시지 아니하시고, 또 무엇이 부족한 것처럼 사람의 손으로 섬김을 받으시는 것이 아니니 이는 만민에게 생명과 호흡과 만물을 친히 주시는 이심이라(행 17:24-25)" 분명하게 하나님은 손으로 지은 전에 계시지 않는다고 말씀하십니다. 그리고 "무엇이 부족한 것처럼 사람의 손으로 섬김을 받으시는 것이 아니니 이는 만민에게 생명과 호흡과 만물을 친히 주시는 이심이라" 말씀하고 계십니다. 모든 크리스천은 자신이 성전되는 일과 자신 안에 주인으로 계시는 하나님께 집중하는 신앙이 되어야 합니다.

천국의 자격이라고 교회에서 회자되는, 주일성수라는 말은 성경에 없습니다. 평일에 걸어 다니는 성전의식을 가지고 성령으로 기도의 삶이 없이, 주일날 성경책을 끼고 교회에 와서 1시간짜리 예배의식에 참여했다고 천국을 자신한다면 하나님 앞에 가증스러운 일일 뿐입니다.

그럼으로 천국에 들어가며 이 땅에서 평안하고 형통한 삶을 얻으려면 어떻게 해야 하겠습니까? 하나님을 자신의 마음에 주인으로 모셔 들이고, 날마다 깊고 친밀한 기도로서 그분과 매일 동행하는 삶을 살아야 합니다. 그리고 가족들의 영혼의 안위가 걱정된다면, 가정에서 온 가족이 모여 기도와 말씀의 삶을 실천하고 마음 깊이 하나님을 경배하는 예배의식을 거행하면 되는 것입니다. 그게 바로 하나님이 기뻐하시는 교회의 참 모습입니다. 성전된 성도들의 삶이 되어야 합니다. 물론 자신이 다니는 교회에서 이런 신앙방식을 고수한다면 다행스러운 일이겠지만, 문제는 그런 영적 교회나 스승이 별로 없다는 게, 우리가 마주한 안타까운 현실입니다. 자신의 신앙의 성숙을 위하여 내면중심의 신앙으로 바꾸어야 합니다. 그래야 성령세례와 충만을 받습니다.

25장 행위에서 복음적인 신앙의 습관으로

(히 5:12)"때가 오래 되었으므로 너희가 마땅히 선생이 되었을 터인데 너희가 다시 하나님의 말씀의 초보에 대하여 누구에게서 가르침을 받아야 할 처지이니 단단한 음식은 못 먹고 젖이나 먹어야 할 자가 되었도다."

많은 수의 크리스천들이 예수를 믿었어도 변화되지 못하는 것은 성령의 강력한 불을 받지 못하고, 성령으로 지배와 장악이 되지 않고 성령의 인도를 받는 삶을 살지 못하기 때문입니다. 예수를 믿으면 변화되는 것이 당연한 것입니다. 예수믿고 변화되지 않는 것은 분명한 이유가 있습니다. 예수이름으로 기도하면 만병이 치유된다고 하는데 말뿐이고 현실에서는 믿지 않는 사람들과 똑같은 고통을 당하면서 살아갑니다. 왜 그럴까요? 크리스천이 예수를 믿으면서도 건강하게 지내지 못하는 것은 목회자의 역량도 한축을 차지한다고 생각합니다. 필자가 강단에서 설교를 하면서 느낀 것은 목사가 체험이 없으면 성령의 역사에 의한 영육치유의 설교를 할 수가 없다는 것입니다. 필자야 많은 실전적인 체험이 있으니까, 강력하고 담대하게 생명의 말씀을 증거하니, 믿음으로 받아들이는 성도들에게 기적이 일어나는 것입니다. 크리스천이 건강하게 믿음생활을 하려면 목회자를 잘 만나야 합니다. 목사는 성도들을 깨우는 사람이기 때문입니다.

다양한 원인들로 인하여 성도들이 복음을 바르게 이해하지 못하고, 자기만 알고 있는 자기 위주로 믿음생활을 하고 있기 때문입니다. 예수를 믿고 교회에 다니는 것과 세상에서 샤머니즘의 신앙생활을 하는 것과 같은 것으로 이해하고 믿음생활을 하고 있기 때문입니다. 예수를 믿어서 크리스천이 되는 것과 세상에서 샤머니즘의 신앙생활을 하는 것은 분명하게 다릅니다. 그런데 그렇게 적용하지 못하고 똑 같이 생각하고, 그저 사찰에서 하는 식으로 자기의 의지와 노력과 열심을 다해서 믿음생활을 합니다. 분명하게 예수로 죽고, 다시 예수로 태어났는데 이 영적인 진리를 바르게 깨닫지 못하고, 진리대로 살지 않기 때문에 세상 사람들과 똑같은 마음의 상처로 고생을 하면서 살아가는 것입니다. 성경은 이렇게 말합니다. "그가 모든 사람을 대신하여 죽으심은 살아 있는 자들로 하여금 다시는 그들 자신을 위하여 살지 않고 오직 그들을 대신하여 죽었다가 다시 살아나신 이를 위하여 살게 하려 함이라(고후 5:15)" 분명하게 예수를 믿을 때 죽었고 예수님으로 다시 산 것입니다. 이제 예수님을 위해서 살아야 합니다. 예수님을 위해서 산다는 것은 인간적으로 예수님을 위해 사는 것이 아니라, 영이신 예수님께서 자신을 통하여 일하시게 한다는 뜻입니다. "친히 나무에 달려 그 몸으로 우리 죄를 담당하셨으니 이는 우리로 죄에 대하여 죽고 의에 대하여 살게 하려 하심이라. 그가 채찍에 맞음으로 너희는 나음을 얻었나니(벧전 2:24)" 이제 옛 사람이 죽었으니 자기의 의지로 살지 말고 성령의 인도를 받아야 합니다. "무릇 하나님의 영으로 인도함을 받는 사람은 곧 하나님의 아들이라(롬 8:14)" 성령으로 자신이 없어지고 전인격이 성령의 지배를 받아야 합니다. 성령의 이끌림을 받아야 합니다.

그런데 이는 분명하게 진리를 알고 있다고 되는 것이 아니고, 자신의 의지를 버리고 살아계신 성령님이 주인이 되어 자신을 지배하고 장악해야 성립되는 것입니다. 예수를 믿었다고 하나 자신이 죽어 없어지지 못하고 자신이 주인이 되어 자기 열심과 노력으로 상처를 치유하려고 한다면 상처로부터 해방될 수가 없는 것입니다. 상처는 자신의 열심과 노력으로 해결이 불가능합니다. 상처 뒤에 역사하는 귀신은 자신의 능력보다 한 차원 높기 때문입니다. 그리고 상처는 모두 잠재의식에 형성되어 있습니다. 잠재의식은 사람의 기교나 노력이나 지혜로 해결할 수 없습니다. 세상에서 하는 심리적인 방법으로 해결이 불가능합니다. 반드시 잠재의식보다 한 차원 깊은 곳에서 역사하시는 성령께서 역사해야 상처가 현실로 드러나서 치유가 되기 시작하는 것입니다.

그래서 예수를 믿으면 성령께서 자신 안에 주인으로 임재하시는 것입니다. 자신 안에 주인으로 임재 하시어 역사하셔야 잠재의식이 치유되기 시작하여 진정한 하나님의 사람으로 거듭날 수가 있는 것입니다. 하나님은 예수를 믿는 사람의 마음을 점령하시기를 원하십니다. 그래서 하나님은 이렇게 말씀하시는 것입니다. “그리하면 모든 지각에 뛰어난 하나님의 평강이 그리스도 예수 안에서 너희 마음과 생각을 지키시리라(빌 4:7)” 하나님은 자녀들의 마음과 생각을 지키시는 것입니다. 마음 안에 주인으로 임재 하시어 기도역시 성령께서 하나님의 뜻대로 기도하게 하십니다. “마음을 살피시는 이가 성령의 생각을 아시나니 이는 성령이 하나님의 뜻대로 성도를 위하여 간구하심이니라(롬 8:27)” 하나님은 성도들의 마음이 하나님께 향하여 있기를 원하십니다. 그래서 예수를 믿음과 동시에 마음 안에 주인으로 임재 하시어 마음과 생각을 하나님께로 향하도록 하시는 것입니다. “오직 하나님께 옳게 여기심을 입어 복음을 위탁 받았으니 우리가 이와 같이 말함은 사람을 기쁘게 하려 함이 아니요, 오직 우리 마음을 감찰하시는 하나님을 기쁘시게 하려 함이라(살전 2:4)” 크리스천은 이제 하나님을 기쁘시게 하는 삶을 살아가야 합니다. 하나님께서 주인 된 삶이 하나님께서 기뻐하시는 삶입니다. 하나님께서 하라는 대로 순종하는 삶이 하나님을 기쁘시게 하는 삶입니다. 그런데 사람을 지배하고 장악하던 옛 주인, 마귀와 귀신이 상처를 붙들고 떠나가야 하나님의 말씀에 순종하며 살아갈 수가 있는 것입니다. 그렇기 때문에 성령께서 역사하시어 상처를 치유하시는 것입니다.

상처가 치유되니 옛 주인이던 마귀와 귀신이 더 이상 주인행세를 못하고 떠나가는 것입니다. 그런데 예수를 믿었어도 여전하게 자신의 노력과 열심과 지혜를 가지고 살아가려고 하니까, 마음의 상처가 치유되지 않으니 예수를 믿었어도 믿지 않을 때와 동일하게 고통을 당하면서 살아가는 것입니다. 옛 주인이던 마귀와 귀신이 떠나가지 않기 때문입니다. 그래서 예수를 믿으면서 당하는 고통은 모두 자신의 영적인 무지로 인한 연고입니다. 자신이 여전하게 주인으로 살아가기 때문에 삶에서 예수님을 누리지 못하고 고생하면서 살아가는 것입니다. 하나님은 분명하게 이렇게 말씀하십니다. "또 그리스도께서 너희 안에 계시면 몸은 죄로 말미암아 죽은 것이나 영은 의로 말미암아 살아 있는 것이니라. 예수를 죽은 자 가운데서 살리신 이의 영이 너희 안에 거하시면 그리스도 예수를 죽은 자 가운데서 살리신 이가 너희 안에 거하시는 그의 영으로 말미암아 너희 죽을 몸도 살리시리라(롬 8:10-11)" 자신이 없어지고 예수님이 주인 되어 살아야 삶에서 예수님을 누리면서 살아갈 수가 있는 것입니다. 상처도 예수님이 주인 되셔야 성령께서 마음 안에서 역사하시어 잠재의식의 상처를 해결하실 수가 있는 것입니다.

많은 수의 크리스천들이 예수를 믿었어도 여전하게 자신이 주인 되어 자신의 열심과 노력과 지혜로 세상을 살아가려고 합니다. 그렇기 때문에 자신 안에 주인으로 계시는 하나님께서 역사하시지 못하는 것입니다. 자연스럽게 자신을 점령하며 주인 노릇하던 옛 주인이던 마귀와 귀신이 떠나가지 않는 것입니다. 자신의 열심과 노력으로 자기의 삶을 살아가고 상처를 치유하려고 하기 때문에 잠재의식에 있는 상처가 꼼짝을 하지 않는 것입니다. 알고 보면 잠재의식의 상처 뒤에는 마귀와 귀신이 역사하고 있기 때문입니다. 옛 주인노릇을 하던 마귀와 귀신이 자신의 열심과 노력과 지혜로 세상을 살아가고, 자기 열정으로 문제를 해결하도록 마음과 생각을 유도하기 때문입니다. 그래야 지속적으로 마귀와 귀신이 주인노릇을 할 수가 있기 때문입니다.

그래서 하나님은 "그리하면 모든 지각에 뛰어난 하나님의 평강이 그리스도 예수 안에서 너희 마음과 생각을 지키시리라(빌 4:7)" 말씀하시는 것입니다. 우리의 옛 주인이던 마귀와 귀신은 자기 힘으로 어찌할 수 없는 존재들입니다. 그렇기 때문에 세상에서 살아갈 때에 마귀와 귀신을 주인으로 모시고 산 것입니다. 이들은 반드시 하나님께서 주인이 되셔서 떠나가는 것입니다. 자신의 주인이 바뀌어야 마귀와 귀신이 떠나가는 것입니다. 이론적으로 안다고 되는 것이 아니고 살아계신 성령님의 지배와 장악 속에 들어가야 합니다. 하나님께서 주인 되게 하려면 자신의 노력과 열심과 지혜로 살아가려고 하지 말고 성령의 인도와 하나님의 은혜로 살아가려고 방향을 전환해야 합니다. 마귀와 귀신들이 마음과 생각을 주장하지 못하도록 마음과 생각을 하나님께 향하도록 해야 합니다. 마음과 생각을 하나님께 향하도록 하는 비결이 자신은 걸어 다니는 성전이라는 의식으로 살아가는 것입니다. 이렇게 걸어 다니는 성전으로 살아가려면 성령의 지배와 인도를 받아야 합니다. 그리고 자신이 성전이라는 것을 믿고 자신 안에서 나오는 성령의 능력으로 세상을 살아가려고 해야 합니다.

지금까지는 문제를 해결하기 위하여 보이는 교회에서 살다시피 하던 행위중심의 믿음생활을 청산하고, 자신 안으로 방향을 전환하여 성령의 인도를 받으며 자신 안에서 나오는 성령의 능력으로 영육의 문제를 해결하려고 의식을 바꿔야 합니다. 문제가 있으면 자신 안에 주인으로 계시는 하나님께 기도하여 지혜를 받아서 순종하므로 해결하는 믿음의 전환이 있어야 예수를 믿으면서 예수를 믿는 성도답게 세상에서 예수님을 누리면서 아브라함의 복을 받으며 살아갈 수가 있는 것입니다. 지금까지 설명한 진리가 바르게 이해되지 않는 분들은 다음 아무개 집사의 고통을 들어보시면 쉽게 이해가 되실 것입니다.

40대 중반의 아무개 집사의 안타까운 이야기입니다. 아버지하고 어머니의 사이가 좋지 않아서 자주 다투는 부부에게서 출생하였습니다. 초등학교 다닐 때부터 학교에서 책을 읽는 다든지 발표를 한다든지 자신이 해야 하는 순서가 돌아오면 이유 없이 불안하고 두려웠습니다. 그렇게 두려움과 불안에 휩싸여 중 고등학교를 다녔습니다. 학교를 다니는 하루도 평안할 날이 없었고 늘 불안하고 두려운 가운데 중고등학교를 마쳤습니다. 대학을 다니면서 조금 견딜만하여 성격인 줄만 알고 그냥 지냈습니다.

결혼은 하고 다시 불안과 두려움이 찾아왔습니다. 견디기 위하여 예수를 믿고 교회를 다니게 되었습니다. 불안과 두려움을 이겨보려고 교회에서 살다시피 하면서 봉사도 하고, 성경공부도 하고, 새벽기도와 철야기도도 빠지지 않고 열심히 했습니다. 그런데 요즈음은 더 심한 것 같습니다. 조그마한 소리에도 짜증이 나고, 혈기가 나오고 순간 분노가 치미는 것입니다. 교회에 가서 예배에 참석해도 은혜가 되지 못하고 마음은 답답하기만 합니다. 아니 교회를 그렇게 열심히 다니는 데 왜 불안과 두려움이 해결되지 않는 것입니까?

친정어머니가 하시는 말씀이, “야~ 네가 이상하다. 남편이 속을 썩이나? 자녀들이 속을 썩이나? 물질이 없어서 고통을 당하냐? 예수를 믿지 않는 불신자냐?" 제가 문제가 있고 이상하다는 것입니다. 제가 생각을 해도 친정어머니의 말씀대로 문제가 있고 이상합니다. 예수를 믿고 교회에 열심히 다니면 평안해지고, 저의 마음의 상처역시 치유되어 평안해야 하지 않습니까? 강 요셉목사님의 책을 읽어보니 저에게 문제가 있는 것 같습니다.

그런데 왜 다 똑 같은 예수님을 믿고 다니는 교회인데 제가 다니는 교회에서는 저를 치유하지 못하느냐 입니다. 저희 목사님은 교회에는 예수님의 이름이 있고, 성령의 역사가 있어서 예배에 빠짐없이 참석하고 기도하면 무슨 병이라도 치유가 된다고 말씀하시는데 왜 저는 고쳐지지 않느냐 입니다. 저는 참으로 아이러니하기만 합니다. 필자가 이런 전화를 받고 필자도 안타까웠습니다. 왜 그 교회는 그렇게 열심 있게 믿음생활을 잘하는데 내면의 상처가 치유되지 않고 점점 더 심해지느냐 입니다. 한마디로 아무개 집사의 영적인 무지와 내면세계의 무지로 고생을 사서 하는 것입니다. 내면세계를 전문적으로 치유하는 필자가 영의 눈으로 보면 명확한 이유가 있습니다.

필자가 아무개 집사에게 이렇게 말했습니다. 집사님은 태중에서부터 불안과 두려움의 상처를 받으면서 10달을 자라서 태어났습니다. 초등학교를 다닐 때부터 학교에서 책을 읽는 다든지 발표를 한다든지 자신이 해야 하는 순서가 돌아오면 이유 없이 불안하고 두려웠던 것은 태중에서 받은 불안과 두려움의 상처가 잠재의식에 형성되어 있었기 때문이었습니다. 잠재의식의 상처가 현재의식에 영향을 끼치기 때문입니다. 이 상처를 적극적으로 해결하지 않고 고등학교까지 마친 것입니다.

나중에 안 것이 예수를 믿고 열심 있게 믿음생활하면 치유가 된다는 인간적인 생각을 가지고 신앙생활을 한 것입니다. 한마디로 지극정성으로 믿음생활하면 하나님께서 감동하셔서 상처를 고쳐주신다는 믿음입니다. 그런데 필자는 하나님께서 고쳐주신다는 것은 복음을 잘못 이해한 것이라고 합니다. 하나님은 자신의 내면의 상처를 자신 안에서 분출되는 성령으로 찾아서 치유하며 변화되기를 원하십니다. 본인이 성령의 음성을 듣고 순종하면서 상처를 치유하는 것입니다. 아무개 집사가 생각하고 믿고 있는 것과 같이 자신이 교회에서 살다시피 하면 하나님께서 상처를 찾아서 자동으로 치유하여 주실 수가 없다는 것입니다.

이는 전적으로 복음을 오해한 것입니다. 하나님은 성령의 인도를 받으면서 자신 안에서 역사하시는 성령의 능력으로 자신의 상처를 치유하며 변화되기를 바라십니다. 성령의 능력으로 상처를 치유하려면 먼저 성령으로 세례를 받아야 하겠지요, 성령으로 세례를 받고 성령의 인도를 받으면서 상처를 치유하면서 하나님의 음성을 듣고 순종하는 사람으로 바뀌도록 역사하십니다. 상처와 문제의 치유를 하면서 하나님의 사람으로 바뀐 사람을 통하여 하나님의 나라를 건설하십니다. 그렇기 때문에 예수를 믿었다는 것은 축복입니다. 하나님께서 자신을 통하여 일하시기 위해서 불렀기 때문입니다. 잘되게 하기 위해서 부르신 것입니다.

아무개 집사님은 바른 성령의 인도를 받지 못하다가 세월이 지나니 상처가 점점 강해져서 지금의 상태에 빠진 것입니다. 분명하게 상처는 열심 있게 믿음생활 한다고 저절로 치유되지 않습니다. 상처는 잠재의식에 형성되어 있기 때문에 자신 안에서 성령의 역사가 분출이 되어야 초자연적인 성령의 역사로 잠재의식의 상처가 정체를 폭로하고 떠나가기 시작을 합니다.

병원도 감기 같은 일반적인 병은 동네 병원에 가서 치유 받고, 전문적은 깊은 병은 동네병원 의사가 종합병원에 가서 치유 받도록 소견서를 발급해서 종합병원에 보내서 치유를 받도록 합니다. 세상 의술은 참으로 발전이 잘 되었습니다. 병이 깊어서 자기 병원에서 치유 하지 못하는 병은 종합병원에 소견서를 발급해서 보냅니다. 교회도 이렇게 해야 합니다. 무조건 예배 잘 참석하고 기도하면 치유된다고 붙잡아 두지 말아야 합니다. 성도는 유형교회의 종이 아니고 하나님의 자녀입니다. 성령의 인도를 받아 자신의 질병을 치유 받을 수 있는 전문적인 교회에 가서 치유를 받을 수 있도록 해주어야 합니다. 분명하게 내면의 상처를 치유하는 대도 골든타임이 있습니다.

자신의 교회에서 치유하지 못할 깊은 상처는 내면세계를 전문으로 하는 목회자가 있는 곳에 가서 치유를 받도록 인도해야 합니다. 그런데 그렇게 하지 않는 것이 보통입니다. 잠재의식의 상처 치유는 반드시 성령으로 세례를 받고 성령의 역사가 일어나 잠재의식의 상처가 현실로 나타나게 해야 합니다. 그렇기 때문에 교회가 성령의 역사가 일어나 예배 때마다 성령의 세례가 나타나야 합니다. 아무개 집사님이 다니는 교회의 목사님은 내면을 전문으로 목회하지 않기 때문에 내면에 형성된 상처가 치유되지 않는 것입니다. 영적인 일은 관심이 중요한 것입니다. 어디에 관심을 두고 목회하는 가가 중요하다는 말입니다. 한사람, 한사람의 내면의 치유를 관심두지 않고 목회하지 않기 때문에 아무개 집사님이 교회에 살다시피 하면서 열심 있게 믿음생활을 해도 마음의 평안을 찾지 못하는 것입니다.

아무개 집사님은 이제 자신 안에 주인으로 계시는 보이지 않는 살아계신 하나님과 같이 살다시피 하는 믿음생활을 해야 합니다. 걸어 다니는 성전으로 살아야 합니다. 하나님은 지금 교회 건물 안에 계시는 것이 아니시고, 아무개 집사님 안에 주인으로 계십니다. 하나님은 분명하게 이렇게 말씀하셨습니다. “우주와 그 가운데 있는 만물을 지으신 하나님께서는 천지의 주재시니 손으로 지은 전에 계시지 아니하시고, 또 무엇이 부족한 것처럼 사람의 손으로 섬김을 받으시는 것이 아니니 이는 만민에게 생명과 호흡과 만물을 친히 주시는 이심이라(행 17:24-25)” 하나님은 교회 건물 안에 계시지 않는다고 하십니다. 그리고 하나님은 “무엇이 부족한 것처럼 사람의 손으로 섬김을 받으시는 것이 아니니 이는 만민에게 생명과 호흡과 만물을 친히 주시는 이심이라(행 17:25)” 말씀하시는 뜻을 잘 알아야 합니다. 하나님은 이렇게 강조하십니다. “너희는 너희가 하나님의 성전인 것과 하나님의 성령이 너희 안에 계시는 것을 알지 못하느냐(고전 3:16)” 하나님의 성전이 아무개 집사님 자신입니다. 집사님 자신이 성전입니다.

이제 성령의 인도를 받으셔야 합니다. 성령의 인도를 받으면서 성령께서 아무개 집사님을 잠재의식을 치유하시게 해야 합니다.

지금 아무개 집사님은 자신의 욕심과 열심으로 문제를 해결 받으려고 교회에서 살다시피 하는 것입니다. 알아야 할 것은 하나님은 아무개 집사님을 치유하여 주시기를 원하십니다. 그런데 왜 치유하시지 못하느냐 아무개 집사님의 열심과 욕심으로 치유를 하려고 하기 때문입니다. 성령으로 잠재의식이 치유가 되는데 육체인 자기 열정으로 치유하려고 하니 성령의 역사가 일어나지 않는 것입니다. 그래서 이제 성령의 역사로 믿음으로 문제를 해결 받으려고 해야 합니다. 하나님은 아무개 집사님의 문제를 해결하여 주시기를 소원하십니다. 아무개 집사님의 문제를 해결하여 주시는 분은 하나님이십니다. 그렇기 때문에 치유하여 주시기를 원하시는 하나님께 문의해야 합니다. 어떻게 해야 자신의 문제를 해결하실 수가 있는지 질문하여 말씀하시는 대로 순종해야 합니다. 그런데 하나님은 지금 아무개 집사님의 마음 안에 주인으로 계십니다. 마음 안에 계신 하나님과 살다시피 하면서 어떻게 하면 상처를 치유 받을 수 있는지 하나님께 질문을 해서 치유할 수 있는 지혜를 받아야 합니다. 지혜를 주시는 대로 순종해야 치유가 됩니다. 아무개 집사님이 지금 믿음생활하시는 것은 자신 안에 주인으로 계시면서 문제를 해결하시는 하나님과는 관계가 없는 믿음생활을 하고 계십니다. 자신 안에 주인으로 계시는 하나님과 관계가 열리는 믿음생활을 하셔야 합니다. 아무개 집사님은 지금 자신의 인생을 사는 것이 아니고 예수님의 인생을 살고 계시는 분입니다.

분명하게 알아야 할 것은 아무개 집사님은 예수 믿을 때 죽고 예수로 태어난 사람입니다. 성경은 이렇게 말씀하십니다. "그가 모든 사람을 대신하여 죽으심은 살아 있는 자들로 하여금 다시는 그들 자신을 위하여 살지 않고 오직 그들을 대신하여 죽었다가 다시 살아나신 이를 위하여 살게 하려 함이라(고후 5:15)" 지금 아무개 집사님은 예수님을 믿을 때 죽었고 다시 예수님으로 태어나 예수님의 인생을 사시는 분입니다. 그렇기 때문에 자신의 노력으로 살지 아니하고, 성령으로 살아가야 합니다. 그런데 교회에서 살다시피 하면서 문제를 해결하려고 하는 것은 자신의 노력으로 문제를 해결하려는 것입니다. 그래서 교회에서 살다시피 해도 문제가 해결이 되지 않는 것입니다. 하나님과 상관이 없는 육체인 자신이 살아있기 때문입니다. 성령님께 기도하여 성령님의 감동을 받아 순종하시면 문제는 서서히 해결이 될 것입니다.

교회가 문제가 있는 것이 아니라, 상처를 대하는 아무개 집사님이 상처치유에 대하여 무지하기 때문에 지금까지 고통을 당한 것입니다. 시간과 날자가 흐를수록 상태는 더욱 심각해집니다. 그렇게 지내다가 갱년기에 들어서면 상상하기 힘든 고통 속에서 지낼 수도 있습니다. 아무개 집사님 같이 젊어서 열심 있게 믿음생활하다가 병세가 깊어져서 요양원에서 기거하다가 생을 마감하는 분들이 있습니다. 하루라도 빨리 내면치유를 전문으로 하는 목회자에게 가셔서 내면의 상처를 치유해야 합니다. 한번으로 되는 것이 아니고 시간이 걸립니다. 내면을 치유하여 완전하게 성령님이 장악하시는데 시간이 걸리기 때문입니다. 더군다나 아무개 집사님은 상처가 오래 되었기 때문에 그 만큼 치유가 되는 시간이 오래 걸립니다. 좌우지간 하나님은 만병의 의사이시니 상처를 치유하겠다는 의지를 가지고 치유에 집중하면 얼마가지 않아서 성령님이 주시는 평안을 날마다 체험하면서 예수 믿기 참 잘했고, 그 때 강 요셉목사의 조언을 듣고 치유받기 참 잘했다고 감탄하실 것입니다.

지금 아무개 집사님이 당하면서 사시도록 역사하는 상처는 교회에서 살다시피 하면서 열심 있게 믿음 생활을 해도 절대로 치유가 불가능합니다. 내면세계를 바르게 알고 사역하는 전문적인 사역자는 찾아가셔서 잠재의식의 상처를 생명의 말씀과 성령의 역사로 현실로 드러나게 하여 밖으로 배출하는 적극적인 치유를 받아야 합니다. 절대로 인간의 열심이나 기교나 심리적인 방법으로는 아무개 집사님의 상처가 치유될 수가 없습니다. 한번 순간 치유도 불가능합니다. 꼭 치유 받아 평안을 찾고 말겠다는 의지를 가지고 전문적인 치유를 받아야 합니다.

이 아무개 집사가 상처를 치유 받으려면 사람의 말이나, 자신나름의 신앙으로 교회에서 살다시피 하는 인간적인 믿음생활을 멈추고, 자신을 성전삼고 주인으로 계시는 성령하나님께 하문하여 알려주시는 대로 순종할 때 상처로부터 자유 함을 누릴 수가 있습니다. 성령의 인도를 받아야 합니다. 성령께서 감동하시는 대로 순종하여 전문가를 만나야 합니다.

그리고 자신의 내면관리에 집중해야 합니다. 아무개 집사는 상처를 말씀과 성령으로 치유하여 배출을 했어야 하는데 그냥 지내다가 보니까 잠재의식의 상처가 넘치는 상태이기 때문에 조그마한 소리에도 신경질과 짜증이 나는 것입니다. 그런데 마음 안에 쌓인 상처는 세상의 의술이나 약으로 정화할 수가 없습니다. 반드시 밖으로 배출해야 하는데 의술이나 방법이나 약으로 해결할 방법이 없습니다. 잠재의식에 형성된 독소를 제거해야 영육의 기능이 정상이 되는데 제거할 방법이 없다는 것입니다. 세상에서 하는 심리치료나 물리치료나 찬양치료나 다른 어떤 방법으로도 잠재의식의 상처를 제거할 방법이 없습니다. 그래서 문제는 잠재의식을 어떻게 치유하느냐 입니다. 우리는 예수를 믿음으로 치유받기가 쉽습니다.

먼저 성령으로 세례를 받아야 합니다. 성령으로 세례 받고 마음 속 잠재의식의 상처를 치유해야 합니다. 내적인 상처를 치유하는데 이성적인 치유가 아니라 영적인 치유를 받아야 합니다. 영에서 성령의 역사가 일어나 잠재의식을 드러내어 밖으로 배출해야 완전치유가 가능한 것입니다. 성령의 역사로 치유하는 방법밖에는 도리가 없습니다. 지금 교계에는 이성적인 내적치유를 하는 곳이 많습니다. 이성적인 치유를 받으면 근원이 치유되지 않습니다. 영적인 치유란 성령께서 하시는 치유로서 잠재의식의 상처를 현재의식으로 드러내어 밖으로 배출하는 것입니다.

26장 전인격이 변화되는 신앙생활 함으로

(히 5:12-14)"때가 오래 되었으므로 너희가 마땅히 선생이 되었을 터인데 너희가 다시 하나님의 말씀의 초보에 대하여 누구에게서 가르침을 받아야 할 처지이니 단단한 음식은 못 먹고 젖이나 먹어야 할 자가 되었도다. 이는 젖을 먹는 자마다 어린 아이니 의의 말씀을 경험하지 못한 자요. 단단한 음식은 장성한 자의 것이니 그들은 지각을 사용함으로 연단을 받아 선악을 분별하는 자들이니라."

크리스천들이 내면이 성숙되지 않았기 때문에 성령으로 지배와 장악이 되지 않고 성령의 인도를 받는 삶을 살지 못하는 것입니다. 하나님은 내면의 성숙에서 나오는 내적인 능력을 나타내기를 원하시는 것입니다. 내면의 성숙에서 나오는 내적인 능력은 마음 안에서 성령으로 분출되는 하나님의 능력이기 때문입니다. 성전 된 성도의 내면에서 나오는 성령의 권능이 성도의 인격을 예수님의 인격으로 성숙하게 합니다. 하나님은 밖으로 나타내는 권능에 앞서서 내면의 성숙을 더 원하십니다.

내면의 능력과 내면의 지혜를 극대화하려면 긍정적인 자세가 중요합니다. 자신도 그런 경우나 나쁜 것이 잠재하여 있을 수 있다고 인정하고 받아들이는 자세가 내면의 능력과 내면의 지혜를 극대화하는 최선의 길입니다. 자신은 완벽하다는 교만과 부정적인 자세를 가지면 절대로 내면의 능력과 내면의 지혜를 극대화하지 못합니다. 내면의 능력이나 지혜를 자신을 성전삼고 계시는 하나님으로부터 흘러나와야 하기 때문입니다. 자신의 마음 안에서 성령으로 내면의 능력과 내면의 지혜를 끌어내려면 마음이 열려야 하기 때문입니다. 마음이 열려야 자신 안에서 성령의 역사가 일어나서 내면을 정화시킬 수가 있습니다. 내면이 정화되어야 성령의 역사가 원활하여 내면의 능력과 지혜가 극대화되는 것입니다. 내면의 능력과 지혜는 살아계신 하나님께서 자신을 장악해야 활성화되는 것입니다. 살아계신 하나님께서 자신을 장악하지 않으면 아무리 열심히 하고 많이 알아도 내면의 능력과 지혜가 활성화되지 못합니다. 성령의 역사와 생명의 말씀으로 내면의 능력과 지혜가 활성화되기 때문입니다. 살아있는 성령님의 역사가 내면을 강하게 하시기 때문입니다.

예를 든다면 정이라는 집사가 그동안 성령치유 집회도 많이 참석했고, 내적치유도 받았고, 가계치유도 받았기 때문에 자신의 내면이 강해서 자신 안에는 악한 영의 역사나 상처가 없다고 생각하면 절대로 내면의 능력과 지혜가 극대화되지 못합니다. 마음을 열고 성령의 역사를 받아들이지 않기 때문입니다. 그래서 필자는 토요일날 긴시간 동안 집중치유를 하는 것입니다. 이렇게 상당이 긴시간 동안 개별치유를 하노라면 웬만한 성도나 목회자 모두 성령으로 충만해지다가 성령의 지배를 받게 됩니다. 성령의 지배를 받게 되면 목회자나 성도나 할 것 없이 자신의 상태를 정확하게 보게 됩니다. 자신의 내면에 실제적인 문제가 노출이 되니까, 마음을 열고 해결하려고 노력하기 때문에 내면의 능력과 지혜가 활성화되는 것입니다. 진리의 말씀을 깨닫는 만큼씩 내면이 강해지는 것입니다. 진리의 말씀을 깨닫게 하시는 이는 내면에 계신 성령님이시기 때문입니다. 무조건 산기도한다고 내면의 능력이 강해지는 것이 아닙니다. 반드시 자신 안에 있는 성전에서 성령으로 분출되는 기도와 진리를 깨닫는 능력이 내면의 능력인 것입니다. 내면의 능력은 성령으로 분출되는 것입니다.

내면의 능력과 내면의 지혜의 극대화는 마음 안에 상처나 자아나 혈통의 문제가 해결이 되는 만큼씩 극대화될 수가 있습니다. 내면에 있는 문제들이 해결되면서 성령님이 장악을 하시기 때문입니다. 교회에 나와서 열심히 한다고 내면의 능력과 지혜가 활성화되지 못합니다. 성경말씀을 많이 안다고 내면의 능력과 지혜가 활성화되지 못합니다. 담임목회자가 내면의 능력을 강조한다고 내면의 능력과 지혜가 강화되지 못합니다. 말로는 내면의 능력과 지혜가 활성화되지 못합니다. 반드시 초자연적인 성령의 역사가 사람의 마음 안에서 일어나야 내면의 능력과 지혜가 활성화됩니다.

알아야 될 것은 열심히 하는 것과 많이 알고 강조하는 것은 인간적인 활동이기 때문입니다. 자신 안에서 성령의 역사가 일어나야 내면의 능력과 지혜가 극대화될 수 있습니다. 내면의 능력과 지혜를 극대화하려면 반드시 성령으로 세례를 받아야 합니다. 성령으로 세례를 받고 성령의 인도를 받아야 합니다. 내면의 능력이나 지혜는 성령의 역사가 강화시키기 때문입니다. 일부 목회자들이 내면을 강조하다가 생각대로 성도들이 변화되지 못하기 때문에 열심히 하는 행위와 성경공부와 같이 밖으로 보이는 것에 치중을 하는 것입니다. 내면의 능력과 지혜의 극대화는 말로 되는 것이 아닙니다. 살아계신 성령께서 역사하셔야 내면의 능력이 강하게 되고 내면의 지혜가 풍성해지는 것입니다.

사람은 자신이 갖춘 외적인 능력을 통해 존경을 받고 내적인 성품을 통해 신뢰를 얻는다고 합니다. 내면이 강해지려면 자신 안에 계신 성령님에게 관심을 집중해야 합니다. 자신 안에 성령으로부터 권능이 나와야 내면이 성숙되어 하나님께서 원하시는 변화된 삶을 살아갈 수가 있는 것입니다. 밖으로 나타나는 성령의 역사가 강하다고 내면이 강해지는 것이 절대로 아닙니다. 밖으로 나타나는 성령의 역사를 체험했다고 성도가 성숙되는 것이 아닙니다. 자신의 마음 안에서 성령의 기름부음이 흘러나와야 성숙되는 것입니다.

한 때 필자는 주님을 외적으로 경험하는 것과 내적으로 경험하는 것의 차이를 잘 알지 못했습니다. 그 차이는 간단합니다. 외적인 경험은 흥분되고 신나고 달콤하지만 삶과 인격이 바뀌어지지 않습니다. 그것은 자기 착각과 교만, 판단의 열매를 생산합니다. 그러나 내면의 체험은 사람의 중심을 바꾸어 놓습니다.

필자는 성도들에게 불과 같은 성령의 체험을 경험하게 하려고 노력했습니다. 그리고 어느 정도 시간이 흐르자 밖으로 나타나는 일들이 많이 생겼습니다. 제가 강대상에서 입으로 후하면서 불어도 사람들이 우우하면서 오징어 같이 오그라들었습니다. 어떤 사람들은 성령의 불에 휩싸여서 흐느껴 울었습니다. 조용히 말씀을 전해도 어떤 이는 울면서 쓰러졌고 어떤 이는 구토와 발작을 일으키기도 했습니다.

내가 다가가 안수하면 사람들은 쓰러졌고 어떤 이는 기침을 사정없이 하고, 어떤 이는 울음을, 어떤 이는 웃음을 터트렸습니다. 교회에 들어오는 순간에 몸이 굳어버리는 사람도 있었고 쓰러지는 사람도 있었습니다. 환상이 열리는 사람도 있었습니다. 방언통역과 예언이 열리는 이들도 있었습니다. 어떤 목회자는 필자가 사역할 때 강력한 빛을 보았다고 했습니다.

예배 시간에 주님의 영이 임하심으로 몸이 마비되어 풀릴 때까지 많은 시간이 필요한 사람도 있었습니다. 풀리고 나니까 성도가 영적으로 변하는 것입니다. 예배 중 찬양에만 여러 시간이 소요되었고 보통 찬양 시간은 눈물과 감격의 범벅으로 진행되었습니다. 찬양을 할 때에 뒤로 넘어지는 사람들이 있어서 의자 앞에 서서 찬양을 하라고 했습니다.

필자는 이 모든 것들이 자랑스러웠습니다. 소문을 듣고 사람들이 거리를 상관하지 않고 몰려오기 시작했고 필자는 이것이 부흥인가보다 하고 생각했습니다. 그러나 이런 현상이 계속되면서 필자는 바른 목회가 아니라는 생각이 들었습니다. 사모가 이단이라고 한다고 절재 하라고 권면을 했습니다. 사람들의 경험을 어디까지 인도하고 허용할 것인가가 어렵고 분명하지 않았습니다. 내가 더욱 조심스러웠던 것은 여러 가지의 현상을 경험하던 사람들의 삶에서 내가 기대하던 내적 변화의 열매가 의외로 별로 나타나지 않는다는 데도 있었습니다.

저는 기도하였습니다. 그러다가 성령의 감동으로 깨달은 것은 교회는 성도들의 생명을 살리는 곳이라는 곳입니다. 내면의 능력과 지혜가 극대화되어 예수님의 인격으로 변화되게 하는 곳이 교회라는 것입니다. 지금까지 하나님께서 원하시는 목회가 아니라 밖으로 나타나는 현상에 치중하는 목회를 했다는 것입니다. 이렇게 깨닫게 한 것은 저의 생각이 아니었습니다. 성령님의 감동하심이었습니다. 영을 깨우는 말씀을 전하고 심령 깊은 곳을 성령께서 장악하시어 변화되는 성도가 되도록 인도하라는 것입니다. 주님을 사랑하고 영혼을 사랑하는 실질적인 변화를 원하셨습니다.

필자는 모든 치유사역을 조정하였습니다. 성도들의 내면을 강하게 하는 사역으로 바꾸었습니다. 그 다음부터는 그저 일시적인 흥분에 빠지고 그 만족감을 위하여 교회에 오는 것을 원하지 않았습니다. 구경삼아서 한번 왔다가 돌아가는 사람들에게 관심을 두지 않았습니다. 그래서 말씀을 50분 전했으면 50분 이상 기도하면서 마음 안에서 성령의 역사가 분출되어 성도의 전인격이 변화되는 목회를 하였습니다. 걸어 다니는 성전으로 살아갈 수 있는 성도들이 되어가는 목회를 주장하고 추구하였습니다. 성령으로 기도가 되어야 하고, 내면에 관심을 가지고 믿음생활을 하도록 예배와 집회를 인도했습니다. 그리하여 마음 안에서 성령의 역사가 흘러나오도록 하여 전인격이 성령의 지배와 장악이 되어 예수님의 인격으로 변화되는 성도로 살아가도록 인도하려고 노력했습니다.

이제 저는 분명히 말할 수 있습니다. 주님을 외적으로 경험하는 것과 주님을 내면에서 경험하는 것은 다르다는 것입니다. 주님을 내면에서 경험해 갈 때 그것은 크리스천의 삶 자체를 바꿉니다. 성향 자체를 예수님을 닮는 인격으로 바뀝니다. 사람들을 미워하는 것이 점차로 불가능해집니다. 누군가를 원망하는 것이 점차로 불가능해집니다. 자신의 진면모가 보이기 때문에 타인이 자신에게 불친절한 것에 대해서는 별로 관심이 가지 않는 것입니다. 경험을 찾아다니는 성도들은 어떤 면에서 영혼이 건강하지 않습니다.

그들은 역시 여기가 성령의 불이 제일 강하다고 말합니다. 목사님의 영권이 강하다고 말합니다. 거기는 좀 영이 흐린 것 같다고 그들은 말합니다. 어떤 교회 목사님은 요즈음 영력이 많이 떨어졌더라고 그들은 말합니다. 그러면서 이곳저곳을 찾아다닙니다. 그들은 언제나 더 좋고 강하고 자극적인 것을 찾아다닙니다. 그러나 그들은 주님을 사랑하는 것이 아니라, 자신의 느낌을 사랑하는 것입니다. 신앙의 성숙이 아니라, 밖으로 나타나는 현상을 체험하려고 돌아다닙니다. 이런 신앙생활로는 절대로 인격의 성숙을 기대할 수가 없습니다. 이유는 권능이 강한 목사님을 의식하기 때문에 자신 안에 주인으로 계시는 하나님께서 소외당하시기 때문에 인격에 변화가 없는 것입니다. 권능 있는 목사님을 통하여 자신 안에 주인으로 계시는 하나님과 관계에 중점을 두는 크리스천이 되어야 합니다. 자신을 성전삼고 계시는 하나님과 1:1 관계가 열려야 인격이 변하게 되는 것입니다.

주님을 내면으로 경험해야 한다는 말입니다. 외적인 능력과 은혜는 사모하면 누구나 받을 수 있습니다. 민감한 체질이면 더 쉽게 여러 가지를 경험 할 것입니다. 그러나 진정 자신을 주님께 드리고 진정 그 분의 종이 되지 않는다면 그분을 내적으로 경험하지는 못합니다. 진정 자신의 욕망, 겉 사람을 십자가에 못박고 오직 주님을 기쁘시게 해드리겠다는 일념과 헌신만이 외적인 장난감이 아닌 참된 주님과의 교통으로 사람을 인도하는 것입니다.

내적인 주님과의 교통이 자신을 성숙하게 합니다. 성령의 역사가 일어나야 내면이 성숙하면서 깊어지는 것입니다. 예수님의 인격으로 변화되는 것입니다. 살아 있는 생명체는 성장하며, 건강한 생명체가 풍성한 열매를 맺을 수 있습니다. 만약 병들었거나 죽어있는 생명체는 성장하거나 열매 맺기 어렵습니다. 농부가 씨를 뿌리고 수고의 땀을 흘리면서 기뻐할 수 있는 것은 건강하게 자라는 작황을 보기 때문이며, 산모는 출산한 아이가 건강하게 잘 자라는 것을 볼 때 기쁨이 되는 것처럼, 신앙도 주 안에서 믿음이 성장하고 열매 맺는 모습을 보는 것이 기쁨이 됩니다.

외형에 치중하는 목회나 믿음 생활은 모래위에 지은 집과 같이 위험합니다. 외형에 치중하는 목회나 믿음생활을 하다가 환란과 풍파를 당하면 어찌할 바를 모르다가 파선하고 맙니다. 필자가 성령으로 내면을 치유하여 내면이 강한 하나님의 군사를 양성하는 사역을 하다가 보면 참으로 안타까운 일들을 많이 봅니다. 안타까운 경우란 내면을 추구하지 않고 보이는 외형을 추구하여 문제를 크게 만들기 때문입니다. 밖으로 나타나는 목회를 한다는 것입니다. 얼마 전에 지방에서 목회하시는 목사님이

21살 먹은 딸을 데리고 왔습니다. 사모님도 같이 오셨습니다. 자초지정을 들어보니 이런 경우였습니다. 교회를 개척하여 열심히 해서 교회를 건축하였는데 하나밖에 없는 딸이 정신적으로 이상이 생겨서 정상적인 생활을 하지 못하는 것입니다.

상황을 이렇습니다. 외동딸이 집에서 고등학교까지 다니고 대도시에 있는 대학을 다니게 된 것입니다. 그런데 교회에서 운영하는 고시 텔에 새벽기도를 나가는 조건으로 입주하여 자취생활을 시작했습니다. 대학을 가니 목사님 딸이라고 기독동아리 총무 일을 맞았습니다. 학업을 하랴 동아리 일을 하랴, 스트레스가 많았다는 것입니다. 그렇다고 숙식이 편안한 것도 아닌 차라, 체력이 약해질 대로 약해진 것입니다. 체력이 약해지니 밤에 자다가 좋지 못한 꿈을 꾸면서 가위눌림을 당하기도 했다는 것입니다. 정신적으로 문제가 생겨서 늘 불안하고 머리가 아팠다는 것입니다. 점점 상황이 좋지 못하여 한 학기를 마치고 집에 가서 사모인 엄마에게 사정이야기를 한 것입니다.

그래서 사모님이 수소문하여 전주에 기도원에서 그런 유형에 환자를 잘 치유한다는 이야기를 듣고 찾아간 것입니다. 갔더니 금식을 20일간 하면 치유가 된다는 것입니다. 그래서 스트레스 받아 체력이 소진되어 정신적이고 영적인 질병으로 고생하는 딸을 금식을 시킨 것입니다. 불타는 아궁이에 기름을 부은 격이 된 것입니다. 필자를 찾아왔을 때는 상황이 깊게 진전이 되어 딸이 의지를 제대로 발휘하지 못할 지경에 까지 이르렀습니다. 필자가 이렇게 말했습니다. 이 아이가 이렇게 된 것은 스트레스를 받아서 된 것이라고 단정할 수가 없고, 어렸을 때 상처가 있기 때문에 다른 사람들보다 스트레스를 더 받는 것입니다. 어렸을 때 무슨 일이 없었습니까? 사모님이 하시는 말씀이 초등학교 4학년 시절에 친구 집에서 친구들과 같이 오양의 비디오를 보았다는 것입니다. 그 이후로 눈에 그 비디오에서 일어나는 것들이 눈에 보여서 고생을 했다는 것입니다. 한번은 학교에서 왔는데 한쪽 머리를 완전하게 뽑은 채로 오기도 했다는 것입니다. 사모님의 조치는 아이를 혼내는 일이었습니다. 그때 목사님이나 사모님이 내면에 대하여 알았더라면 생명의 말씀과 성령으로 잠재의식을 내적치유 했을 것입니다. 그런데 인간의 내면세계와 영적인 면을 모르니 조치가 아이를 혼내는 것이었습니다.

목사님이 하시는 말씀이 제가 이제야 내면세계와 영적인 면에 관심을 갖습니다. 지금까지 교회의 숫자적 성장과 교회를 건축하는 것이 목회의 전부인줄 알았습니다. 아니 거기에 목적을 두고 목회를 했습니다. 지금 깨닫고 보니 내면을 강하게 하여 군사 만드는 것이 목회라는 것을 알았습니다. 제가 내면세계와 영적인 면을 알았더라면 하나밖에 없는 딸을 저 지경으로 만들지 않았을 것입니다. 모두 저의 내면세계에 대한 무지의 소치로 발생한 일입니다.

그래서 지금도 늦지 않았으니 필자가 하라는 대로 순종하라고 하였습니다. 우선 한약이나 다른 보양식으로 체력을 끌어올리면서 성령의 역사가 아이의 내면에서 일어나게 하여 내면을 정화하면 서서히 정상으로 복귀할 수 있다고 조언을 했습니다. 이런 경우는 간단합니다. 체력을 끌어올리면서 내면을 성령의 역사로 정화하면 1달이면 정상으로 복귀할 수가 있습니다. 내면에 대하여 모르는 사람들이 무조건 금식시키고 귀신을 쫓아내면 치유가 되는 것으로 착각을 합니다. 무조건 문제만 해결하려는 사역을 합니다. 내면이 강해져야 문제가 해결된다는 것을 모르기 때문입니다. 하나님은 분명하게 "그런즉 너희는 먼저 그의 나라와 그의 의를 구하라 그리하면 이 모든 것을 너희에게 더하시리라(마 6:33)" 하셨습니다. 환자의 마음 안에 하나님의 말씀과 성령으로 견고하게 지어져야 내면에서 나오는 권능으로 문제가 해결이 되는 것입니다. 목회자는 내면세계를 모르면 모른다고 해야 합니다. 선무당이 사람을 잡는 것입니다. 이 아이는 초등학교 4학년 때 받은 충격이 무의식에 잠겨있으면서 눈만 감으면 화면이 보인 것입니다. 그러니까 괴로워서 머리를 쥐어뜯을 것입니다. 그때마다 내면은 망가지고 있었다는 것입니다. 무의식에 상처는 덩어리가 되어가고 있었습니다. 그런데다가 대학에 들어가 잘 먹지 못하고, 잘 자지 못하고, 공부에 스트레스가 과하여 체력이 소진 되니 성폭행당하는 가위눌림을 당한 것입니다. 생명의 말씀과 성령으로 내면을 채워서 내면의 능력을 길렀으면 이런 경우를 당하지 않았을 것입니다. 세상에서도 속이 꽉 찬 사람이라고 칭찬하지 않습니까? 생명의 말씀과 성령으로 속이 꽉 찬 목회자 성도가 되어야 합니다.

다음으로 깨달아야 할 것은 밖으로 나타나는 현상에 치중하는 것입니다. 성령이 충만하면 교회에서 기도하면서 벌벌 떨면서 기도해야 충만한 줄로 압니다. 손을 흔들고 발작을 하면서 기도해야 성령으로 충만한 줄로 아는 것입니다. 그래서 혼탁한 교회에서 기도하는 것을 보면 벌벌 떠는 사람, 손을 마구 흔들어대는 사람, 몸을 뒤틀면서 기도하는 사람 등등 정말 가관입니다. 외적으로 나타나야 인정하는 신앙의 자아가 형성된 것입니다. 얼마 전에 목회자 부부가 지방에서 올라와 저희 교회집회에 참석했습니다. 저희 교회는 집회 시에 1시간 말씀을 전하고 50분 이상 개인 기도를 합니다. 개인 기도시간에 제가 일일이 안수를 해드립니다. 첫 시간 안수를 하면서 목사님을 보니 손을 흔들면서 진동을 아주 심하게 했습니다. 더 자세히 보니 무당의 영이 정체를 폭로하고 흔들어대는 것이었습니다. 그래서 첫 시간에는 아무 말도 하지 않고 안수만 해드렸습니다. 둘째 시간이 되었습니다. 안수를 하면서 목사님에게 질문을 했습니다. 목사님 언제부터 이렇게 진동하며 기도를 하셨습니까? 상당히 오래되어 얼마나 되었는지 모르겠다는 것입니다. 목사님! 목사님은 이러한 진동을 하는 것이 성령 충만해서 나타나는 것이라고 알고 있으시지요. 예! 맞습니다. 저 아주 성령 충만합니다. 그런데 여기에 왜 오셨습니까? 사모가 아파서 치유 받으러 왔습니다.

그래요. 목사님 혹시 집안에 무당이 없으십니까? 목사님이 하시는 말씀이 이렇습니다. 예! 무당은 없고 고모가 점쟁이를 하고 있다고 아버지에게 들었습니다. 목사님 오해하지 마시고 들으세요. 지금 목사님은 무속의 영이 진동을 하고, 손을 흔들면서 기도를 따라 하고 있습니다. 목사님이 이를 인정하지 않고 성령의 역사라고 믿으니 떠나가지 않는 것입니다. 축사를 해드릴까요? 했더니 해달라는 것입니다. 그래서 이 더러운 무속의 영아! 정체를 밝혀라. 하니 아주 심하게 손을 흔들어 댑니다. 예수 이름으로 명하노니 더러운 무속의 영은 떠나갈지어다. 했더니 기침을 사정없이 하면서 오물을 토하면서 귀신들이 떠나갔습니다. 2일째 되는 날도 진동을 약하게 하며 손을 흔들고 기도를 하여 축사를 했습니다. 3일째 되는 날은 진동을 하지 않고 손도 흔들지 않고 아주 편안하게 기도를 하셨습니다. 무속의 영이 떠나간 것입니다.

그런데 문제가 하나 있었습니다. 사모님이 질병으로 시달려서 정상적인 생활을 못하시는 것입니다. 그래서 사모님을 치유하려고 지방에서 올라온 것입니다. 목사님 집안에 역사하던 무속의 영이 사모님을 괴롭히는 것입니다.

그래서 사모님을 앞으로 모시고 나와서 안수를 하니 귀신들이 말로 표현할 수 없을 정도로 많이 나갔습니다. 근육통과 관절염으로 아프지 않는 곳이 없었다고 합니다. 원래 무속의 영이 역사하면 근육통과 관절이 아플 수가 있습니다. 안수 받고 날아갈 것 같다고 하면서 내려가셨습니다. 문제는 이렇게 진동하는 것에 만족하면서 기도하니 내면이 강해지지 못한다는 것입니다. 자신은 그렇게 진동하면서 기도하니 성령으로 충만하다고 나름대로 믿어 버리고, 성령의 역사를 내면에서 일어나도록 받아들이지 않으니 내면이 강해지지 않는 것입니다. 일어나는 현상이나 외형에 치중하는 신앙생활은 빨리 깨닫고 고치려고 해야 변화되어 내면이 성숙한 믿음생활을 할 수가 있습니다.

성도에게 있어서 믿음의 성장과 성숙함으로 주님을 닮아가는 것은 매우 중요한 요소입니다. 주님의 몸인 교회는 성도의 신앙 성숙을 위해서 직분 자들을 세우셨는데, 사도와 선지자이며, 복음 전하는 자, 목사와 교사입니다(엡4:11). 이들은 성도를 온전하게 하여 봉사의 일을 하게하며, 그리스도의 몸을 세우기 위함입니다(엡4:12). 그리스도의 몸이란 바로 교회이며, 성도가 온전하여 봉사의 일을 하게 될 때 건강한 교회가 세워지는 것입니다.

그렇다면 신앙 성숙의 모델은 누구입니까? 직분자들이 아니라, 예수 그리스도입니다. 그분의 비전이 우리의 비전이 되고, 그분의 마음이 우리의 마음이 되며, 그분을 바라보고 따라가며 순종할 때, 온전한 성장을 이루어 그리스도의 장성한 분량이 충만한 데까지 이르는 것입니다(엡4:13).

예수님은 자기 스스로 행하시는 일이 없으셨고, 하나님의 뜻대로 순종하시고, 복음과 하나님 나라를 위한 삶이었습니다. 이처럼 성도가 가르침을 잘 받고, 기도로 무장하며 나아갈 때 살아있는 영성을 소유할 수 있습니다. 생명이 있는 곳에서 변화가 일어나기 때문에 좋은 결과물을 볼 수 있습니다. 계시록에 나오는 소아시아 7교회 중 사데 교회는 살았다는 이름을 가졌으나 주님이 보실 때 죽은 교회여서 책망 받았습니다(계3:1). 외적으로는 풍요롭게 보였으나 내면이 죽었기 때문에 책망을 받은 것입니다. 우리는 자신의 신앙 상태를 점검하는 것은 매우 중요합니다. 유아기에서 벗어나 더 이상 기복주의, 신비주의를 거부함으로 유치한 신앙에서도 일어나야 합니다.

27장 성령의 강력한 불을 받고 누리는 비결

(고전2:13)"우리가 이것을 말하거니와 사람의 지혜가 가르친 말로 아니하고 오직 성령께서 가르치신 것으로 하니 영적인 일은 영적인 것으로 분별하느니라"

성도가 성령의 강력한 불을 받아 변화되지 못하고 카리스마 있는 삶을 살지 못하는 것은 성령으로 지배와 장악이 되지 않고 성령의 인도를 받는 삶을 살지 못하는 것은 성령의 역사에 대하여 바르게 알지 못하기 때문입니다. 예수를 믿고 교회에 다니는 많은 수의 성도들이 성령의 역사에 대하여 바르게 알지 못하고 믿음생활을 하고 있다는 것입니다. 내가 지금까지 성령치유 사역을 하면서 체험해 보니 바로 알고 고쳐야 되는 것들이 있습니다. 이렇게 바르게 알지 못하니 성령의 깊은 은혜를 체험하지 못하고 육적인 믿음생활을 하고 있어 안타까운 마음을 금할 길이 없습니다. 성령의 역사를 바르게 알고 믿음생활을 하면 영육간의 문제를 치유 받고 심령천국을 이루면서 살아갈 수가 있습니다. 그런데 말씀과 성령으로 치유 받지 못하니 10년을 믿어도 세상 자연인들과 똑같은 고통을 당하면서 살아가고 있다는 것입니다. 성령은 살아있는 역사입니다. 고로 성령을 체험하면 영육으로 느끼고 알게 되어있습니다. 우리가 바르게 알고 고쳐야 된다고 내가 나름대로 생각하는 것은 이런 것입니다.

첫째, 성령세례를 바르게 알지 못한다. 나는 성령 충만한 교회 다니기 때문에 성령세례를 받았다고 나름대로 생각을 합니다. 성령세례를 체험하지 못하니 말로 성령세례를 받았다고 단정을 합니다. 그래서 실제 살아서 역사하는 성령세례를 체험하려고 생각을 하지 않는 것입니다. 성령은 성령이 충만한 교회에 다니기만 한다고 체험한 것이 아닙니다. 반드시 개인이 성령의 세례를 받아야 합니다. 자신이 체험해야 한다는 것입니다. 사도행전 2장 1절로 4절에 보면 "오순절 날이 이미 이르매 그들이 다 같이 한 곳에 모였더니, 홀연히 하늘로부터 급하고 강한 바람 같은 소리가 있어 그들이 앉은 온 집에 가득하며 마치 불의 혀처럼 갈라지는 것들이 그들에게 보여 각 사람 위에 하나씩 임하여 있더니, 그들이 다 성령의 충만함을 받고 성령이 말하게 하심을 따라 다른 언어들로 말하기를 시작하니라."이렇게 말씀하고 있습니다.

여기에 보면 마치 불의 혀처럼 갈라지는 것들이 그들에게 보여 각 사람 위에 하나씩 임하여 있더니 라고 말씀하고 있습니다. 이는 개인적으로 성령의 세례를 받아야 한다는 것입니다. 개인이 직접 성령의 세례를 받아야만 한다는 것입니다. 그러므로 성령이 충만한 교회에 다닌다고 자동으로 성령의 세례를 받은 것이 아닙니다. 이렇게 대충 믿고 다니던 분들이 마음의 상처나 질병으로 고생하다가 치유를 받으러 우리 교회에 와서 비로소 성령을 체험하는 것을 많이 보게 됩니다. 성령의 세례를 받으면 자신이 체험적으로 알게 됩니다. 체험적으로 알게 되는 성령세례를 체험하시기를 바랍니다. 정확한 성령세례는 몸으로 느낀다는 것을 명심해야 합니다. 몸으로 느끼는 성령세례를 받아야 권능 있는 성도가 됩니다. 권능있는 성도가 되려면 몸으로 느끼는 성령세례를 받으세요.

둘째, 성령의 세례만 받으면 된다. 저에게 이런 상담 전화가 옵니다. 목사님 성령은 한번만 체험하면 되지 않습니까? 저는 몇 년 전에 부흥회에 참석해서 성령을 체험했습니다. 그래서 마음을 놓고 있는데 우리 목사님은 성령의 불을 날마다 체험해야 한다고 하십니다. 정말 날마다 성령의 불을 체험해야 합니까? 맞습니다. 불같은 성령의 체험을 날마다 해야 합니다. 그래야 주님의 몸된 성전의 불이 꺼지지를 않는 것입니다. 주님의 몸된 성전의 불을 끄지 않기 위하여 우리가 기도하는 것입니다. 바르게 알아야 할 것은 자신의 몸이 주님의 몸된 성전입니다. 우리가 하루 세 번씩 밥을 먹는 것과 같이 주님의 몸된 자신의 성전에 성령의 불이 꺼지지 않도록 해야 합니다. 그래야 귀한 자신의 영을 자신이 지킬 수가 있습니다. 우리는 무시로 기도하여 성령이 충만해야 합니다. 그래야 시시각각으로 들려오는 하나님의 음성을 들을 수가 있습니다. 하나님은 영이시기 때문에 우리가 영적인 상태가 되어야 영으로 하나님의 음성을 들을 수가 있는 것입니다. 또, 우는 사자같이 삼킬 자를 찾는 마귀역사를 감지하고 대적하여 이길 수가 있는 것입니다."근신하라 깨어라 너희 대적 마귀가 우는 사자 같이 두루 다니며 삼킬 자를 찾나니(벧전 5:8)" 우리의 육체에서 나오는 힘으로는 마귀를 이길 수가 없습니다. 반드시 성령으로 충만한 상태가 되어야 마귀를 대적하여 이길 수가 있는 것입니다.

성령의 불은 자신 안에서 날마다 받고 나와야 합니다. 성령으로 충만 하려고 의지적인 노력을 해야 하는 것입니다. 그래야 하나님의 복을 받을 수가 있고 마귀를 이길 수가 있는 것입니다. 하나님은 이렇게 말씀하십니다."술 취하지 말라 이는 방탕한 것이니 오직 성령으로 충만함을 받으라(엡 5:18)" 우리는 의지적으로 성령 충만 하려고 해야 합니다. 성령으로 충만하여 성령의 인도를 받아야만 합니다. "무릇 하나님의 영으로 인도함을 받는 사람은 곧 하나님의 아들이라(롬 8:14)"하나님의 자녀는 필히 성령의 인도함을 받아야 된다고 말씀하고 있습니다.

셋째, 성령의 불만 받으면 만사가 다 된다. 일부 목회자나 성도들이 성령의 불만 받으면 다 되는 줄 착각한다는 것입니다. 그래서 성령의 불의 역사가 있다는 교회나 기도원에서 몇 년씩 상주하면서 성령의 불을 받으려고 합니다. 그러나 우리는 바르게 알아야 합니다. 성령의 불을 받으려면 심령이 깨끗하게 정화되어야 한다는 것입니다. 필자가 성령의 불을 체험한 시기를 뒤돌아보면 성령으로 세례를 받고 내면의 상처를 치유 받으면서 성령의 뜨거운 불을 체험했다는 것입니다. 모두 내적치유를 받으면서 성령의 뜨거운 불을 체험했습니다. 그리고 성령의 불을 받았으면 하나님의 음성을 들어야 합니다. 성경에 보면 성령의 불이 내린 다음에 반드시 하나님의 음성이 들렸다는 것입니다.

구약성경에 보면 하나님은 반드시 불이 임한 다음에 음성을 들려주셨습니다. 아브라함이 기도할 때 응답으로 횃불로 임하셨습니다. "해가 져서 어두울 때에 연기 나는 화로가 보이며 타는 횃불이 쪼갠 고기 사이로 지나더라(창15:17)" 횃불이 임한 다음에 하나님의 음성으로 말씀을 하셨습니다(창15:13-14). 호렙산 떨기나무에서 모세를 부르실 때도 불로 임재 하셨습니다(출3:2-5). 모세가 불을 볼 때 하나님이 모세를 부르시고 말씀을 하셨습니다(출3:4-5). 솔로몬이 성전 건축을 마치고 낙성식에 솔로몬이 기도를 마치니까, 불이 하늘에서부터 내려와서 그 번제물과 제물들을 사르고 여호와의 영광이 그 성전에 가득하다고 했습니다(대하7:1). 밤에 하나님이 솔로몬에게 나타나셔서 친히 말씀으로 응답을 알려주십니다(대하7:12-14). 이로보아 성령의 불이 임한 다음에 반드시 음성을 들어야 한다는 것입니다. 하나님이 불로 임재 하셨으면 보증으로 음성을 들려주십니다. 그러므로 성령의 불만 받으려고 하지 말고 음성을 들어야 한다는 것입니다. 음성을 듣는 다면 하나님과 같은 영적인 상태가 되었다는 것입니다. 불을 받았으면 심령을 치유하여 하나님의 음성을 들으려고 해야 하는 것입니다. 성령의 불을 받는 것도 중요하지만, 심령이 변하는 것이 더 중요하다는 것입니다.

넷째, 신체의 일부에 불이 임하면 성령은사를 받은 것이다. 성령으로 세례를 받게 되면 반드시 자신에게 느껴지는 영적현상을 체험하게 됩니다. 저에게 성령의 은사에 대한 질문들을 많이 합니다. 어느 분은 목사님 제가 기도하다가 등과 허리가 뜨거워졌습니다. 손이 뜨거워지면 신유의 은사가 임한 증거라고 하던데 등과 허리는 무슨 은사가 임한 것입니까? 저는 이렇게 대답을 합니다. 무조건 뜨거워졌다고 은사가 임했다고 볼 수는 없습니다. 뜨거워지는 것은 상처가 도출되어도 뜨거워질 수가 있습니다. 또 내안에 들어와 있는 악한 영과 성령의 대립이 있을 때 뜨거워질 수가 있습니다. 질병이 치유될 때도 뜨거워질 수가 있습니다. 마귀도 뜨겁게 역사할 수가 있기 때문입니다. 성령이 장악할 때 보증의 역사로 뜨거움을 체험하기도 합니다. 그래서 은사가 임할 때 뜨거움을 체험한다고 한정하는 것은 바르지 않습니다. 그러므로 반드시 바른 분별이 필요합니다.

성령은 말이 아니고 실체이기 때문에 성령이 자신을 장악할 때 생각하고 느끼지 못했던 여러 영적인 현상들이 나타납니다. 어떤 때는 두려움이 느껴지기도 합니다. 어떤 때는 말로 표현 못하는 뜨거움을 체험하기도 합니다. 이것은 일종의 살아계신 성령의 임재의 현상이므로 두려워말고 계속 성령의 은혜를 체험하면 성령의 은사가 나타납니다. 그런데 일부 성도들이 이런 현상이 자신에게 나타나면 두려워하여 성령의 역사를 거부하고 자리를 이탈하거나 은혜 받는 일을 중단하는 경우가 많습니다.

성령을 체험하고 은사를 깊고 맑게 하려면 이런 현상이 일어나더라도 참고 견디어서 고비를 넘기면 성령의 강한 권능을 체험할 수 있습니다. 많은 분들이 이런 현상이 있은 후 영안이 열리고 성령의 강한 은사가 나타납니다. 이렇게 이해하지 못하게 일어나는 현상은 모두가 살아계신 성령의 능력이 임해서 성령님이 장악하고 만지시는 현상들입니다. 이러한 현상들이 자신에게서 나타나면 환영하고 받아들이지 못합니다. 왜냐하면 자신이 지금까지 느껴보지 못했기 때문입니다. 그리고 나타나는 현상에 다른 사람들이 자신에게 무어라고 할까 부끄러움을 느끼기 때문에 불같고 살아있는 성령을 체험하지 못하는 것입니다. 성령은 말이 아니고 실체입니다. 성령의 역사하심을 거부 말고 환영하고 받아들이시기를 바랍니다. 그러면 자신도 성령의 은사를 강하게 받고 체험할 수 있습니다.

그리고 주 은사는 은사를 받고 싶은 충동이 자꾸 일어납니다. 은사를 받아서 사용하고 싶은 충동이 강하게 일어납니다. 주 은사를 안 쓰면 연단이 옵니다. 주 은사와 연관되어 주 사명이 주어지는 것입니다. 하나님이 사용하시려고 은사를 주시는 것입니다. 예로써 필자는 지식의 말씀과 지혜의 말씀과 영분별과 능력행함의 은사와 신유은사, 방언통역과 예언, 믿음의 은사입니다. 그리고 필자의 사모는 지식의 말씀의 은사와 지혜의 말씀의 은사와 예언의 은사와 믿음의 은사입니다. 그래서 우리 부부의 은사를 사용하도록 하나님이 필요한 사람을 자꾸 우리 교회에 보내주기 때문에 제가 사역을 매주 하는 것입니다.

은사를 사용하면 할수록 기쁨이 옵니다. 속으로 너무 하고 싶다는 욕구가 일어납니다. 그리고 사람들이 찾아옵니다. 저는 정말 기쁨으로 집회를 인도하고 사역을 합니다. 자신이 하기가 싫어도 하나님이 밀어주는 사역이 주 은사입니다. 이것이 무슨 말이냐 하면 예를 들어 신유은사가 있는 사람은 질병치유를 받으려고 하는 사람이 자꾸 자기에게 찾아온다는 것입니다. 이것을 보증의 역사라고 하는 것입니다. 세상 말로는 붙임의 역사라고도 합니다. 하나님이 은사를 사용하도록 사람들을 보낸다는 것입니다. 제가 지난 20여 년 간 성령치유사역을 할 수 있었던 것도 하나님이 치유와 능력을 받을 사람들을 계속 보내 주셨기 때문에 사역을 계속할 수 있는 것입니다. 사람을 보내지 않는데 어떻게 사역을 계속 할 수 있겠습니까? 하나님이 은사를 사용하도록 필요한 사람을 보내시는 것입니다.

다섯째, 성령을 받았다고 믿으면 된다. 일부 성도들이 자신이 성령이 충만한 집회에 가서 뜨겁게 기도했기 때문에 성령세례를 받았다고 믿어버립니다. 이는 잘못알고 있는 것입니다. 성령은 말이 아닙니다. 살아있는 하나님의 영입니다. 그렇기 때문에 자신이 나름대로 판단하여 성령세례를 받았다고 믿는 다고 성령의 세례를 받는 것이 아닙니다. 성령의 세례를 받으면 1-4장에서 설명한 바와 같이 자신이 몸으로 느끼게 되는 것입니다. 성령은 초자연적으로 역사하는 하나님의 영이므로 자신을 장악하면 체험적으로 느끼게 되는 것입니다. 하다못해 호흡이 거칠어질 수도 있다는 것입니다. 그러므로 성령세례는 마음으로 믿었다고 받은 것이 아닙니다. 분명하게 몸으로 체험해야 하는 것입니다. 성령세례를 받았다고 믿는다고 성령을 받는 것이 절대로 아닙니다. 성령은 받기도 하고 나오기도 합니다. 내 안에 성령의 역사가 약하면 성령을 받아 강하게 해야 합니다.

여섯째, 치유는 상처나 질병이 있어야 받는다. 일부 목회자나 성도들이 치유하고 하면 꼭 질병이나 상처가 있어야 치유 받는 걸로 알고 있습니다. 그래서 치유 받으러 갑시다. 치유 받으세요. 그러면 아니 내가 병들었어, 치유를 받게…. 하면서 기분이 좋지 않게 받아들입니다. 그러나 치유는 그것만을 의미하는 것이 아닙니다. 치유는 영성회복입니다. 에덴동산에서 아담이 죄를 짓기 전에는 하나님과 대면하여 대화를 했습니다. 이때의 영성으로 회복하는 것이 치유입니다. 치유가 되어야 성령의 강한 불도 받을 수가 있습니다. 성령의 충만도 받을 수가 있습니다. 성령이 충만해야 하나님의 음성을 들을 수가 있습니다. 하나님이 영이시기 때문에 우리가 영적이 되어야 하나님과 교통을 할 수가 있는 것입니다. 하나님과 교통하는 사람이 하나님의 자녀입니다. 그렇기 때문에 우리가 예수를 믿고 교회에 들어오면 말씀을 듣고 기도하여 성령으로 세례를 받아야 합니다. 성령으로 세례를 받은 다음에 성령의 불세례를 받으면서 심령을 치유해야 합니다. 그래야 하나님과 교통할 수 있는 성령 충만한 성도가 될 수 있는 것입니다. 치유를 바르게 알아야 합니다. 치유 없이는 하나님과 교통할 수가 없는 것입니다. 절대로 치유가 없이는 깊은 영성도 성령의 인도함도 받을 수 없습니다. 성령의 세례를 체험한 후에 성령의 불세례를 받으면서 자신을 치유해야 합니다. 자신을 치유하면 깊은 영성으로 하나님과 교통할 수 있는 성도가 됩니다. 영이신 하나님과 교통을 하려면 치유되어 영적인 상태가 되어야 합니다.

일곱째, 기도를 많이 하면 성령을 받는다. 한마디로 대답을 하면 기도 많이 한다고 성령을 받는 것은 아닙니다. 기도를 어떻게 하느냐가 중요합니다. 기도를 바르게 한다고 하더라도 성령세례를 체험했느냐 하지 않았느냐에 따라 달라지는 것입니다. 그래서 기도를 많이 한다고 성령을 체험하는 것은 아닙니다. 지금 성령이 역사하는 교회시대의 성령의 세례는 성령을 받은 사람이 말씀을 전하고 안수를 할 때 성령이 임합니다.

그렇기 때문에 성령으로 세례를 받으려면 성령이 역사하는 장소에 가셔야 빠르게 성령세례를 받을 수가 있는 것입니다. 일부 목회자들이 저에게 전화를 합니다. 전화해서 저에게 물어봅니다. 목사님 하루에 기도를 얼마나 하시기에 그렇게 능력이 강하게 나타납니까? 그러면 내가 반문을 합니다. 목사님은 하루에 몇 시간씩이나 기도를 합니까? 그러면 이럽니다. 목사님 저 지금 7년째 하루에 일 곱 시간씩 기도하고 있습니다.

그런데도 능력이 안 나타납니다. 이 목사님은 기도는 많이 하시는데 성령세례에 대하여 잘 모르는 것입니다. 그냥 막연하게 교회나 산에 가서 기도하면 성령을 받는 줄로 알기 때문입니다. 지금은 혼자 기도해서 성령세례를 받지 못합니다. 반드시 성령이 역사하는 장소에 가셔야 합니다. 그곳에서 성령을 체험한 목사님으로부터 말씀을 듣고 안수를 받으며 성령세례를 체험한 분들과 함께 뜨겁게 기도할 때 성령세례를 받을 수가 있는 것입니다.

다시 말씀드리면 성령으로 세례를 체험하려면 성령의 역사가 있는 장소에 가는 것이 빠릅니다. 저의 경험으로는 성령의 체험은 성령의 세례를 받고 내적치유를 받으면서 성령의 강한 체험을 했다는 것입니다. 성령의 세례를 받고 내면을 치유하려고 성령님이 강력하게 역사하는 은혜의 장소에 갔을 때 성령의 강한 임재와 체험이 있었습니다. 그러므로 성령을 체험하려면 성령의 역사가 있는 장소에 가는 것이 좋습니다. 자신이 과거 한번 성령의 세례를 체험했었다면 혼자 기도해도 성령을 체험을 할 수가 있습니다. 자신이 한 번도 성령의 세례를 체험하지 못했다면 성령의 기름부음심이 있고 성령의 역사가 나타나는 장소에 가서 성령의 세례를 체험하는 것이 맞습니다.

성령의 체험은 장작불의 원리와 같습니다. 성령의 역사를 체험한 사람들이 많이 모이는 장소는 성령의 역사가 강합니다. 성령은 어디에 계시는가, 먼저 내안에 계십니다. 그리고 우리 안에 계십니다. 또 말씀 안에 계십니다. 그러므로 성령체험을 하지 않았다면 성령의 역사가 있는 장소에 가서 성령의 강력한 역사가 함께하는 목회자에게 인수를 받으면서 스스로 기도를 하셔야 강력한 성령의 물을 쉽게 받고 체험하실 수가 있습니다. 그리고 또 한 방법은 성령 받은 자에게 가셔서 말씀을 듣고 안수를 받는 방법이 있습니다. 위로부터 임하시는 성령의 역사는 오순절 마가의 다락방에서 임하셨습니다. 그 이후는 그때 성령 받은 사람이 말씀전하고 안수 할 때 임했습니다(행19:1-7).

이 책을 통해 예수님이 땅끝까지 전파 되기를 소원합니다.
(출판으로 인한 이익금은 문서선교와 개척교회 선교에 사용합니다.)

성령의 불 받는 법

발 행 일 l 2017. 12. 11초판 1쇄 발행

지 은 이 l 강요셉

펴 낸 이 l 강무신

편집담당 l 강무신

디 자 인 l 강요셉

교정담당 l 강무신

펴 낸 곳 l 도서출판 성령

신고번호 l 제22-3134호(2007.5.25)

등록번호 l 114-90-70539

주 소 l 서울 서초구 방배천로 4안길 20(방배동)

전 화 l 02)3474-0675/ 3472-0191

E-mail l kangms113@hanmail.net

유 통 l 하늘유통. 031)947-7777

ISBN l 978-89-97999-65-1 부가기호 l 03230

가 격 l 16,000원